圖解法律

楊智傑 著

自序

　　「圖解法律」是「圖解憲法」的姊妹作。初期會設定以這兩個主題作為圖解法律書的起頭，是因為一般四、五等公職考試，都會考基本的法學知識（法學緒論和憲法）這一科。但有太多考生都沒有法律底子，要自己隨便拿一本法律書來讀，一定難以下嚥。因此，我就想要用圖解憲法的概念，用輕鬆的圖表，讓法律變得更親近。

　　這種「一頁文一頁圖」的寫作模式，是看到市面上翻譯不少日本人寫的圖解書籍，覺得這種模式對外行人來說，是一種很有吸引力的入門讀物。但法律這種東西，各國規定不同，沒辦法直接翻譯日本人寫的圖解法律書，所以只好自己跳下來製作。但真正開始寫才知道，實在不容易。要把每一篇文字控制在 850-950 字之間，又要填滿旁邊那一頁圖表，實在煞費不少苦心。

　　這本書寫作中，我用圖解憲法這個概念，申請到陳惠馨老師主持的教育部「法學教育教學研究創新計畫」子計畫「憲法 PowerPoint 教材製作計畫：新聞案例引導與圖解概念學習」。獲得計畫的挹注，讓我可以聘請兩個真理大學財經法律系的優秀同學徐嘉孜及劉佩玲擔任助理，除了幫忙我處理「圖解憲法簡報」的製作外，他們也幫忙我處理「圖解法律」這本書資料整理工作，分擔我不少心力。

　　由於個人能力有限，本書部分單元和圖稿，我絞盡腦汁也想不出來。還好有兩位優秀的助理幫我先想出來一些初稿，我再拿來修改潤飾。若沒有兩位助理幫忙，這本書可能就會卡住，而遲遲無法問世，所以在此特別感謝兩位助理。當然，之所以能夠聘請助理，也要再次感謝教育部與陳惠馨老師工作團隊的支援，也向該團隊對改革法學教育的貢獻致敬。

　　借用教育部計畫資源來製作這種圖解法律書，是否能夠達到輕鬆推廣法律教育的功能，而不辜負教育部的補助，個人有些許不安。但看到「圖解憲法」開出不錯的銷售成績，可見這種概念的書籍，至少能夠達到吸引學生輕鬆閱讀學習的旨趣。但這本書只能達到「師父帶進門」的功能，讓學生不抗拒法律的文字。但帶進門之後，讀者能不能真把法律學好，就「修行在個人」了。提醒有心準備公職考試或想把法律念好的讀者，讀完本書後，還是必須再進階閱讀其他進階讀物。

楊智傑

於「真理大學研究室」

I

如何自修準備基層考試法律科目

　　最近因為經濟不景氣，很多人想考公職考試，對法律沒基礎的人也想到考公職。所有的公職考試，幾乎都會有「法學知識」這個科目，該怎麼準備呢？也有人不是念法律系，想考司法五等的一些科目，裡面有法學大意、訴訟法大意等，又該怎麼準備呢？因為有太多人詢問我這類問題，我乾脆寫下我的建議，供想自修的人參考。

　　你完全沒有法律背景的話，還想要自修的話，我覺得這些科目都是非常難準備的。建議步驟如下：

一、先閱讀一些法律通俗書，建立基本觀念

　　例如推薦我寫的「法律人的第一本書」、「圖解法律」、「圖解憲法」，或者蘇銘翔寫的「圖解刑法」等入門書。透過比較輕鬆的閱讀，先慢慢對法律有一點點的概念。

二、開始閱讀較薄的教科書

　　讀完前面的入門書，只是有基本的概念，但國考五等考的選擇題，其實已經考得非常細節，必須對每一個法條都很熟悉。但是若直接閱讀法條，一般人是看不懂的。所以建議開始找比較有體系的正統教科書來閱讀。但不需要挑選太厚、理論太多的教科書。因為選擇題不考太多理論，而只重視你對基本概念的掌握。例如民法我推薦王澤鑑的「民法概要」、刑法我推薦蘇銘翔所寫的「（白話）刑法」，憲法我推薦我等三人合著的「中華民國憲法精義」，行政法則建議羅傳賢的「行政法概要」。民事訴訟法和刑事訴訟法，推薦書泉出版社的白話六法系列中的林家祺、劉俊麟著「（白話）民事訴訟法」、蘇銘翔、李美寬編著「（白話）刑事訴訟法」。

三、開始大量練習考古題，並記憶法條

　　等到唸完這些基本的教科書，有了基本概念，就可以開始找補習班出的重點複習及考題整理的參考書來閱讀。這個階段，你從考題的練習就會發現，所謂的「法學知識」、「法學大意」、「訴訟法大意」，表面上是考選擇題，以為很簡單，實際上因為大家都覺得簡單，所以現在已經越考越細，會考到非常細節的法條，甚至很冷門的法條。所以，透過練習考古題，一方面也找出自己還不熟悉的法條，反覆練習並熟記。補習班的書籍，那種彙整選擇題的書籍，因為有將選擇題做過分類整理，應該比起自己去考試院網站上抓考古題，要來得便利及有系統。我和兩位老師合著的「中華民國憲法精義」一書後面就有附一張光碟，裡面有憲法一科十年內所有考科中考到憲法選擇題的考古題，並經過分類整理，應該更有助於學習。

　　以上是假設你對法律完全沒有概念，所以才建議這樣循序漸進。

本書目錄

第 1 章　法律基本概念

本書目錄

如何解決漏洞？
適用
準用
類推適用
法官造法

―― 第 **2** 章 ―― **憲法**

本書目錄

第❸章　民法

本書目錄

本書目錄

作為犯

不作為犯

本書目錄

第 5 章　行政法

本書目錄

本書目錄

第 6 章 財經法

本書目錄

第 7 章　法院制度概說

交保期間不能做的事

第 **1** 章

法律基本概念

UNIT **1-1**
法律是一種規範

圖解法律

(一) 各種規則

每個團體都有各自的規則（rules），以便規範其成員。例如：在家庭裡有家規，在學校裡有校規，在球場上有運動規則，在社會上則有各種社會規範。就像我們玩大富翁的遊戲，也會有簡單的遊戲規則，規定丟骰子的順序、紙幣的使用、翻牌的選擇等等。

(二) 社會規範

這麼多規則中，對人民生活中各項行為設定限制的，可以稱為社會規範（social norms）。社會規範的種類很多，包括倫理道德、風俗習慣、宗教信仰等，主要是使人與人之間的行為有所依循，具有約束人類行為的功能。社會規範和法律不同，法律是國家制定的，如果不遵守法律，國家會用司法機關來執行制裁。可是社會規範是社會自己發展出來的，不是國家制定的，如果有人違反社會規範，社會上自然會形成壓力，去制裁那些違反者。

在國家還沒有出現以前，我們只有社會規範，等到國家出現以後，才有人制定法律，然後用強制手段執行法律。不過即使進入民主國家，社會上的運作也不是全部都靠法律，還是有很多領域是沒有法律規定，仍然靠的是傳統的社會規範。不過，由於現在大家越來越強調法治，我們制定的法律也越來越細，殘留的社會規範越來越少。

(三) 道德規範

法律和道德（morals）該如何區別？法律基本上是用國家權力來執行的規則。而道德卻不是，道德不訴諸國家權力，而訴諸個人良心。若你長久以來被灌輸某項道德，而你違反該道德，你就會受到良心的譴責。

以前的人常說「法律是最低程度的道德」，反過來說，道德的要求是很高的，法律要求相對比較低。符合法律的規定，只滿足了最低的道德標準，不代表你是一個道德操守高的人。正確的說法是：法律要管的東西，很多與道德無關，而道德要管的東西，也很多沒有法律來約束、制裁。在比例上，道德的規範比法律規範來得多。

(四) 宗教規範

在歐洲、美國，宗教與法律的衝突非常激烈，這跟歐美的歷史文化有關。長久以來歐美都有堅強的一神信仰，只相信自己的神，不相信其他人的神。而由於堅強的信仰，所以許多宗教信仰的內容，都會規定在法律裡。當某些異教徒違反了法律所體現的宗教信仰時，他們就會利用法律去壓迫這些異教信仰者。隨著現在社會進步、文化越來越多元，歐美國家已經漸漸不那麼排擠其他宗教了，在法律上也慢慢不再敵視其他異教徒文化。但是還是有許多殘留的宗教觀念根深柢固地留在歐美國家人民的心中，所以法律與宗教的衝突仍然常常發生。

今昔法律、道德演變圖

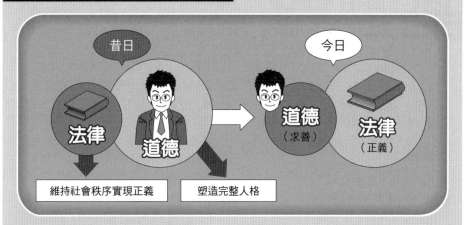

政府對宗教的態度

政府對宗教的態度

不特別打壓特定宗教（宗教自由）

不特別優惠特定宗教（政教分離）

社會規範、道德、宗教及法律的比較表

類別	制裁	互動、影響	性質
社會規範	社會壓力	社會規範久了就被制定為法律，但有時候法律會去調整不好的社會規範	通常都涉及實質性的內容，而不涉及程序性的、技術性的內容
道德	良心壓力	部分人的道德被制定為法律，壓迫其他人，但有時候法律也會反過來修正不正確的道德觀念	通常都涉及實質性的內容，而不涉及程序性的、技術性的內容
宗教	信仰的壓力（通常都是訴諸人死後的報應）	在歐美國家宗教盛行，就會影響法律的內容。台灣較不受宗教影響	
法律	國家公權力		包括實質性、程序性的內容

UNIT 1-2
法律的功能

圖解法律

法律有哪些功能呢？法律具有保護人民權利、維護社會秩序、促進社會進步等功能。法律需透過教育使國民有守法意識，並且遵循法律規範，也需要透過政府的部門去執行，才能使法律的規範正常運作。

(一) 保護人民權利

制定法律的目的在保護人民的權利。例如：禁止殺人的規範是要保護每個人的生命權；禁止偷竊則是保護人民的財產權。人民除了維護自己的權利，也不可以侵犯他人權利。侵害他人權利是違法行為，國家基於保障人民的權利，會處罰違法的人。

舉例來說，我國憲法保障人民言論自由、著作、出版等基本權利。因而，我們就制定了相關的法律，包括著作權法、民法、刑法，來落實對人民言論自由的保障。

(二) 維護社會秩序

法國哲學家盧梭說過，如果沒有政府（法律），人們將處在一個混亂的原始社會，互相砍殺、爭權、奪利，沒有一點秩序。而人民之所以願意組織政府，犧牲自己部分的權利，就是想要透過政府來維持社會秩序。當然，政府必須要透過法律的手段，來達到這個目的。

現代社會有關人民的權利義務或者是國家的重要事項，都由法律規範，所以法律是人民行為和政府施政的準則，具有維護社會秩序的功能。如果發生紛爭或衝突時，也應依循法律規定的方式處理，不可以暴制暴，社會才會井然有序。

例如：我們有一個法的名字就直接稱為「社會秩序維護法」，這個法的用意就是在維持社會秩序。如果有人製造噪音影響到鄰居，我們就可以用社會秩序維護法來對付這些人。又或者，如果未成年青少年逗留網咖，警方可以依據社會秩序維護法，向業者開出罰單。

(三) 促進社會進步

法律除了維持社會的秩序，也能促進社會的進步發展，例如：為了保護自然生態，促進環境的永續發展，制定了野生動物保育法、水土保持法。假設發現砂石業者不當開採山坡地，警方就可以用水土保持法，前往查緝，並移送法辦。

(四) 人民守法意識

法律不能夠光靠國家透過武力，威脅人民不准違法。我們還必須靠很多人自動自發的遵守法律，這樣社會才有辦法維持。所以，我們應該透過良好的法治教育，教導人民守法的觀念，以及各種倫理道德觀念，從小培養人民自動守法的意識。

(五) 政府執法部門

然而，僅有法律規定，仍然無法落實法律的功能，法律制定之後，還需要相關的機關與人員切實執行，例如：行政機關依法行政，司法機關依法審判。唯有政府與人民都遵守法律的規範，才能落實法律的功能。

法律功能關係圖

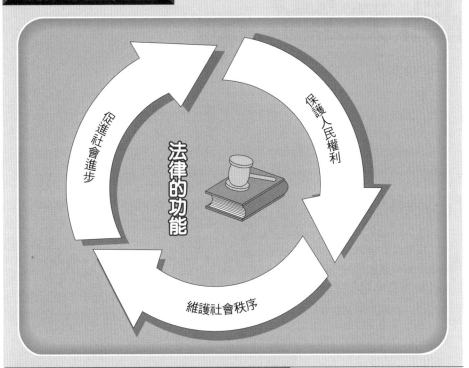

促進社會進步

保護人民權利

法律的功能

維護社會秩序

法律施行須由全國人民來維持

法律的施行

教育

執行

人民守法意識

政府執行部門

法治教育

學生

警察取締民眾騎車闖紅燈

UNIT 1-3
大陸法系與英美法系

圖解法律

(一) 法系

什麼是大陸法系？什麼是英美法系？其實大陸法系和英美法系只是一個很粗略的分法。這樣的區分是針對法律是否繼受自羅馬法傳統、是否法典化，以及法官的審判權力而來。

(二) 大陸法系

大陸法系和英美法系有一個重要的區分，關鍵點在於傳統民刑法的來源。大陸法系的傳統民刑法是成文化的法典，為什麼稱為成文化法典，其實源遠流長。有一句名言曾說：羅馬三度征服世界，第一度使用武力，第二度利用宗教，第三度透過民法。遠從羅馬時期的「查士丁尼法典」和「學說編纂」開始，大陸法系的傳統民法就一直受到影響，甚至後來的「拿破崙民法典」等等，都有軌跡可循。

目前世界上許多國家都繼受自大陸法系，主要原因就是因為其有清楚體系的法典，讓其他國家較容易學習。像現在我們民法中的一些概念：財產、占有、抵押權、時效等，都是源自於羅馬法典。屬於大陸法系的國家，主要是歐洲和中南美洲。

(三) 成文法

大陸法系，也稱為歐陸法系，主要就是繼受羅馬法傳統，包括法國、德國、奧地利等國家，日本也可以算是大陸法系。強調國會制定一個成文的法典，法官在審判時，只要去適用法條就好，不用自己去找判決先例，也不可以自己發展出新的判決先例。所以，在大陸法系的國家下，法官的權力較小。

(四) 英美法系

英美法系的特色，在於沒有成文民法典，這是因為沒有受到大陸法系民法典體系的影響。一開始由英國皇室法院透過判決統一英國各地習慣，普遍適用於英國，所以有人稱英美法為「普通法」（Common Law）。

對於普通法的內容，如果覺得有不公平的地方，法官可以適當地修正，稱為「衡平」（equity）。後來，普通法經過一些法官寫的教科書，開始流傳到英國的殖民地，尤其是美國。所以，今天所謂的英美法系，就是指英國和英國曾經殖民過的這些國家（包括非洲、亞洲的殖民地）。

(五) 判例法

英美法系的特殊的地方，就是採取所謂的「不成文法」，意味著他們在很多民事糾紛上，沒有一個成文的法典，通常是讓法官根據以前的判決先例，去找相關的理由，來作判決。所以，當一個新的案件是以前都沒有出現過的時候，法官的權力就很大了，他可以自己透過以前類似的判決先例，作出類似的判決。另一方面，法官也可以說這個新案件與過去舊案件有所不同，所以必須判不同的結果，或者基於衡平的理由，必須修改以前的判決先例。簡單地說，英美法系的法官有較大的權力。

世界法律的類型

大陸法系 ☐
重視議會所制定的法律 ➡ 制定法主義

英美法系 ☐
重視個別裁判所形成的判決 ➡ 判例法主義

回教法系 ▨
以回教教義為法律中心 ➡ 政教合一

中華法系 ▨
受儒家思想的影響，強調中央集權 ➡ 政法合一

大陸法系與英美法系比較表

區別項目	大陸法系	英美法系
法典形式	以成文法為法源，故有完整法典	以不成文法為法源，無完整法典
判例效力	補充法	普通法
司法制度	採司法二元主義	採司法一元主義
訴訟程序	採程序先行主義	重實體輕程序
法官資格	須考試及格任用	有民選產生亦有選自律師
法庭組織	除地方法院外，多採合議制	採獨任制
法官地位	低	高
裁判態樣	採法官審判制度	採陪審制及巡迴裁判制度
民商關係	採民商分離	採民商合一

UNIT **1-4**
法律的位階

法律的範圍有多大？法律可以分為廣義及狹義。廣義的法律，泛指憲法、立法院通過的法律及行政機關訂定的命令。狹義的法律，則專指立法機關通過的法律。

(一) 憲法

憲法是規定一個國家組成原則、人民權利義務、政府組織職權，以及基本國策的根本大法，代表一個國家立國的精神與目的。憲法有三個特性：

❶ 最高性

憲法是國家的根本大法，法律和命令都是依據憲法而制定，不可以牴觸憲法，如果有牴觸的情形，則會無效。至於法律和命令有沒有牴觸憲法，是由大法官負責解釋。

❷ 固定性

憲法不可以常常修改，所以修憲程序比一般的立法程序還要困難。

❸ 原則性

憲法的條文有限，沒辦法規定清楚所有國家組織和人民權利的重要事項，所以只能規定大的原則，其餘細節交由立法院以制定法律的方式去落實。憲法優於其他法律，所以，只要法律、命令與憲法牴觸都會無效。

所謂憲法優於法律，必須有輔助機制，這樣的輔助機制，就是司法違憲審查機制（judicial review）。像我國就是由司法院大法官來負責司法違憲審查，審查法律有沒有牴觸憲法。假設沒有違憲審查機制，光說憲法高於法律，就會淪為空談，使得憲法成為紙糊柵欄。

(二) 法律

雖然憲法的位階最高，但是通常只是就國家最根本的事項，做原則性的規定，因此，必須透過法律的制定，具體實現憲法的內涵。例如：我國憲法保障中華民國國民年滿 20 歲的人，依據法律有選舉的權利。但是公民必須在選舉地區居住滿 4 個月以上，並且沒有受監護宣告尚未撤銷的人才可以行使投票權等資格事項，則是在公職人員選舉罷免法中做詳細的規定。立法院是我國最高的立法機關，由立法委員組成，議決法律案。法律通過後，由總統公布施行。法律不可以牴觸憲法，如果有牴觸的情形，則會無效。

(三) 命令

命令是指行政機關發布的規則。由於立法機關無法把所有細部的規則都制定成法律，所以需要行政機關透過行政命令來補充。一般行政命令分為兩種，一種是法規命令，一種是行政規則。兩種都是行政機關自行發布的規則，法規命令在事前會得到法律的授權，而行政規則是行政機關基於職權自己發布的規則。

以前的行政命令很浮濫，行政機關都會隨意發布很多命令。但是，現在我們強調法治國家，所以很多命令我們都改為用法律來制定，甚至要求大部分的命令都必須得到立法院的授權才可以制定。

基於上述的介紹，我們可以得知憲法大於法律，而法律又大於命令。

法律金字塔圖

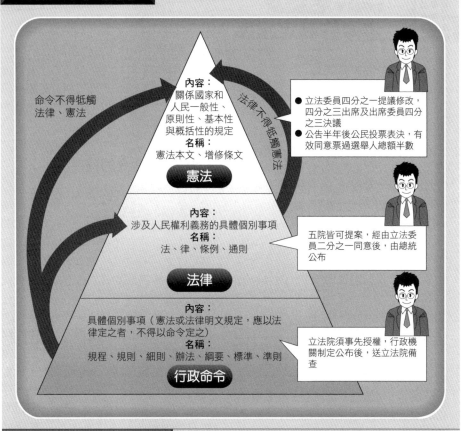

命令不得牴觸
法律、憲法

法律不得牴觸憲法

內容：
關係國家和
人民一般性、
原則性、基本性
與概括性的規定
名稱：
憲法本文、增修條文

憲法

● 立法委員四分之一提議修改，
四分之三出席及出席委員四分
之三決議
● 公告半年後公民投票表決，有
效同意票過選舉人總額半數

內容：
涉及人民權利義務的具體個別事項
名稱：
法、律、條例、通則

法律

五院皆可提案，經由立法委
員二分之一同意後，由總統
公布

內容：
具體個別事項（憲法或法律明文規定，應以法
律定之者，不得以命令定之）：
名稱：
規程、規則、細則、辦法、綱要、標準、準則

行政命令

立法院須事先授權，行政機
關制定公布後，送立法院備
查

行政命令比較表

名稱	意義	舉例
規程	規定機關組織、處務	組織規程、處務規程
規則	規定應遵守或應照辦的事項	土地登記規則
細則	規定法規的施行事項或成就法規另外做補充解釋	施行細則、辦事細則
辦法	規定辦理事務的方法、時限或權責	實施辦法、處理辦法
綱要	規定一定原則或要項	計畫綱要、組織綱要
標準	規定一定程度、規格或條件	審查標準、處理標準
準則	規定作為準據、範式或程序	實施準則、設置準則

UNIT **1-5**
法律的制定程序

圖解法律

(一) 憲法的制定程序

2005 年 6 月第七次修憲後，完全廢除了「任務型國大」，整個修憲程序，改為立法院的立法委員 3/4 出席，出席立委 3/4 同意通過修憲案後，再交由人民「公投複決」。而人民公投複決的門檻必須全國有選舉權人一半以上都投贊成票，才能通過修憲案。

按照我國目前有 1,900 多萬的選舉權人來看，將來想通過修憲案，則必須要 960 多萬人投贊成票。因此，許多學者認為未來修憲的機會很渺小，因為公投門檻太高了。

(二) 法律的制定程序

法律制定的程序很簡單，首先要有人提出草案，在我國現行制度下，五院（行政院、司法院、考試院、監察院、立法院）都可以提出立法或修法的草案。不過，提出草案主要還是行政院和立法院，而司法院、考試院、監察院，通常只會針對自己業務上的法律提出法律草案。

向立法院提出法律草案後，由立法院審查。立法院審查時，會經過三讀程序，至少要有 1/3 的立委出席，出席的 1/2 立委同意，才可通過法律。

通過法律後，如果總統不覆議，就可以直接公布。如果總統要進行覆議，則將會退回給立法院重新表決，再看表決結果是否通過來決定。

(三) 行政命令的制定程序

我們將行政命令分為兩種，一種是具有對外效力的「法規命令」，一種則是只有對內效力的「行政規則」。所謂法規命令具有對外效力，就是內容會直接影響到人民的權利義務。而行政規則只有對內效力，內容只是行政機關內部的作業規則等。

(四) 法規命令的程序

行政機關要制定法規命令，有三個程序，第一步就是必須先取得立法院的授權，這個授權可能是法律的概括授權，或是法律的特定授權（明確授權），這算是立法院的事前授權。第二步就是要依照行政程序法的要求，分為聽證會或蒐集書面意見兩種不同程序，來制定行政命令。最後第三步則是要將制定好的行政命令送到立法院備查，讓立法院作事後的監督。現在根據行政程序法的要求，行政機關在制定法規命令前，一定要讓民眾有反映意見的機會。這種程序可以分成兩種，一種是比較正式的召開聽證會，讓相關人士都來參與發表意見。另一種則是比較非正式的，只讓人民可以用書面表達意見。

(五) 行政規則的程序

至於，行政規則就不需要立法院的事前授權，行政機關制定上也不需要依照行政程序法的要求，只要符合最後一個程序，就是制定公布後送給立法院備查就好。

憲法制定修改程序

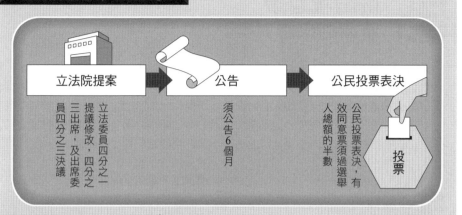

立法院提案 → 公告 → 公民投票表決

立法委員四分之一提議修改，四分之三出席，及出席委員四分之三決議

須公告6個月

公民投票表決，有效同意票須過選舉人總額的半數

投票

法律制定修改程序

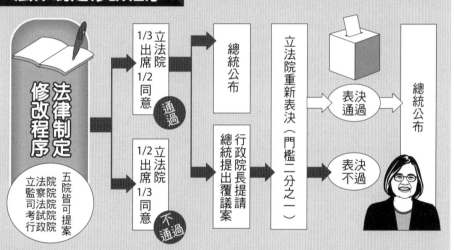

法律制定修改程序

五院皆可提案
立法院 監察院 司法院 考試院 行政院

1/3立法院出席 1/2同意 → 通過 → 總統公布 → 立法院重新表決（門檻二分之一）→ 表決通過 → 總統公布

表決不過

1/2立法院出席 1/3同意 → 不通過 → 行政院長提請總統提出覆議案

行政命令制定程序

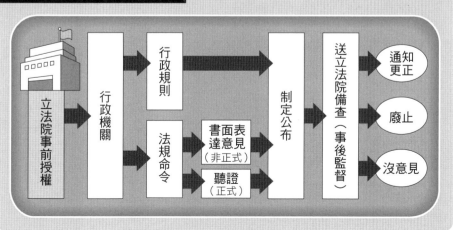

立法院事前授權 → 行政機關 → 行政規則 → 制定公布 → 送立法院備查（事後監督）→ 通知更正

法規命令 → 書面表達意見（非正式）→ 聽證（正式）→ 制定公布

廢止

沒意見

UNIT 1-6
法律的來源

圖解法律

法律的來源是什麼？法律來源可以分為成文和不成文兩大類。成文的法源，就是透過權威機關制定出來的正式規則，包括憲法、法律、命令、國際條約和自治法規。而不成文的法源，則包括習慣、法理、判例、學說等。

(一) 國際條約

其實國際法大部分就是指國家與國家之間的契約，也就是所謂的國際條約。國際條約的問題，在於當有一個國家違背了國際條約時，欠缺有效的制裁機制，看起來就沒什麼法律效果。例如：台灣違背 WTO 的承諾，不開放台灣的進口市場，那麼有什麼制裁嗎？其實是有的，如果台灣真的違背 WTO 的承諾，制裁的方式，就是其他國家也會不開放自己的市場作為報復。

(二) 自治法規

國家有國家的法律，而各個地方政府，為了針對特殊地方的情形，也會制定地方性的法規。在台灣，地方縣市制定的法規，稱為「地方自治法規」。可以分為兩種，一種是地方縣市議會通過的，叫做自治條例；另一種是地方行政機關自行通過的，稱為自治規則。

(三) 習慣

民法第 1 條規定：「民事，法律所未規定者，依習慣；無習慣者，依法理。」是指在欠缺法律規定的時候，習慣是非常重要的。什麼是習慣？所謂的習慣，是指社會上或民間眾人約定俗成的一種慣行，並且具有一定的法律價值，可以補充法律制度不足的地方，久而久之會逐漸被國家承認。

與習慣相似的，有一種東西，叫做「慣例」。尤其在憲法上，我們有所謂的憲政慣例。由於憲法並不能把所有的情況都詳細的規定，因此，有的時候政治人物自己會發展出某些慣例，後人就繼續遵循這些慣例。

(四) 法理

法理，一般所稱法律的自然道理或原則，意即法律一般性的原理或原則。法理的功能在於補足法律、習慣法或判例不足的地方，例如：誠實信用原則、公平正義等概念。

(五) 判例

判例是最高法院為了指導下級法院的法官解釋法律，最高法院會挑選出某些寫得特別好的判決，把其中對法條的解釋部分節選出來，經過最高法院中民事庭會議、刑事庭會議等的「決議」，報請司法院備查，而成為「判例」。但2019 年修改法院組織法，已刪除判例制度。

(六) 學說

法律學說，只是學者的意見而已，照理講不該有拘束力。可是法律很抽象，需要解釋，此時各個學者就會提出自己的意見，認為這個法律該怎麼解釋。而學者若影響力很大的話，就可能會影響法官的判決。

法律涵蓋圖

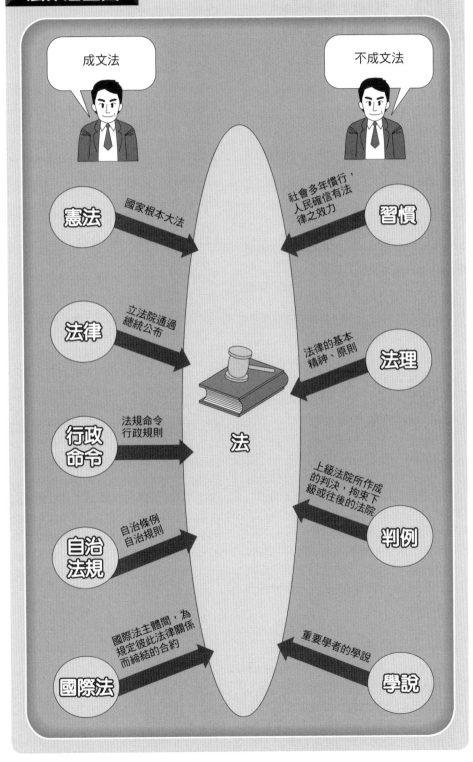

成文法

不成文法

憲法　國家根本大法

習慣　社會多年慣行，人民確信有法律之效力

法律　立法院通過總統公布

法理　法律的基本精神、原則

行政命令　法規命令行政規則

法

自治法規　自治條例自治規則

判例　上級法院所作成的判決，拘束下級或往後的法院

國際法　國際法主體間，為規定彼此法律關係而締結的合約

學說　重要學者的學說

UNIT 1-7
法律的分類

圖解法律

(一) 六法全書

什麼是六法全書？六法又是哪六個法律呢？一般認為六法是指憲法、民法、民事訴訟法、刑法、刑事訴訟法和行政法。用這樣作為大致的區分，只是學習上的方便，實際上運用時，往往六個法律分類都必須要用到。

(二) 實體法 vs. 程序法

什麼是實體法？什麼是程序法？實體法就是規範實體的法律關係。例如：民法、刑法、各部門的行政法就算是實體法。

程序法通常是指法律訴訟程序或行政程序的法律。例如：刑事訴訟法、民事訴訟法、行政程序法、訴願法、行政訴訟法都算是程序法。

(三) 公法 vs. 私法

什麼是公法？什麼是私法？公法，通常是指規範國家和政府機關的行為，或者是規範國家權力介入管理私人的法律，或者規範訴訟程序的法律。例如：行政法、刑法、民事訴訟法、刑事訴訟法、行政訴訟法等。

私法，則是指規範私人與私人之間關係的法律。例如：民法、公司法、票據法、保險法、證券交易法、著作權法、土地法等。

(四) 區別公法、私法的實益

區別公法、私法的實益，就是在於發生爭議的時候，該採用哪種訴訟程序。如果是關於公法的話，就採取行政訴訟程序或者是刑事訴訟程序。而如果是關於私法爭議的話，就要採取民事訴訟程序。

我們先把刑法擺一邊，因為是依循刑事訴訟程序，比較沒有爭議。但是行政法（公法）和民事法（私法）真的那麼容易區分嗎？往往一個問題出現時，人民很容易搞不清楚，事件的歸屬究竟是公法還是私法？就會不知道要用民事訴訟程序還是用行政訴訟程序。

(五) 特別法、普通法

普通法就是比較一般性的法律，在一般情況下，如果沒有其他特別的法律規定，都是適用普通法。相對地來說，特別法，就是針對特別情況制定了特別的法律，那麼就要適用特別法。

一般認為特別法應該優先於普通法適用。不過，偶爾我們也會看到有人說：普通法是基本原則，我們應該重視這些基本原則，反而應該優先於特別法適用。尤其當特別法沒有修正，普通法卻修正時，那麼普通法是新法，根據「新法優於舊法」，是否該適用普通法而排除特別法呢？一般認為，如果新法為普通法，則必須在新法中明文規定廢止舊特別法或排斥舊特別法的適用時，新普通法才能優於舊特別法，這是所謂「新普通法不變更舊特別法原則」。

六法涵蓋圖

法律類別圖解

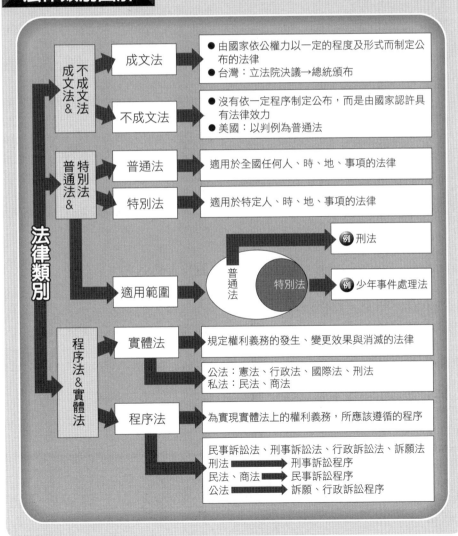

成文法 & 不成文法

- **成文法** → ● 由國家依公權力以一定的程度及形式而制定公布的法律
  ● 台灣：立法院決議→總統頒布
- **不成文法** → ● 沒有依一定程序制定公布，而是由國家認許具有法律效力
  ● 美國：以判例為普通法

普通法 & 特別法

- **普通法** → 適用於全國任何人、時、地、事項的法律
- **特別法** → 適用於特定人、時、地、事項的法律

適用範圍 → 普通法　特別法

- 例 刑法
- 例 少年事件處理法

程序法 & 實體法

- **實體法** → 規定權利義務的發生、變更效果與消滅的法律

  公法：憲法、行政法、國際法、刑法
  私法：民法、商法

- **程序法** → 為實現實體法上的權利義務，所應該遵循的程序

  民事訴訟法、刑事訴訟法、行政訴訟法、訴願法
  刑法 ➡ 刑事訴訟程序
  民法、商法 ➡ 民事訴訟程序
  公法 ➡ 訴願、行政訴訟程序

UNIT 1-8
法律的效力

圖解法律

(一) 法律生效

　　法律生效，原則上必須等總統公布起3天後開始生效。有時候會另定生效時間，通常我們叫這種另外訂定開始生效時間的條文為「日出條款」。法律可以訂定施行期限，也就是說，訂定停止時間，到期就失去效力，通常我們叫這種停止時間為「日落條款」。這種到期就會失去效力的法律，也可以在到期前1個月，送到立法院審議延長效力。

　　另外，法律如果訂有施行期限，那麼期滿之後，法律就算「當然廢止」而沒有效力了。

(二) 法律的修改廢止

　　為了因應時代的變遷，法律會有所修改或廢止。修改則依照制定法律程序。廢止則不同，廢止可以分為「當然廢止」和「立法廢止」。當然廢止就是上面所提施行期限已經到了就自動廢止，立法廢止則是必須立法院通過公布。

　　至於法規修正或廢止，該如何適用？在實務上，通常會訂定一個「施行細則」，來說明新法、舊法該如何適用。不過原則上我們是採取「從新從優原則」，在程序法部分，我們程序從新；實體法部分，我們原則上從舊，但是若是新法比較有利的話，則從新。

(三) 法律可否溯及既往？

　　「法律不得溯及既往」的意思，就是後來制定出來的法律，不能適用到以前發生的事。如果後來訂定的法律可以溯及既往，會破壞了之前人民的信賴。

　　不過，並不是所有的法律都不准溯及既往，只是對於溯及既往要有所限制。

　　到底法律可不可以溯及既往呢？大概可以分為以下幾種情況討論：❶刑法不可以溯及既往；❷如果沒有溯及的規定，也不可以溯及；❸立法者可以在制定法律時明文規定要溯及既往。

(四) 地的效力

　　法律會對「施行區域」有所限制。一般台灣的法律會說，只要在「中華民國領土」內，都適用本國的法律。原則上我國的法律只能管到我國而已，管不到外國的行為，這就是施行區域上的限制。以刑法為例，刑法第3條就規定：「本法於在中華民國領域內犯罪者，適用之。在中華民國領域外之中華民國船艦或航空器內犯罪者，以在中華民國領域內犯罪論。」第4條則規定：「犯罪之行為或結果，有一在中華民國領域內者，為在中華民國領域內犯罪。」意味著原則上我國的法律只管得到我國，管不到外國。

(五) 人的效力

　　法律之前是否人人平等？基本上現代的法治國家強調的就是法律必須不論貧賤富貴，公平地適用在每個人身上。不過，有時候也會有例外。例如：公務員的相關法律規定，就只適用在公務員的身分上。

法律時間表

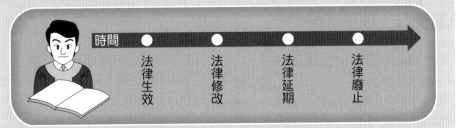

時間　●　　　●　　　●　　　●

法律生效　法律修改　法律延期　法律廢止

法律溯及既往？

時間　●　　　　　　●

事實發生　法律制定

刑法改變時的區別

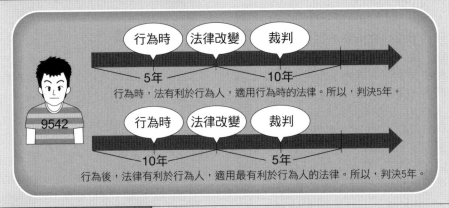

行為時　法律改變　裁判

5年　　　　10年

行為時，法有利於行為人，適用行為時的法律。所以，判決5年。

行為時　法律改變　裁判

9542

10年　　　　5年

行為後，法律有利於行為人，適用最有利於行為人的法律。所以，判決5年。

法律地的效力

名稱	適用	備註
一般情況 （國內）	中華民國境內 中華民國的船艙、飛機上	行為或結果有一在中華民國內
例外情況 （國內）	某些特殊重罪（內亂、外患） 公務員某些重罪	

UNIT **1-9** 法律的解釋

圖解法律

(一) 適用法律：三段論法

我們開始簡單介紹最基本的適用法律的方法。一般就是所謂的三段論法，就是先搞清楚大前提，也就是法律到底規定了什麼。然後再搞清楚小前提，也就是去了解到底發生了什麼事情。最後才能做出判斷，判斷該條法律適不適合用在這個案件當中。

雖然這個過程好像很制式化，但是，實際上一個案件到底是不是適用該法條，往往是不清楚的。所以，實際上在套用過程的時候，可能得先搞清楚事實，再從事實的關係中，思考是不是該法條想要規範的。

(二) 法律解釋

由於法條太過抽象，內容不明確，到底適不適用在一個個案，需要透過解釋。當然有的時候，小法律漏洞可以透過法律解釋來填補，但是如果是大漏洞，法律解釋也沒用。文字具有開放性，因為法律條文太抽象，不可能規定得很具體。而當發生具體個案時，到底適不適用該法條，有時候就會有爭議。同樣的文字，在不同脈絡下會被解讀為不同意義。

(三) 文義解釋

在解釋法條時，文義解釋是解釋的第一步，也是解釋的界限。所謂文義解釋的意思是，解釋要從法條的文字出發，而最後解釋的結果也不能離文字太遠。倘若文義解釋可能有很多答案，則就要配合其他解釋方法。文義解釋以外的其他解釋方法，都可以概括稱為「論理解釋」，而論理解釋就是說道理，只要說

得出道理，其實有很多種解釋方法。至於要選擇哪一種解釋方法，則沒有一定的順序。

(四) 體系解釋

文義解釋要參考文字的脈絡，也包括整個法條的結構。所以文義解釋推廣，就是體系解釋。也就是說，要參考整個法案結構作出解釋。例如：總統可不可以有防禦性公投的權利？觀察憲法的體系，人民的創制權、複決權是屬於人民的基本權利，假若公投是人民的權利，那麼應該不是總統的權力。也就是說，我們可以從憲法中創制權、複決權這個條文的體系位置，推論出法律上，不該給予總統有防禦性公投的權力。

(五) 歷史解釋

歷史解釋則是要參考立法當時的歷史，或者參考立法者的原本意圖。解釋憲法時的歷史解釋，則是要探討制憲者原本的意思。

(六) 目的解釋

目的解釋就是要參考立法的目的，來做目的性的解釋。這種解釋，可能會包括目的性的擴張、目的性的限縮等等。

(七) 比較解釋

比較解釋，是指參考外國法律或判決，而對我國法律作出解釋。由於我國許多法律都是繼受自德國、日本、美國，所以在解釋相關法律時，也可以參考外國的經驗。

涵攝過程

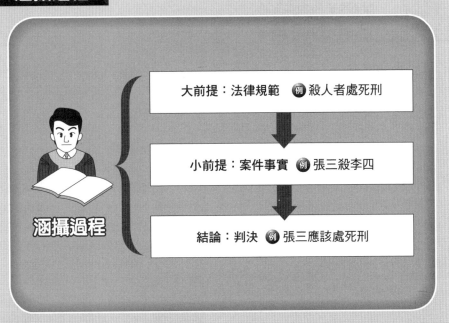

涵攝過程

大前提：法律規範　**例** 殺人者處死刑

小前提：案件事實　**例** 張三殺李四

結論：判決　**例** 張三應該處死刑

法律解釋方法區分表

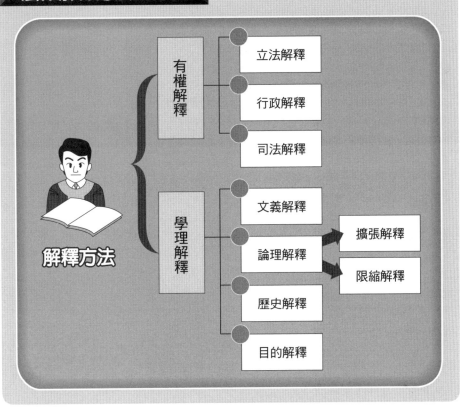

解釋方法

有權解釋
- 立法解釋
- 行政解釋
- 司法解釋

學理解釋
- 文義解釋
- 論理解釋
  - 擴張解釋
  - 限縮解釋
- 歷史解釋
- 目的解釋

UNIT 1-10
法律的漏洞

圖解法律

(一) 法律漏洞

什麼是法律漏洞呢？由於法律規定得很抽象，一定沒辦法把所有的情況都涵蓋進來，一定會有掛一漏萬的情形。通常法官或律師在討論法律問題時，一開始其實是在「找法」，找出相關的法律和命令。可是，有的時候覺得應該有規定卻找不到，而且透過解釋也沒辦法涵蓋，那就是漏洞了。

(二) 如何解決漏洞？

當發生法律漏洞時，該怎麼解決呢？比較直接的方式，就是透過修法，把這個漏洞補起來。當然，修法緩不濟急，通常各個法律的行政主管機關也可能會透過解釋令函，把這個漏洞解釋得小一點。不過，某些聰明的律師卻會幫有錢人繼續挖大這個漏洞，他們會質疑這樣的解釋令函是否有得到法律授權？是否真的有效？除了行政機關的解釋令函之外，法官在審判時，也可能透過解釋來縮小這個漏洞。但是要法官在判決時縮小漏洞，也必須有人發生訴訟進入法院，某程度來說，也可能太慢了，而且就算有了解釋，也不一定能把所有漏洞解決。

(三) 適用

直接適用，就是說那個法律，本身就是為了規範該個案事實，所事先制定的抽象規範，所以可以直接適用。

(四) 準用

準用，則是法律明文規定，某些情況可以「準用」其他「法律效果」。例如：民國 97 年民法修正新增加的「輔助宣告」，對於受輔助宣告人的行為能力，就以「準用」的方式，準用限制行為能力人的相關規定。

(五) 類推適用

至於「類推適用」，則是法律有漏洞時，沒有明文的規範，可是發生的情況卻很相近，為了填補漏洞，則可以援引類似的法條作為適用依據。例如：原本法律講的訪問交易，指的是說沒有經消費者邀約，廠商自己跑來推銷的情形。可是如果是我自己想買一台電視機，約了廠商到我家來看，我原本只想談論買賣電視機的事情，他順便帶了音響的目錄來談，結果我將電視和音響兩個都買了。事後發現音響買太貴了，此時，我可不可以用「訪問交易」來解除契約？這時候，法官就可以判決類推適用訪問交易的規定。

(六) 法官造法

法官造法，就是當法律沒有明確規定時（有漏洞時），法官透過類推適用，甚至創造法律的方式，來解決當前的爭議。民法可以類推適用或法官造法，但是刑法強調罪刑法定原則，就不可以類推適用和法官造法。民法可以用習慣、法理等作為裁判依據，而刑法則不行。行政法就處罰方面，也是不可以類推適用。

直接適用圖

條文A　　通訊交易，7日內可解除契約

↓ 直接適用

狀況a　　通訊交易

準用圖

條文A（構成要件）

受輔助宣告之人

條文B（法律效果）

限制行為能力人：
民法§78～§83，法律行為
須得法定代理人之事前允許
或事後承認

狀況a效果b

受輔助宣告之人，行為能力準用限制行為能力人之規定，法律行為須得法定代理人之事前允許或事後承認

類推適用圖

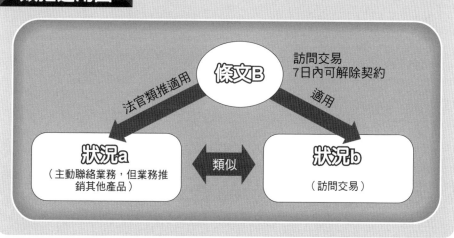

條文B　　訪問交易
7日內可解除契約

法官類推適用　　　　　適用

狀況a（主動聯絡業務，但業務推銷其他產品）　←類似→　**狀況b**（訪問交易）

第**2**章

憲法

●●●●●●●●●●●●●●●●●●●●●●●● 章節體系架構 ▼

UNIT **2-1** 憲法的內容

(一) 政府組織

一般學者會說，憲法必須有兩項內容，一是政府組織，二是基本人權。甚至有學者會說，憲法中政府組織的存在，是為了保障基本人權，所以最重要的，就是要保障人權。

所謂的政府組織，主要是規定政府的組成，分成幾個部門，而各部門之間如何進行權力制衡。例如會規定這個國家的民意代表要如何選舉、國會的制度是兩院制還是一院制、政府的組成是總統制還是內閣制、政府是中央集權還是地方分權、司法體制的設計等等。

政府組織這個部分會寫得比較清楚，例如國會議員是幾年一任、可不可以連任、選舉區域怎麼區劃、要選多少人、投票方式為何等等。由於政府組織的條文會寫得比較清楚，所以這些條文是憲法中較能直接被使用的條文。

(二) 基本人權

基本人權，也有稱為人權條款（bill of rights），主要是以人民的「自由」為主。所謂的自由，就是原則上國家不要干涉，例如有言論自由、宗教自由、行動遷徙自由、講學自由等。但後來又有另一種新興人權，是要求國家給予人民照顧，例如有生命權、財產權、工作權等。

不過基本人權的內容，往往沒辦法寫得很具體，只能寫得很抽象。例如憲法中只會寫一句「人民有言論自由」。但是人民的言論自由到底有多大？能不能誹謗他人？能不能散播色情圖片？能不能宣傳叛國思想？能不能揭穿他人隱私？這些問題並不能直接從憲法中得到明確的答案，還必須透過相關的法律清楚地規定。

甚至，有的國家的憲法不一定有規定人權條款。例如最早的一部憲法 —— 美國聯邦憲法，剛開始制定時就沒有人權條款，是後來透過修憲程序才增補了人權條款。而法國第五共和的憲法也沒有人權條款。

(三) 基本國策

除了上述兩個部分之外，有少數的國家憲法有第三個部分，就是「基本國策」。通常這是社會主義國家，才會有這個部分。例如共產主義國家（中國）和一些社會主義國家，都有基本國策的規定。

所謂的基本國策，就是規定國家某些大政策的方向，規定國家的土地該如何分配、國家的教育該如何實施等等。不過和基本人權一樣，這些基本國策也不能夠被直接使用。甚至，很多國家並不會真的確實遵守其基本國策的規劃。

圖解法律

憲法內容之核心架構圖

憲法	政府組織	總統制、內閣制、雙首長制
	基本人權	言論自由、宗教自由、行動自由、男女平等
	基本國策	平均地權、節制資本
政府組織	總統制	行政權歸屬元首，故元首有實權 爭議解決方法：覆議制度
	內閣制	行政權歸屬內閣，故元首虛位 爭議解決方法：倒閣、解散國會
	雙首長制 （半總統制）	行政權由總統與內閣分享 爭議解決方法：覆議制度
基本人權	男女平等	國家應維護婦女之人格、尊嚴，保障婦女之人身安全，消除性別歧視，促進兩性地位實質平等
	宗教平等	不問何種宗教在法律上一律受同等保障
	行動自由	人民有在國內、國外自由旅行、自由行動及自由選擇居住、出國、回國的權利
	言論自由	人民有言論、講學、著作及出版之自由
※以上之自由，原則上不為事前審查，只事後追懲		
基本國策	平均地權	土地公有、礦物及天然力屬國家所有，漲價歸公，耕者有其田
	節制資本	獎勵投資、促進產業升級、促進農業工業化、謀求全國經濟平衡發展、貨暢其流、中小企業之保障、公營金融機構企業化管理

政府組織、基本人權、基本國策之關係圖

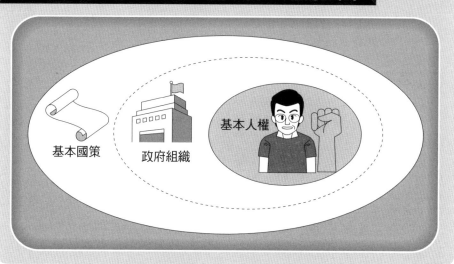

基本國策　政府組織　基本人權

UNIT **2-2**
憲法地位與維護

圖解法律

(一) 憲法的最高性

　　憲法是國家的根本大法，高於所有的法律。我們可以透過右邊的金字塔圖形，了解憲法在所有法律體系內的最高地位。

　　一般國家的成文法律，主要包括憲法、法律和命令。奧國的純粹法學者凱爾森（Hans Kelsen, 1881-1973）提出一個法律金字塔的概念。命令之所以有效，是因為其得到法律的授權依據，而法律之所以有效，則是經過憲法的制定程序。這樣一層一層往上，看起來就像是金字塔。憲法最高、法律次之、命令最低。另外，法律不得牴觸憲法，命令不得牴觸法律和憲法。

(二) 憲法的維護機制

　　一般認為，憲法是一國的根本大法，優於其他法律。所有的法律、命令與憲法牴觸均無效。但是法律到底有沒有違反憲法，誰說了算數？這時必須有輔助機制。這樣的輔助機制，有的是由國會自己來決定法律到底有沒有違反憲法，有的則是透過「司法違憲審查機制」（judicial review）。

(三) 國會審查

　　在某些歐洲國家，他們強調國會至上，法律也是國會通過的，所以不能讓人輕易指責法律違憲。例如荷蘭憲法就明文規定，法院不得宣告國會制定的法律違憲。而北歐和大英國協國家，則是會透過國會設置某些人權委員會或監察使這類的國家人權機構，定期檢討該國法律是否有違反憲法人權的問題，如果有的話，就由國會自己來修改相關法律。

　　又或者在法國，國會通過法律後，在總統公布以前，必須先交由「憲法委員會」檢查是否有違反憲法的地方。這種憲法委員會比較類似「第三個國會」（法國本來就有兩個國會）。憲法委員會是在國會通過法律草案後、法律生效前先審查是否有違憲的問題，如果有就直接退回給國會要求國會修改法律；一旦法律生效之後，憲法委員會就不能夠再審查法律是否違憲。所以這稱為法律生效前的「事前違憲審查」。

(四) 司法違憲審查

　　至於美國和德國，則是在法律制定以後，在一般的訴訟過程中，透過法院來行使違憲審查權，檢查一個訴訟涉及的相關法律，是否牴觸憲法？如果有牴觸憲法，他們負責維護憲法的法官，就可以宣告那些法律違憲。我們稱這種審查為法律生效之「事後的違憲審查」。當然，每個國家對於違憲審查制度，都有不同的設計。例如德國是由單一的憲法法院來審理憲法案件，而美國則是各級法院都有權力行使違憲審查權，但是由美國聯邦最高法院做最後的定奪。

憲法的地位分析圖

法位階

憲法

法律

命令

憲法乃國內法，亦規範國家與人民間之權利義務關係，所以亦稱公法

法律不得牴觸憲法，牴觸者無效

命令不得牴觸憲法、法律，牴觸者無效

憲法與其他規範的名稱不同

規範	憲法	法律	命令
名稱	憲法亦稱基本法	法、律、條例、通則	規程、規則、細則、辦法、綱要、標準、準則
制定	立法院提案，人民公投複決	立法院通過，總統公布	各機關依其性質發布

憲法本文所規定的修憲方法

國民大會提議　　　立法院提議

國民大會決議　　目前已廢除

憲法的維護機制

憲法的維護機制

- 國會（荷蘭）
- 人權機構（北歐、大英國協）
- 憲法法院（德國）
- 憲法委員會（法國）
- 各級法院（美國）

法律之名稱與實例

名稱	實例
法	大學法、教師法、行政程序法、國家賠償法
律	戰時軍律（已於2002年12月25日廢止）
條例	道路交通管理處罰條例、人體器官移植條例
通則	地方稅法通則、農田水利會組織通則

憲法之內容

憲法之制憲權源	全體國民
憲法之依憲原則	孫中山創立中華民國之遺教
憲法之制憲目的	鞏固國權、保障民權、尊定社會安寧、增進人民福利

UNIT 2-3
權力分立

(一) 權力分立

權力分立（separation of powers），一般會將政府分為三個權力部門，分別是行政、立法、司法，也就是一般常說的「三權分立」。國會掌控立法權，負責制定法律；內閣掌控行政權，負責執行法律；法院掌控司法權，負責判決法律爭議。

權力分立的目的，在於讓政府權力不要過度集中在一個部門手裡，避免發生獨裁專制的情形，以保障人民的權利。但是權力分開後，更重要的是要讓他們彼此制衡（check and balance）。讓政府各機關透過各種憲法設計的遊戲規則，來彼此制衡，不要讓某一個權力獨大。

權力分立這個概念，首先來自英國洛克的《政府二論》，後來影響到法國孟德斯鳩的《論法的精神》，到美國 1787 年制憲時，就按照三權分立的理念來制定憲法。

(二) 總統制：權力分立制衡

最典型的三權分立，就是美國的總統制。美國的總統是人民直選，直接掌控行政權。國會也是人民直選，掌控立法權。總統和國會之間，就有很強烈的制衡手段。此外，司法權也可以有效地和行政、立法兩權制衡。因為美國的法院有很大的審判權和違憲審查權，可以宣告行政、立法部門的行為違法，或宣告國會制定出來的法律違憲。

(三) 內閣制：行政立法合一

一般人好像會認為，嚴格遵守三權分立、制衡的遊戲，就是一個「好的制度」。例如總統制就是嚴格的三權分立，所以是好的制度。至於內閣制，因為內閣是由國會中多數黨組成，也就是立法部門中有行政部門，看起來是「行政、立法合一」，而且，英國上議院還同時兼任英國的最高法院，更是「立法、司法合一」。有人似乎認為，英國的內閣制沒有嚴守三權分立原則，所以是「壞的制度」。

但實際上，三權分立的原則，根本沒有經過什麼實驗證明，不能說「符合」三權分立就是好，「不符合」三權分立就是壞。世界上不少內閣制國家都運作得很好。反觀採行總統制的國家，除了美國之外，很多都淪為威權統治國家。

(四) 垂直分權與水平分權

❶ **垂直分權**

垂直面向的權力分立為中央政府與地方政府間之權限劃分，對此我國憲法設有專章，大體係採均權制。

❷ **水平分權**

水平面向的權力分立為中央政府內部與地方政府內部間之權限劃分，我國在中央為五權分立，在地方為行政與立法分立。

(五) 中央政府體制

將政府權力分成好幾塊後，就會設計彼此制衡的方式，也就是互相抗衡、對立的方式。尤其，通常立法權和行政權比較容易發生權力之間的衝突。因此，各國對於解決行政、立法權力之間衝突的方式，就是我們所謂的中央政府體制。一般較典型的分類方式，是將中央政府體制分為「內閣制」、「總統制」、「雙首長制」。

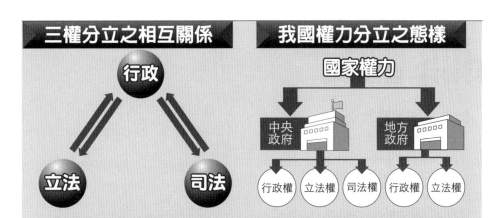

三權分立之相互關係

行政
立法　司法

我國權力分立之態樣

國家權力

中央政府　地方政府

行政權　立法權　司法權　行政權　立法權

垂直面的權力分立		水平面的權力分立		
		行政權	立法權	司法權
	中央政府	行政院	立法院	司法院、司法院下轄地方法院、高等法院、最高法院、行政法院
	地方政府	台北市政府（直轄市）高雄市政府（直轄市）花蓮市政府（縣市）	高雄市議會（直轄市）基隆市議會（縣市）花蓮縣議會（縣市）	司法權由中央所獨占，地方政府無司法機構

總統制的憲政運作

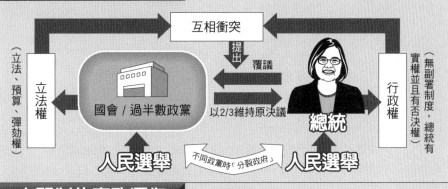

互相衝突

提出　覆議

（立法、預算、彈劾權）立法權

國會／過半數政黨

以2/3維持原決議

總統

行政權（無副署制度，總統有實權並且有否決權）

人民選舉　不同政黨時「分裂政府」　人民選舉

內閣制的憲政運作

國王 君主國家　任命內閣首相

（質詢權）立法權

國會／過半數政黨

解散國會

不信任案

內閣

行政權（副署制度，元首虛位，內閣須向國會負責）

人民選舉　互相衝突、倒閣、解散國會

UNIT **2-4**
雙首長制

(一) 法國半總統制

雙首長制在學理上稱為「混合制」（mixed parliamentary presidential system）或稱為「半總統制」（semi-presidential system），「雙首長制」這種說法只是一般的慣稱。世界上採雙首長制的著名國家，就是法國。

(二) 兩個行政首長

雙首長制之所以稱為「雙首長」，乃是因為有兩個行政首長，一個是人民直選的總統，一個是總統任命的總理。在雙首長制國家，總統是人民直選的，為國家元首，而國會議員也是人民直選，內閣總理則是總統任命。

總理在名義上是真正掌有實權、組織內閣的行政首長。一般政府的行政工作，都是由內閣部門負責。

在法國，既然總統是行政首長，總理也是行政首長，那麼行政權由誰掌控呢？原則上行政權是由總理領導的內閣所掌控，但是總統可以召開部長會議，所以總統可以介入部分的行政權，而總統自己也掌有某些行政職權（國防、外交）。不過實際上權力的分配，得看國會多數黨和總統是否屬於同一政黨。

(三) 覆議和倒閣

雙首長制的行政、立法權對抗的方式比較複雜。其之所以被稱為「混合制」，乃混合了內閣制和總統制的制度，其有內閣制的不信任案、解散國會制度，也有總統制的覆議制度。

在覆議制度上，倘若總理不滿意國會通過的法案，可以請求總統對法案提出覆議。但因為覆議門檻的設計和總統制的 2/3 設計不同，為 1/2，所以通常內閣覆議的結果，並不會動搖原本國會的法案。

在倒閣制度上，國會可主動對內閣提出不信任案，而內閣總理也可以主動要求國會對其進行信任投票。而總統則有主動解散國會重新改選的權力，就算國會倒閣成功，總統也不一定要解散國會。

(四) 換軌的憲政慣例

按照法國的憲法慣例，總統通常會任命國會多數黨領袖出來組成內閣。但是，法國總統具有主動的解散國會權，其可以主動解散國會重新改選，要求人民以改選的方式來決定是否支持總統，倘若改選後的新國會裡面的多數政黨支持總統，總統就可以提名同政黨的人出任總理。

(五) 台灣的運作

2000 年至 2008 年，民進黨籍陳水扁擔任總統，立法院多數卻是由泛藍掌控。而陳總統沒有參考法國的憲政慣例，將行政院的組閣權讓出來，仍然是由民進黨籍擔任行政院長，因而產生了「少數政府」的僵局。立法院的泛藍多數，也不敢倒閣，怕倒閣之後立法院會被解散重新改選；而陳總統也沒有主動解散立法院改選的權力，因而僵局持續了 8 年。

雙首長制的憲政運作

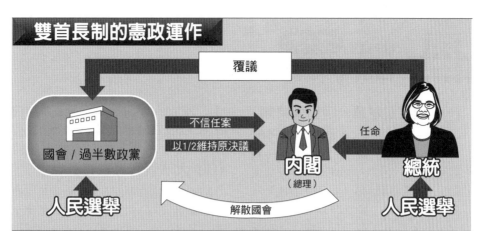

我國與法國雙首長制的不同之處

	法國	台灣
特質	❶ 換軌的憲政慣例 ❷ 總統有主動解散國會權 ❸ 總統選舉採取兩輪投票絕對多數制	❶ 總統不肯換軌 ❷ 總統只有被動解散國會權 ❸ 總統選舉採取相對多數制

憲政體制之類型、特徵與制度設計

		總統制	內閣制	雙首長制（半總統制）
行政權歸屬	特徵	行政權歸元首	行政權歸內閣	行政權由總統與內閣分享
	制度設計	❶ 無副署制度 ❷ 總統有實權	❶ 副署制度 ❷ 元首虛位	❶ 副署制度 ❷ 總統與內閣分享行政權
行政權與立法權關係	特徵	嚴格分立	柔性分立	柔性分立
	制度設計	❶ 國會有立法、預算、彈劾權 ❷ 總統有否決權 ❸ 爭議制度：覆議制度	❶ 內閣向國會負責、向國會提出施政報告 ❷ 國會得質詢內閣 ❸ 爭議解決：倒閣、解散國會	❶ 總統可以解散國會 ❷ 內閣須向國會報告並備質詢 ❸ 得有覆議制度
民主正當性來源	特徵	二元民主	一元民主	二元民主、雙重信任
	制度設計	❶ 總統與國會皆直接選舉 ❷ 總統與國會皆有固定任期	❶ 國會由人民選舉產生 ❷ 內閣來自於國會之信任	❶ 總統與國會直接民選 ❷ 總統與國會皆有固定任期 ❸ 總理由總統任命且對國會負責

UNIT **2-5** 目前中央政府體制

圖解法律

(一) 立委選舉單一選區兩票制

在第七次修憲後,立委選舉有兩個大變動,一是立委減半,二是採單一選區兩票制。立委人數減半,從原來的225 人,減到剩 113 人。而所謂的單一選區制意思是,其中 73 席立委是區域立委,全國劃分成 73 個選區,一個選區選 1 人,所以稱為單一選區。而所謂的兩票制,是指人民有兩張選票,一票投區域立委,一票則投不分區立委的政黨票,而那 34 個立委席次就由各政黨得票比例來分配,但需要跨越 5% 的門檻,且需保障婦女席次 1/2。

(二) 立法院享有修憲提案、彈劾總統、罷免總統權

在歷經數次修憲後,立法院權力集中,成為目前唯一的國會。其可對總統提出彈劾案,彈劾案經 2/3 立委同意提出後,交由司法院大法官審理。其也可以對總統提出罷免案,若罷免案經立法院 2/3 委員同意通過,則交由人民複決。立法院也可以提出修憲案,由 3/4 立委出席、3/4 立委同意,提出修憲案,公告半年後由人民公投複決。

(三) 總統提名監察院、考試院、司法院

在目前體制下,總統有權直接任命行政院院長。而其他三院(考試院、司法院、監察院)的委員、正副院長,都是由總統提名,立法院同意。其中,司法院大法官設 15 人,包含正、副院長,任期 8 年,個別計算,亦即有空缺總統就可以補提名新的人選。而監察院和考試院則是採任期統一,都是 6 年,監察委員 29 人,包括正、副院長,由總統提名,立法院同意。考試委員若干人。

(四) 大法官有違憲審查權

我國大法官享有違憲審查權,可以透過解釋憲法,宣告立法院通過的法律違憲。甚至,大法官在釋字第 499 號解釋中,宣告自己可以宣告「修憲」違憲。一般人要聲請大法官解釋,必須循著正常的訴訟管道,用盡救濟途徑,歷經三級三審後,才能聲請大法官解釋。其他行政機關在適用職權時,若對憲法有疑義,也可以聲請大法官解釋憲法。而立法委員則可以經由 1/3 的立委連署,聲請大法官解釋憲法。

(五) 監察院可彈劾政府官員

監察院改由總統提名、立法院同意後,已經失去了國會的色彩。監察院負責監督公務員行政是否有違法失職,若有違法失職,可以提出彈劾案,送交司法院的懲戒法院,予以懲處。彈劾案的提出,必須 2 個監委提案,9 個監委同意。監察院也可以對行政院的政策,提出糾正案,若行政院接到糾正案卻不改善,則監察院可以再對相關公務員提出彈劾案。

兩票制與一票制之區別

	區域立委	不分區立委	選區	特色
一票制	投人一票	按照「區域立委」各政黨得票比例計算	複數選區	只要獲得少數選票，就可當選
兩票制	投人一票	投黨一票，按照各政黨得票比例計算	單一選區	須贏得多數選票，才可當選

立法院罷免、彈劾的程序比較

	對象	性質	提議人數	立法院通過	決定
罷免	總統	政治責任	1/4立委提案	全體2/3立委通過	人民投票1/2投票、1/2同意
彈劾	總統	法律責任	1/2立委提案	全體2/3立委通過	大法官組成憲法法庭審理

通過

第七次修憲後政府組織運作圖

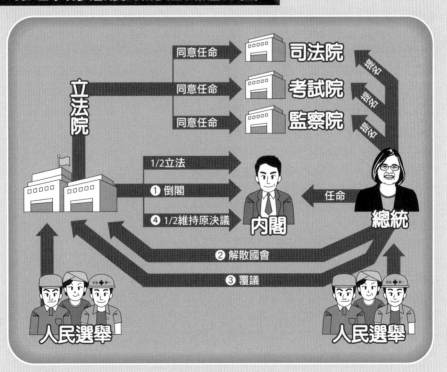

UNIT 2-6
基本人權

圖解法律

憲法雖然規定了很多人權條款，但到底什麼時候政府的行為，算是侵害人權呢？政府為了施政，有的時候還是免不了會限制一部分的人權。我們一般也都同意為了維持社會穩定，願意犧牲部分人權。但這個犧牲不能太過分。

一般來說，我們有兩個大原則，一個是法律保留原則，一個是比例原則。透過這兩個原則，來限制政府不能夠過度限制我們的人權。

(一) 限制人權的正當理由

要限制人權，必須具備憲法第 23 條所講的四種理由之一：❶防止妨礙他人自由；❷避免緊急危難；❸維持社會秩序；❹增進公共利益，此被稱為四大公益條款。在檢討一個法律是不是有侵害憲法所保障的人權時，首先就是要看是不是具有上述的這四個理由。例如，國家要強制我們騎機車戴安全帽，是不是具備這上面的四種理由之一呢？

(二) 法律保留原則

所謂的法律保留原則，就是國家若想限制人民之自由權利，必須以立法院制定法律的方式，或者當立法院沒有空在法律中寫太多的細節，則必須在法律條文中明確授權給相關的行政主管機關制定行政命令。

法律保留原則又可細分為兩個具體原則，一個是法律明確性原則，一個則是授權明確性原則。所謂法律明確性，就是說法條要寫得很清楚，讓人民看得懂，才知道什麼合法什麼違法。所謂授權明確性，是說當立法院授權行政機關制定限制人權的行政命令時，授權的內容、目的、範圍必須具體明確，以避免行政機關濫權。

(三) 比例原則

通過前面第一關的檢驗之後，再來必須通過第二關的比例原則的檢驗。憲法第 23 條條文中所述之「必要時」，就是比例原則的依據。所謂的比例原則，有三個小原則：❶其手段與目的間必須符合比例原則，亦即手段必須能達成目的（適宜性）；❷選擇損害最小之手段（必要性）；以及❸手段與目的必須相稱（狹義比例性）。

例如說如果要保障人民的交通安全，可以有很多種手段，第一種是規定超速就要判 10 年徒刑，第二種則是超速要判 5,000 元罰款。首先我們要檢驗，兩種手段是否都能達到目的？〔兩種都能〕再來檢查哪一種手段比較輕微？〔第二種〕，最後檢查這個手段限制的人權，與其所想保障的利益，會不會犧牲太大？〔應該還好〕

憲法第23條所建構之違憲審查基準

審查過程

實例：集會遊行之限制（釋字第445號）

❶ 基本權利侵害之確定	憲法第14條保障之集會遊行
❷ 形式審查 法律保留原則 法律明確性原則 法律授權明確性原則	集會遊行法雖設有規範，但第11條第3款「有危害生命、身體、自由或對財物造成重大損壞之虞者」，有欠具體明確而違憲。
❸ 實質審查 實質正當之審查 比例原則之審查	實質正當與比例原則： 有關時間、地點及方式等未涉及集會、遊行之目的或內容之事項，為維持社會秩序及增進公共利益所必要……

處罰交通違規的二種手段

手段1
違規者處無期徒刑

手段2
違規者處死刑

公益
減少交通違規

比例原則的判斷步驟

步驟1：手段是否能達到目的？	手段①：可以　手段②：可以
步驟2：挑選一個比較輕微的手段	手段①比手段②輕微
步驟3：手段和目的是否過當？	似乎沒有必要為了減少交通違規而處罰違規者無期徒刑

UNIT *2-7*
平等權

圖解法律

(一) 平等權的種類

我國憲法第 7 條規定：「中華民國人民，無分男女、宗教、種族、階級、黨派，在法律上一律平等。」共計五種平等權。

(二) 平等權的內涵

所謂的平等，並非齊頭式的「形式平等」，而強調的是「實質平等」。其也不強調「結果平等」，而要求「機會平等」。

(三) 男女平等

憲法雖然規定男女平等，但在憲法本文中，也有一些促進婦女地位的條文。我國憲法第 134 條：「各種選舉，應規定婦女當選名額，其辦法以法律定之。」而立法委員選舉中，不分區立委也保護婦女 1/2 當選席次。另外，憲法增修條文第 10 條第 6 項：「國家應維護婦女之人格尊嚴，保障婦女之人身安全，消除性別歧視，促進兩性地位之實質平等。」

(四) 宗教平等

宗教平等，乃指不論何種宗教在法律上均受同等保障。同時，對有信仰宗教和無信仰宗教的人，在憲法上也受平等待遇。並不會因為有信仰宗教，就受到較好的對待。可是有些宗教是小宗教，卻可能不被當作宗教看待，而不能獲得宗教的某些保障。例如，一般民間信仰的神壇，就不能用土地稅法關於宗教使用土地免稅的規定（釋字第 460 號）。

(五) 種族平等

憲法規定種族平等，且在第 5 條也規定：「中華民國各民族一律平等。」但為了保護少數族群與肯定多元文化，在憲法本文又有例外規定。因為少數族群天生資源有限，在多數人的文化入侵下難以生存，故憲法中特別規定可以給予優惠性差別待遇。

(六) 階級平等

人民無論貴賤、貧富、勞資等階級之差異，在法律上一律平等。

(七) 黨派平等

憲法規定黨派平等。另外，憲法關於黨派之規定甚多，尤其是「超出黨派」之規定，憲法中不少條文都提到要保持行政中立，超出黨派。但是，有些選舉法律卻會規定，有政黨提名的候選人，可以免繳保證金。

(八) 一般平等

憲法第 7 條雖然只列舉了五樣事情要求平等，但並非其他事情國家就可以不用平等。所有的法律規定，應該都盡量做到實質平等。尤其，現代人民很重視社會福利的發放，在國家財政資源有限的情況下，如果要發放一些社會福利，也要盡量做到實質平等。

何謂實質平等呢？大法官常說，對相同事物，要有相同的對待；但對不同的事物，則可以有不同的對待。當法律上我們認為兩件事情不同，可以設計不同的法律對待。而大法官常會追問：這樣的差別對待，是否合理？倘若是不合理的差別對待，大法官就會宣告該法律規定違憲。

人權平等架構表

原住民　漢人

平等權

特別平等

男女平等
為落實在政治、經濟、教育、社會、工作權益的男女平等，並於2004年制定「性別平等教育法」

宗教平等
任何宗教可在法律規範內，平等宣揚教義，人民得自由選擇其信仰之宗教

種族平等
人民不因其膚色種族，而在法律上遭受歧視、壓迫、限制或被剝奪其應有之平等待遇

階級平等
指因經濟上因素所生資產階級與勞動階級之法律地位平等

黨派平等
政黨及政黨之成員在法律上之地位一律平等

一般平等

基本國策與社會福利的推動：
國家在推動受益權時，也須重視平等原則

男女平等

政治上：選舉權與被選舉（參選）權，例如各種選舉訂有婦女當選名額
教育上：就學（受教權）、參與公職考試權
經濟上：女性之就職機會增加，同工同酬

三代人權的性質、內涵

	第一代人權	第二代人權	第三代人權
性質	公民與政治權利的防禦權	經濟、社會與文化的權利受益權	集體權利 連帶權（集體權）
背景	17、18世紀自由主義	19、20世紀社會主義	20世紀末反帝國主義與環境保護
主要內容	追求個人自由免於國家之侵害，包括參政權、表現自由、集會結社自由、言論自由、人身自由、宗教自由、居住遷徙自由、秘密通訊自由以及形式平等	社會經濟文化福利之提供：包括工作權、休閒權、醫療權、健康權、兒童權、婦女年老權、社會保險，以及實質平等	對抗國際強權以及人類共同合作：發展權、民族自決權、環境權、人類共同遺產權、和平權以及文化、種族上的實質平等

UNIT 2-8
自由權

人權可以分為好幾種,首先就是最常見的自由權(防禦權)。自由權是指人民有做什麼和不做什麼的自由,政府不可以隨便限制或干涉。主要可以分為下面幾種自由。

(一) 人身自由

又稱為人身不可侵犯權,是指人民的身體,不受國家權力非法侵犯。人民即使有犯罪行為,除了現行犯外,必須由司法或警察機關依照法定程序,才能加以逮捕、拘禁;須由法院依法定程序,才能加以審問、處罰。此外,憲法特別規定警察逮捕嫌疑犯後,必須立刻送至法院決定是否羈押,不然不能拘留超過24個小時。

(二) 居住遷徙自由

每個人可以依據自己的喜好選擇居住處所,並自由往來各地,包括出國和回國的自由。例如,以前還沒當兵的人不能出國旅遊,擔心有人會藉此逃避兵役,但後來卻認為這樣有剝奪人權居住遷徙自由的問題。

(三) 意見自由

人民有言論、講學、著作和出版自由。這是在民主國家中人民最重要的一種自由,就是享有表達各種不同意見、批判國家、創新思考的自由。例如,過去可能會禁止很多批判政府的言論,但解嚴以後,我們認為之前戒嚴時期算是侵犯了人民的言論自由,現在都一一改正過來。

(四) 秘密通訊自由

人民彼此間的交流和通訊,不受政府或他人加以非法拆閱、扣押、竊聽或檢查。尤其現在人民非常重視個人隱私,不只是傳統的書信,現在的電話、網路等,政府都不能夠隨意竊聽。

(五) 信仰宗教自由

人民對於某種教義的信仰與不信仰,不受政府或他人干涉,並享有舉行宗教儀式及傳教的自由。

(六) 集會與結社自由

人民具有參加集會及組織團體的自由,政府非依法律不得任意加以限制和干涉。例如以前戒嚴時期往往禁止人民上街頭抗議,但現在民主時代,幾乎每個月都可以看到人民上街頭抗議,表達對政府的不滿。這就是人民擁有集會自由的成果。

問題:農會想要到總統府前抗議政府不保護農民生活,但他們並沒有事前向警察局申請說要集會遊行,結果當天被警察驅離,請問這樣有侵害人民的集會自由嗎?

答案:人民雖然有集會遊行的自由,但由於集會遊行可能會危害國家安全或擾亂社會秩序,所以我們還是必須稍加管理。我們有一個集會遊行法,規定室外集會必須一個禮拜前向當地警察機關申請,原則上有申請就會許可。

平等權	7條		
防禦權（消極地位）	8條	人身自由	人民的身體自由，不受國家非法侵害之權利 ❶罪刑法定主義；❷法院才有權羈押、審判；❸提審制度；❹正當法律程序
	9條	不受軍事審判	人民除現役軍人外，不受軍事審判，應由普通法院依法追訴處罰
	10條	居住、遷徙自由	保障人民有居住在某地之居住自由及有任意遷徙至任何地之遷徙自由
	11條	表現自由	指人民有將思想發表成為意見，而不受非法侵犯，包括言論、講學、著作、出版之自由
	12條	秘密通訊自由	人民以書信、郵件、電話、傳真、衛星通訊或電子郵件等意思表達，有不受政府或他人非法侵犯之自由
	13條	宗教自由	人民信教與否、信仰何種宗教，均有自由，不受政府或他人強制干涉或限制
	14條	集會結社自由	指三人以上有暫時集合一地開會，以表示思想、交換意見、聯絡情誼或為其他一定目的之自由
	15條	生存權工作權財產權	人要生存才需要工作，因工作才產生財產，因此須一同保障
	18條	應考試服公職權	人民具有法律所定資格者得參加考試、服公職
	22條	其他概括權利	
受益權（積極地位）	15條	生存權、工作權、財產權 ➡ 經濟上	
	16條	請願、訴願及訴訟權 ➡ 行政上、司法上	
	21條	受國民教育權 ➡ 教育上	
	第13章 基本國策第3節至第5節		
參政權（主動地位）	17條	選舉、罷免、創制、複決權（主權在民）	
義務（被動地位）	19條	納稅義務	
	20條	服兵役義務	
	21條	受國民教育義務	

UNIT 2-9
受益權

圖解法律

前面說的自由權，是憲法防止國家對人民的不當干預。而受益權則是反過來，要求國家必須積極提供給人民一些基本的保障，也就是人民可以向國家請求享受生活利益的權利。我國憲法規定的受益權可以分為以下四種。

(一) 經濟上受益權

經濟上的受益權包括生存權、工作權和財產權。

❶ 生存權

指人民可要求國家維持最低程度的生活條件，以延續生命。生存權中的生命權、社會救助等，關係人民之生活存續，一般被視為人民的絕對權利，國家原則上必須加以滿足。例如如果在台灣我們會提供老人年金，就是希望讓老人沒有工作能力之後，還能有基本的生活費維持生活。另外，如果有人失業了，為了讓他暫時可以活下去，我們也會提供失業救濟金等。

❷ 工作權

指國家應充實各種職業教育與訓練管道，以保障民眾的工作權益。當然，工作權也會有上一單元講的自由權的性質，就是希望國家不要過度干預人民的工作自由，人民有選擇自己想做的工作的自由，而且人民在從事那個工作時，也希望政府不要過度干預，不要設置過多的法規。

❸ 財產權

指人民在法律規定範圍內，可以自由使用、處理個人的財產，且當財產受侵害或有被侵害之虞時，可要求政府立法保障其財產不受侵犯或除去其侵害。例如政府如果為了重大公共建設，需要徵收人民土地時，就必須要依公告市價給予人民補償。

(二) 行政上受益權

當人民權利或利益受侵害時，可以向政府機關請求改善。例如憲法規定的請願權，是指人民對國家政策、公共利益、個人權利與利益的維護如有意見，可以向政府反映，請求處理；訴願權則是人民若認為行政機關的施政措施違法或不當，以致損害個人權利或利益時，可向行政機關提出，並請求救濟。但如果向行政機關訴願之後，行政機關還是不肯改過，那麼接著就可以去法院進行行政訴訟。

(三) 司法上受益權

訴訟權就是當人民之權利或利益受到侵害時，可以依據法律向法院提起訴訟，請求法院作出裁判，判定誰對誰錯。如果人民受了委屈，而法院竟然沒有提供救濟或訴訟制度，那麼就可以說政府沒有盡到提供人民訴訟權的責任。

(四) 教育上受益權

指人民可在規定年齡內要求接受國民教育。依據憲法，人民受國民教育既是權利，也是必須履行的義務。目前我們有 12 年的國民義務教育，雖然說是義務，但也是政府的一項德政，就是讓人民可以用很便宜的學費去上學。

(五) 公平性原則

國家不提供某項福利時→我們很難指責國家違憲。

國家開始提供某項福利→若只提供給特定人，我們可以指責國家不公平。

受益權之内涵

受益權			
受益權	經濟上	15條	**生存權、工作權、財產權** →此三權保障人民最基本的權益
	行政上	16條	**請願權、訴願權、申訴權** →以排除行政機關不法、不當處分
	司法上	16條	**訴訟權** ❶ 民事訴訟權→當人民發生私權糾紛時所提起 ❷ 刑事訴訟權→人民遭他人犯罪侵害時，請求法院對犯罪者科刑 ❸ 選舉訴訟權→人民對於選舉違法或當選違法情事，有請求法院判決選舉無效、當選無效之訴權利 ❹ 行政訴訟權→人民對中央或地方機關之違法行政處分，認為有損害其權利時得提起
	教育上	21條	**受國民教育權** →人民有享受機會均等，或獲得免費、獎助受教育之權利
	第13章 基本國策	第3節 第4節 第5節	國民經濟→保障工作 社會安全→保障生存 教育文化→提供教育保障文化工作者

受益權的審查

❸是否保障不足 ❷是否有法律依據 ❶是否公平

受益權　國家提供照顧　政府　人民

若國家不提供某項福利時，我們很難指責國家違憲；若國家開始提供某項福利，而只提供給特定人，我們可以指責國家不公平。

地位理論圖

受益權	積極	➡ 直接向國家請求之權利稱「請求給付權」
參政權	主動	➡ 人民有主動參與國家意見形成之機會
防禦權	消極(自由地位)	➡ 人民享有不受國家權利干涉之自由
義務	被動(服從地位)	➡ 人民單純處於服從國家之地位

UNIT 2-10
參政權

圖解法律

參政權是具備法定年齡及資格的公民才能享有的權利。我國憲法所保障的參政權包括：選舉、罷免、創制、複決之權，以及應考試、服公職之權。

(一) 選舉

選舉權可分為選舉和被選舉權，是人民參政最重要的一項權利。選舉之原則有如下四點：

❶ 普通選舉

指具一定資格之人民均有選舉權，無教育、階級、宗教……等限制，是為普通原則或一般原則。

❷ 平等選舉

指「一人一票，每票等值」，為平等原則。

❸ 直接選舉

指由選舉人親自選出當選人，為直接原則。

❹ 秘密選舉

即是指採無記名投票方式，以確保選舉自由之實現，為秘密原則。

(二) 罷免

罷免是指人民以自己之意思，以投票或其他方式，罷免其所選出之代表或政府人員之權。憲法第 133 條規定：「被選舉人得由原選舉區依法罷免之。」且公職人員選舉罷免法第 75 條第 1 項又規定：「公職人員之罷免……。但就職未滿一年者，不得罷免。」

(三) 創制、複決

創制是指人民在立法院還沒有任何法案以前，就主動地自己提案，「創造一個制度」，進行投票，而如果通過的話，立法院就按照創制案的精神來制定法律。

複決則是指立法院已經有一個法案在審查，可能是立法院通過或者不通過這個法案，但人民不認同立法院投票的結果，自己想要再投票一次，再一次地決議。如果人民複決的結果，和立法院之前的結果不同，那麼立法院就必須按照人民的結果修改之前的決議。

(四) 公民投票法

2003 年立法院三讀通過公民投票法，賦予人民可用直接投票的方式，參與公共事務的決定，才真正落實了人民的創制、複決權。全國性公民投票的適用事項包含：法律的複決、立法原則的創制、重大政策的創制或複決、憲法修正案與領土變更案的複決。2004 年 3 月 20 日，台灣第一次實施全國性的公民投票。

參政權之基本架構圖

參政權之基本架構圖			
參政權	參與政權 （狹義的參政權）	選舉	原則為普通、平等、直接、秘密
		罷免	以人民自己之意思，以投票或其他方式，罷免其所選出之代表或政府人員之權（原選區罷免）
		創制	公民得以法定人數之提議，提出法案，經投票制定法律
		複決	經由公民提議或法定機關之請求，將法案交由公民投票，以決定其存廢。
		※創制、複決 → 依據公民投票法	
	參與治權 （廣義的參政權）	應考試、服公職之權： 為保障基本人權參與國家權利有關的治權	
選舉	投票方式	普通選舉	具一定資格之人民，均有選舉權，無教育、宗教、階級等限制
		平等選舉	「一人一票，每票等值」，為平等原則
		直接選舉	由選舉人親自選出當選人，為直接原則
		秘密選舉	採無記名投票方式，以確保選舉自由之實現
	競選方式	公開競選	指任何候選人均可用演講、傳播、印刷等方式向大眾表明其政見，不受任何限制，以求公平之競選
		嚴禁威脅利誘	在保障選舉人得以其個人意志為自由選舉，是為原則。如不法脅迫他人投票者，將觸犯刑法妨害投票罪
年齡限制	投票權（選舉權）	選舉權人20歲，並在各該選舉區繼續居住四個月以上者	
	被選舉權	❶選舉人年滿23歲，才得於其行選舉權之選舉區登記為公職人員候選人 ❷身分限制：現役軍人、服替代役之現役役男、軍事學校學生，各選舉委員會之委員、監察人員、職員或投開票所工作人員	
	選總統	中華民國國民年滿40歲，得被選舉為總統、副總統 例外：曾犯內亂、外患、貪污等罪，不得成為候選人	

UNIT 2-11 國民基本義務

我國憲法規定人民的基本義務包括：納稅、服兵役、受國民教育三種。

圖解法律

(一) 納稅

政府治理國家，為民服務，必須辦理各項事務，興建各樣公共設施，所需的經費應由人民以繳納稅金的方式共同負擔。我國憲法即規定：「人民有依法律納稅之義務。」國家徵稅必須有法律的依據，不得只以行政命令規定，沒有法律規定的稅賦，人民可以拒絕繳納。

(二) 服兵役

國家為了保衛人民生命、財產的安全，大多設置有軍隊，我國憲法規定：「人民有依法律服兵役之義務。」依兵役法規定，我國採徵兵制。原則上，年齡在 18 歲到 36 歲的男性國民，都有服兵役的義務。

兵役制度依兵力的來源，可分為徵兵制與募兵制兩種。徵兵制的國家，規定人民有服兵役的義務，如我國。募兵制國家，平時由人民自由選擇是否當兵，國家不得強制，但若遇戰爭等特殊情況時，有些國家仍會規定人民有服兵役的義務，如美國。

(三) 兵役制度是否公平？

曾經有一種國防役制度，針對理工的研究生，可以選擇到民間的科技公司服役，就跟正常人一樣上下班，領公司的薪水和年終獎金，服役期間 3 年半。這種國防役制度很吸引人，因為役男不用在軍隊裡面被限制自由，雖然被某一家公司綁了 3 年半，但至少也確保 3 年半內不會失業，而且可以領很多薪水。但

這引發了監察院的質疑，認為不公平，而向國防部提出糾正案。後來改為研發替代役，在正常兵役的時間內，公司發的薪水納給政府，超過正常兵役的時間薪水給役男。

(四) 受國民教育

現代國家大多強制人民接受國民教育。我國為了減少文盲，提高國民知識水準，促進國家發展，也在憲法中規定：「人民有受國民教育之權利與義務。」目前我國的義務教育年限為 12 年，凡 6 歲至 18 歲的國民，不分貧富，均應接受國民教育。

(五) 其他法律規定的義務

為維護社會秩序、保障人民權利，由人民選出民意代表，透過立法程序制定的法律，具有約束全體人民的效力。所以，除了憲法規定的基本義務外，人民還有遵守法律的義務。當人民不履行義務時，國家可依法強制其履行，甚至加以處罰，使其負起法律上的責任。

義務的內容

義務的內容			
義務	積極作為義務	納稅、服兵役、受國民義務教育、繳健保費	
	消極不作為義務	守法	
納稅義務	稅捐法定主義	須依法律之規定，方得對人民課稅	
	租稅法律主義	指人民依法律所定之納稅主體、稅目、稅率、納稅方法及納稅期間等項而負納稅義務	
服兵役之義務	兵役制度	徵兵制	人民皆有服兵役的義務
		募兵制	人民沒有服兵役的義務，而是在國家的招募下，人民主動投效國家
	我國所採徵兵制其分成三種兵役	一般兵役	現減為四個月
		替代役	基於宗教理由可優先服替代役，一般人則抽籤可以服社會替代役
		研發替代役	服役但不用受軍隊管理，像平民一樣可以上下班，領公司薪水
受國民教育之義務	義務教育年限	6～18歲之學齡兒童，一律受基本教育，免納學費	
	問題	可否基於宗教理由而拒絕受國民教育？	
	答案	不行。因為違背小孩受教育之義務與權利	
人民義務不履行時之處罰手段	行政上之強制執行	依行政執行法，強制人民履行。例如：強迫學齡兒童入學、強迫適齡役男入營等	
	行政上之處罰	予以科罰。例如：對違反受國民教育義務者，對其家長科以罰鍰	
	刑事上之處罰（如構成刑法或其他行政法所規定之犯罪行為時）	依法科以刑罰。例如：人民不履行應盡之兵役，得依妨害兵役治罪條例，科以刑事上處罰	

第 **3** 章

民法

●●●●●●●●●●●●●●●●●●●●●●● 章節體系架構 ▼

UNIT **3-1**
民法的範圍

圖解法律

民法（civil law）是人民生活中的重要法律，包含一個人從出生到死亡，各種與他人或團體來往互動的規定，因此，與我們的社會生活息息相關。一個人的一生當中，可能都是個好人，不會觸犯刑法，也不會違反交通規則，但民法不是犯不犯法的問題，而是人只要活在這個世界上，就一定會和其他人有所接觸，就必然會用到民法的相關規定。

(一) 民法的架構

所謂的民法，就是指規定一般人民和一般人民之間的法律關係。民法總共有一千多個條文，對人民生活的法律關係，規定得非常詳細，包羅萬象。大致上，按照民法的體例，總共可以分為五編，分別是總則編、債編、物權編、親屬編、繼承編。若是按照屬性來分類，則可以分為兩大部分，一個是跟財產利益有關，包括債編和物權編；另一個則跟身分利益有關，包括親屬編與繼承編等。

(二) 民法總則

民法總則就是將一些民法裡面通用的規定，都拿到民法的最前面去。例如：民法總則會規定要幾歲才算成年，才能進行交易等。

(三) 債編

民法債編的內容，大致上可分為兩類，一類是侵權行為，一類是關於契約的規定。如果我開車在路上不小心撞倒別人，就算是一種侵權行為，這時候我到底該不該賠錢給對方？該賠多少？對方損失如何計算？等等問題，民法債編都會有相關的規定。

至於契約方面，我們小至到 7-11 買一罐飲料，大到跟銀行貸款買房子，乃至於經營各種商業活動，都會和其他人締結各種大大小小不同的契約。如果這些交易都沒有出現糾紛，大概也用不到民法。但是，一旦出現糾紛，民法就有很多相關的規定可以幫我們解決這些契約或交易上的問題。例如：買賣或承租房屋的時候，雙方會因為財務上的往來，在法律上各會產生的權利和義務，就是屬於民法所規定的範圍。

(四) 物權編

只要是跟土地或房屋有關的交易或法律問題，原則上在民法物權編都會有所規定。例如：我向銀行貸款買了一棟房子，結果，房貸費用卻無法按時繳交，這時候就要靠民法解決這個問題。

(五) 親屬編與繼承編

親屬編主要是規定人和人之間的親屬關係，包括結婚的程序、結婚之後的財產劃分，到離婚之後的財產分配、小孩歸屬等等問題。

繼承編就是在講親人死去之後，誰有繼承權、繼承財產該怎樣分配，以及遺囑的製作等等。

民法體系圖

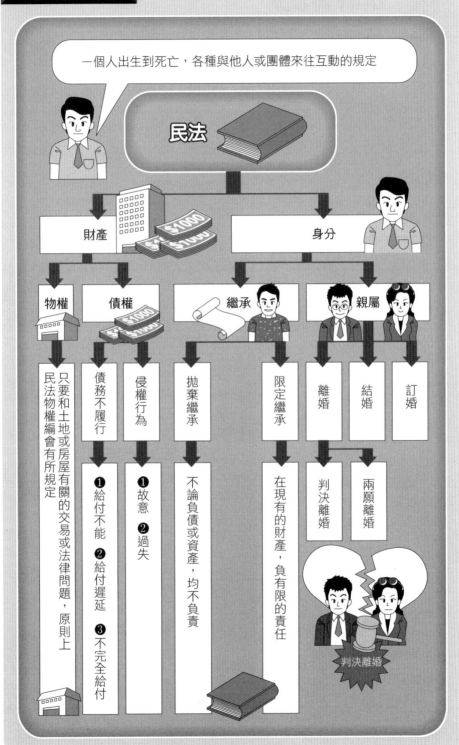

一個人出生到死亡，各種與他人或團體來往互動的規定

民法

財產

身分

物權

債權

繼承

親屬

民法物權編會有所規定只要和土地或房屋有關的交易或法律問題，原則上

債務不履行

❶給付不能 ❷給付遲延 ❸不完全給付

侵權行為

❶故意 ❷過失

拋棄繼承

不論負債或資產，均不負責

限定繼承

在現有的財產，負有限的責任

離婚

判決離婚

兩願離婚

結婚

訂婚

判決離婚

UNIT **3-2**
民法三大原則

圖解法律

民法有「契約自由原則」、「過失責任原則」及「所有權絕對原則」這三大原則。但是，隨著時代的變遷及社會觀念的轉變，這些原則有了不一樣的變化，逐漸改變成「有限制的契約自由」、「逐漸偏向無過失責任」以及「所有權社會化」。

(一) 契約自由原則

在財產的關係上，我們採取「契約自由原則」，也就是說，原則上國家尊重人民私下自己的約定。例如：小王願意用 1,000 萬來買小陳的一台車齡 10 年的二手車。一般人可能會覺得這筆交易不划算，但是我們尊重當事人之間的約定。

此外，民法就是擔心人民在交易時，把交易想得太單純，當人民因為交易發生糾紛的情況下，假若契約規定得不合理或當初沒有規定到，我們就可以援用民法的相關規定。

(二) 過失責任原則

在發生民事糾紛時，涉及是否需要賠償的問題，這時，我們採取「過失責任原則」。例如：我若是故意，或是因為個人疏失，不小心開車撞傷路人，那我就需要賠償對方的損失。但是，假設錯不在我，而是對方自己闖紅燈，那我就不用負責。

(三) 所有權絕對原則

在私人所擁有的財產上，我們採取「所有權絕對原則」。也就是說，原則上你愛怎麼使用或者愛怎麼處分你的個人財產，國家都不會干涉。

(四) 民法的變遷

由於強調這三個原則，造成貧富不均、勞資對立、公害勞動災害等社會問題。原本在法律上應該擁有平等地位的當事人，變成經濟上強者對弱者的脅迫。所以，民法也漸漸修正，將上述三個原則做了調整。

(五) 契約自由的限制

為了避免經濟弱者被強者壟斷犧牲，當出現不公平的情形，民法會保護弱勢的交易者。例如：民法規定，法律行為不可以違反強制或者禁止的規定，也不可以違背公共秩序或善良風俗；對急迫輕率及沒有經驗的人給予保護；對最高利率做出限制；對出租人終止契約做出限制；勞工契約方面甚至受到國家強勢介入監督等，這些都是對契約自由的限制。

(六) 無過失責任的採用

由於弱勢的受害人不一定能夠舉證證明加害人有所過失，所以法律漸漸調整，允許採取無過失責任，意味著讓弱勢的被告不需要舉證證明對方是否有過失，而照樣能得到賠償。至於加害人無過失也要賠償，則是透過保險分擔風險。

(七) 所有權之社會化

在以前，個人愛怎樣使用自己的財產都無妨，但是，現在為了整體的社會秩序，開始有所限制，所有權人必須是在法令合法的範圍內，才能使用、處分、收益其所有物。國家為了公益的需要，也可以徵收人民財產。

民法三大原則

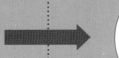
民法的變遷

權利本位　　　　　　　　　　　　　　**社會本位**

契約自由原則　　　　　　　　　　　契約自由限制

國家尊重人民私下的約定，
不會加以干涉。

為了避免經濟弱者被強者
壟斷犧牲，因此國家有所干涉。

過失責任原則　　　　　　　　　　　無過失責任採用

必須是自己的故意或過失，
導致他人受到損害，
才需要負賠償責任。

只要有損害的發生，不論行為人是
否有過失，都需要負賠償責任。

所有權絕對原則　　　　　　　　　　所有權社會化

在私人的財產上，可以自由行使，
國家不會加以干涉。

所有權的行使，必須以社會大眾
的利益為前提。

UNIT **3-3** 人與行為能力

圖解法律

(一) 自然人與法人

人，法律上會用「自然人」和「法人」這兩個用語，一般人還沒有接觸法律以前一定看不太懂。所謂的「自然人」，就是指我們這種真正的人，是自然的人類。而「法人」，則不是真正的人，是法律上虛擬的人，例如：公司或各種商號，我們就把它視為一個法律上的「法人」，讓法人也可以從事各種交易行為。當然，一定是有真正的人代表法人從事這些法律行為。

(二) 完全行為能力人

過去民法規定，20 歲以上的成年人，因為心智已經發展成熟，可以為自己的言行舉止負責，所以，屬於「完全行為能力人」，可以從事任何法律行為。但因為目前青年身心發展早熟，加上其他國家大多將 18 歲就當作成年，因而，在 2023 年後，改為 18 歲以上就屬成年人。

(三) 無行為能力人

未滿 7 歲的小孩，由於心智年齡尚未成熟，缺乏判斷力，是「無行為能力人」，應由父母或監護人代替他做各種法律行為，才具法律效力。另外，受到監護宣告的人，因精神障礙或其他心智缺陷而無法做出正確的判斷，所以，也是「無行為能力人」，應該由法定代理人替他做各種法律行為。

(四) 限制行為能力人

至於 7 到 18 歲的青少年，有點成熟但又不夠成熟，屬於「限制行為能力人」，可以從事簡單的法律行為，但是，大部分的行為仍然有限制。

國中生屬於滿 7 歲而未滿 18 歲的限制行為能力人，所做的法律行為，原則上必須經過父母親（或監護人）事先允許或事後承認，才具有效力。例如：國中生想買一部機車，必須先得到父母的同意，此一購買行為才有效。如果沒有得到父母的事前同意，那個買賣並不是當然無效，而是效力未定。機車行老闆可以催告父母是否要事後承認這筆交易，如果不承認，這個交易就無效。

(五) 領紅包

不過，考慮到這個階段的未成年人，對日常生活已有相當的經驗和知識，因此民法規定下列生活日常瑣事，未成年人不必在事前一一取得父母親（或監護人）同意，也算有效。

❶ 若所做的法律行為是單純獲得利益，例如：領取獎學金；❷ 依據年齡及身分，是日常生活所必需者，例如：購買文具及日常生活用品、搭公車、看電影等；❸ 父母親給小孩自由使用的零用錢或紅包，小孩自己拿去繳納學雜費、旅遊活動費用等。這些行為雖然沒有父母（或監護人）的同意，一樣具有法律效力，但是也必須承擔相對的義務。

民法、刑法及公法上未成年人的界定

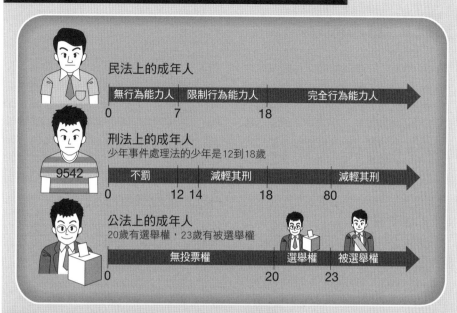

未成年人進行交易是否有效？

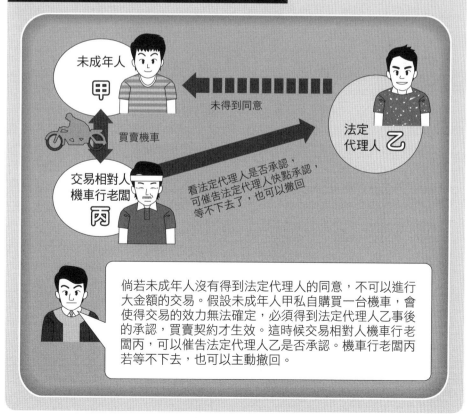

圖解法律

UNIT 3-4
意思表示

意思表示是一個法律用語，就是在交易時表現出來的外在行為。但是，雖然有外在的行為，假若當事人並沒有進行交易的「真正心意」，因為「內心」與「外在」不一致，是有瑕疵的，該筆交易是可以被撤銷，甚至無效。意思表示有瑕疵的情況，有下面幾種情形。

(一) 心中保留

「表意人無欲為其意思表示所拘束之意，而為意思表示者，其意思表示，不因之無效。但其情形為相對人所明知者，不在此限。」（民§86）例如：A 開玩笑說要送 B 一台車，雖然 A 心中是想著開玩笑，但是 B 不知道。因此，在外觀上，相信 A 真的要送他車子，則該意思表示有效。

(二) 通謀虛偽意思表示

「表意人與相對人通謀而為虛偽意思表示者，其意思表示無效。但不得以其無效對抗第三人。虛偽意思表示，隱藏他項法律行為者，適用關於該項法律行為之規定。」（民§87）所謂的通謀，就是一個假交易。例如：C 為了逃債，假裝把房子賣給 D，但實際上，只是想把名字登記給 D，這樣子債權人就不會上門查封房子，這就是一種假交易，我們俗稱為「脫產」。這種虛偽的意思表示，是無效的，而得要適用隱藏的法律行為。通常這種脫產所隱藏的法律行為，就是贈與，或者是信託保管。對於不知情的第三人（法律上不知情我們稱為「善意」），通謀虛偽意思表示算是有效。但是對於知情者，例如：債主，就是無效的。為了避免這種脫產行為，民法第 244 條第 1 項、第 2 項：「債務

人所為之無償行為，有害及債權者，債權人得聲請法院撤銷之。債務人所為之有償行為，於行為時明知有損害於債權人之權利者，以受益人於受益時亦知其情事者為限，債權人得聲請法院撤銷之。」

(三) 意思表示錯誤

「意思表示之內容有錯誤，或表意人若知其事情即不為意思表示者，表意人得將其意思表示撤銷之。但以其錯誤或不知事情，非由表意人自己之過失者為限。當事人之資格或物之性質，若交易上認為重要者，其錯誤，視為意思表示內容之錯誤。」（民§88）「意思表示，因傳達人或傳達機關傳達不實者，得比照前條之規定撤銷之。」（民§89）

(四) 詐欺或脅迫

若是被詐欺或脅迫而做出意思表示，也可以撤銷。「因被詐欺或被脅迫而為意思表示者，表意人得撤銷其意思表示。但詐欺係由第三人所為者，以相對人明知其事實或可得而知者為限，始得撤銷之。被詐欺而為之意思表示，其撤銷不得以之對抗善意第三人。」（民§92）

心中保留

A君

贈與人

表面上送車給你，
內心卻不給

B君

受贈人

B君不知道A君在開玩笑，
該贈與契約有效

通謀虛偽意思表示

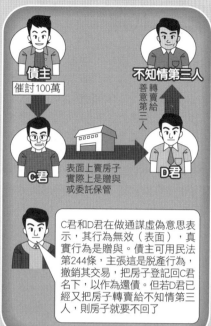

債主

催討100萬

不知情第三人

轉賣給
善意第三人

C君

表面上賣房子
實際上是贈與
或委託保管

D君

C君和D君在做通謀虛偽意思表示，其行為無效（表面），真實行為是贈與。債主可用民法第244條，主張這是脫產行為，撤銷其交易，把房子登記回C君名下，以作為還債。但若D君已經又把房子轉賣給不知情第三人，則房子就要不回了

意思表示受詐欺

欺騙A君
花瓶不值錢

A君受騙
將花瓶便宜
賣給B君

A君

花瓶所有人

B君

詐欺者買受人

轉賣給C君

C君

不知情第三人

A君因受B君詐欺，所做的意思表示，把花瓶賤賣給B君，由於B君就是詐欺者，所以A君可以撤銷該意思表示，取消交易，索回花瓶。但若B君已經將花瓶轉賣給不知情的C君，此時，A君就要不回花瓶，只能對B君請求損害賠償

意思表示受脅迫

脅迫A君便宜賣

A君受脅迫
將花瓶便宜
賣給B君

A君

花瓶所有人

B君

脅迫者買受人

轉賣給C君

C君

不知情第三人

A君因受B君脅迫，所做的意思表示，把花瓶賤賣給B君，受脅迫的意思表示，可以撤銷，故A君可撤銷該買賣，要回花瓶。若B君已經將花瓶轉賣給不知情的C君，由於B君的花瓶是脅迫取得，A君仍然可以討回

UNIT 3-5 代理

圖解法律

　　所謂的代理，例如：請別人幫我買東西，就是一種代理，代理處理法律上的行為。「代理人於代理權限內，以本人名義所為之意思表示，直接對本人發生效力。前項規定，於應向本人為意思表示，而向其代理人為之者，準用之。」（民§103）也就是說，代理人可以代替本人向他人做意思表示，也可以接受他人的意思表示。

(一) 授與代理權法律關係

　　之所以能夠得到代理權，一定是有一個授權的法律關係，例如：可能是公司的經理，在業務範圍內，得到公司的授權，才能代理公司進行交易。這時候，表面上有一個授權的法律關係（聘任契約），而實際上夾帶一個授權行為。

(二) 無權代理

　　代理人必須得到本人的授權，才可以幫本人從事各種法律行為。倘若沒有得到本人的授權，就到處去代理，我們稱為「無權代理」。無權代理有沒有效力呢？原則上是效力未定，須視本人是否承認。民法第170條：「無代理權人以代理人之名義所為之法律行為，非經本人承認，對於本人不生效力。」此時，善意相對人可請求賠償，民法第110條：「無代理權人，以他人之代理人名義所為之法律行為，對於善意之相對人，負損害賠償責任。」

(三) 表見代理

　　代理人可能是表面上曾經有過代理權，之後，代理權受到限制或撤回，其他人還不知道，所以還信以為是有權的代理人。這種情形，我們稱為「表見代理」。民法第107條：「代理權之限制及撤回，不得以之對抗善意第三人。但第三人因過失不知其事實者，不在此限。」第169條：「由自己之行為表示以代理權授與他人，或知他人表示為其代理人而不為反對之表示者，對於第三人應負授權人之責任。但第三人明知其無代理權或可得而知者，不在此限。」

(四) 禁止自己代理與雙方代理

　　如果A君請B君代理自己，結果B君竟然代理A君把房屋賣給B君自己，這種情形，我們稱為「自己代理」的交易。此時，會產生利益衝突，所以法律上禁止「自己代理」這種情形。同樣地，假設B君同時是A君和C君的代理人，此時，若B君同時代理與C君進行交易，那麼B君到底要幫哪一邊？會產生利益衝突，所以法律上也禁止雙方代理的情形。民法第106條：「代理人非經本人之許諾，不得為本人與自己之法律行為，亦不得既為第三人之代理人，而為本人與第三人之法律行為。但其法律行為，係專履行債務者，不在此限。」例如：A君和C君都簽好買賣房子的契約，只是在履約的時候，交給同一個代書代理雙方，這是許可的。

代理的法律關係

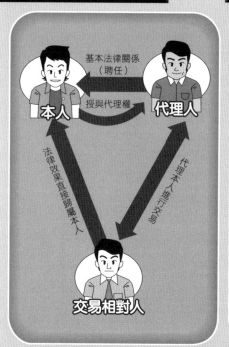

基本法律關係
（聘任）

本人

授與代理權

代理人

法律效果直接歸屬本人

代理本人進行交易

交易相對人

無權代理

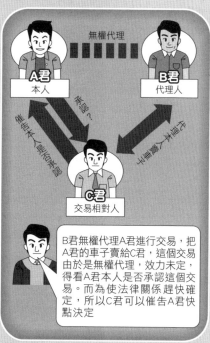

無權代理

A君
本人

B君
代理人

承認？

拒絕本人進行交易

代理本人進行交易

C君
交易相對人

B君無權代理A君進行交易，把A君的車子賣給C君，這個交易由於是無權代理，效力未定，得看A君本人是否承認這個交易。而為使法律關係趕快確定，所以C君可以催告A君快點決定

表見代理

A君
本人

曾授與代理權但事後限制或撤回

B君
代理人

拒絕本人交易？

代理本人進行交易

C君 交易相對人

由於A君曾經以自己的行為授權給B君，或B君曾對外表示自己是A君的代理人，而A君沒有反對，後來A君可能限制或撤回代理權，但其他交易相對人，例如C君並不知情，此時，若B君代理A君賣車子給C君，C君若不知情，則該交易有效。C君若知道B君已經沒有代理權了，則該交易無效

雙方代理

A君
本人

買賣房屋

B君
第三人

代理本人做交易

代理第三人交易

C君
交易相對人

原則上禁止C君同時代理A君和B君進行交易，但若是A、B君已經完成交易，只欠履約階段，那麼C君可以替雙方完成履約後續手續

UNIT 3-6
時效

圖解法律

(一) 時效

時效是什麼意思？一般人不太了解這個觀念，導致自己的權益受損。所謂「時效」，就是指法律效力會受到時間的限制，例如：別人欠我一筆債，我若想要對方還債，必須有時間限制，不能讓對方欠太久，否則這筆債對方可能不用返還。

(二) 取得時效

權利最好確定，對於某個動產或不動產，假若所有人到底是誰，不太明確，我們就會規定長期占有的人，可以取得所有權。

動產：假設當 A 把書借給 B，卻一直都沒有要 B 返還，若 B 占有超過 5 年，並且一直都把這本書當作自己的，那麼 B 就可以取得該書的所有權。這就叫做取得時效。

不動產：假設 C 占有 D 一棟未登記的不動產（違章建築），D 一直都沒有要求返還，C 也把這個房子當作自己的在使用，過了 20 年之後，C 就可以請求登記成為該不動產的所有權人。若以所有的意思，10 年間和平繼續占有他人沒有經登記的不動產，占有的意思是善意，並且沒有過失的情形下，可以請求登記為所有人。不過，現在一般來說，沒有登記的不動產已經很少見了，除了違章建築之外。

(三) 消滅時效

所謂消滅時效，是指因在期間內不行使權利，而導致請求權減損效力的時效制度，為喪失權利的原因。例如：A 欠 B 一筆債，但 B 一直都沒跟 A 討還，

過了 15 年之後，B 若想再跟 A 討債，A 可以主張因為時間已經過了太久，產生了一個抗辯權，不用返還。不過，這只是一個抗辯權，也就是說，A 因為時間過了太久，可以主張不還錢，但是，若 A 並沒有抗辯，乖乖地還錢，B 還是有權利可以收錢。

消滅時效會因為不同的權利，而有不同的時間。一般的請求權，消滅時效都是 15 年。而利息、紅利、租金、贍養費、退職金或其他一年及不及一年的定期給付債權，消滅時效則是 5 年。另外，還有更短的 2 年的消滅時效，包括住宿費、飲食費、座費、消費物的代價、運送費、租賃動產的錢、診療費、醫藥費、工程款等等。

(四) 時效中斷

所謂時效中斷，就是說在時間計算上，因為有人出來主張權利了，或者自己承認的確欠對方錢，或者被對方起訴，那麼時效的累計就中斷，必須重頭開始起算。例如：A 欠 B 一筆債，B 眼看都已經快到 15 年了，就跟 A 請求返還，此時，時效就算中斷，可以重新起算。但是，B 只有請求的話，還必須繼續後續的法律動作，必須在請求後 6 個月內起訴對方，否則時效並不算中斷。

消滅時效

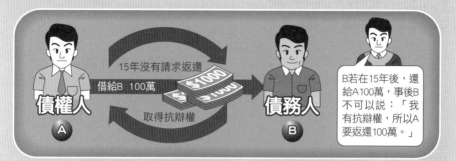

15年沒有請求返還

借給B 100萬

取得抗辯權

債權人
A

債務人
B

B若在15年後，還給A100萬，事後B不可以說：「我有抗辯權，所以A要返還100萬。」

取得時效

動產

所有人

5年沒有請求返還

借一本書

取得該書所有權

借用人

以所有之意思和平公然占有

未經登記之不動產

所有人

10年間沒有請求返還

借一塊地

取得該地登記權

借用人

以所有之意思和平公然占有

取得時效與消滅時效比較表

	取得時效	消滅時效
編制不同	規定在民法物權編，發生動產或不動產之所有權取得的效果	規定在民法總則編，因權利人繼續不行使請求權，至相對人取得拒絕履行義務之抗辯權
基礎不同	基於一定期間繼續占有他人之物的事實狀態，而受法律之保護	基於法定期間內繼續「不行使請求權」，而不受法律之保護
對象不同	以取得占有之權，此占有物為他人之動產或他人未登記之不動產	拒絕權利人之請求權
效果不同	動產，取得所有權；不動產，可請求登記為所有權人	相對人可提出抗辯權
期間長短不同	因善惡意有長短之分	因請求權性質而有長短之分

UNIT **3-7**
侵權行為（一）

圖解法律

當你開車時被其他車子撞了，你在民法上有什麼權利呢？這時候，你可以主張對方構成民法上的「侵權行為」，而向對方請求賠償。

(一) 一般侵權行為

在法律上，侵權行為有很多種。通常是根據加害人是否故意還是過失、侵害的是權利還是利益，而加以區分。第一種：「故意或過失，不法侵害他人權利者」，要負損害賠償責任。所以不管你是故意或過失，只要侵害了他人的權利（例如：開車撞傷人家），就要負責賠償。

第二種：「故意以背於善良風俗的方法，侵害他人的利益」。如果只是利益的損害，必須加害人是出於故意的，才要負賠償責任。

第三種：「違反保護他人之法律者，造成他人損失」，也要負賠償責任。第三種是一種「推定過失責任」，也就是說，既然你違法了，就推定你有過失，除非你能反過來證明你沒有過失，才不用負責。

(二) 特別的權利

到底哪些是權利？很難認定，一般有形的財產損失，當然算是權利。而身體健康、生命也算是權利。現在還出現了很多新興的權利，包括名譽權、自由權、信用權、隱私權、貞操權，或其他人格法益。例如：常見的誹謗他人名譽或侵害他人隱私，除了刑法上有刑事責任外，也可以請求金錢賠償。

(三) 特殊侵權行為

特殊侵權行為有很多種，包括下面幾項：

❶ 共同侵權行為（也就是說兩個人一起侵權，那麼兩人都要負責全部的損失）。

❷ 公務員侵權（如果公務員侵害人民權益造成損失，國家要幫忙賠償）。

❸ 法定代理人責任（未成年人侵權時，因為小朋友無知，這時候法定代理人就得幫忙賠償）。

❹ 僱用人責任（員工在工作期間侵權，例如：公車司機撞了人，那麼客運公司必須幫忙賠償）。

❺ 定作人責任（例如：今天老闆發包工程給他人做，結果承包商不小心侵權了，那麼老闆也要幫忙賠錢）。

❻ 動物占有人責任（自己養的狗咬傷別人，主人要賠錢）。

❼ 工作物所有人責任（自己的房屋倒了壓傷別人，屋主要負責賠錢）。

❽ 商品製造人責任（食品製造商作的食品害人食物中毒，製造商要負責）。

(四) 賠償方式

車禍發生後，到底要賠多少錢？根據民法，造成他人多少損失，就該賠償多少錢。例如：車子撞毀，修車花了多少錢，就該賠多少。可是人命損失該怎麼賠償呢？如果只是撞傷，那麼就要賠償因為受傷不能去上班而損失的薪水。如果把人家撞死了，必須賠錢給家屬，包括喪葬費用，以及家屬的慰撫金。這方面通常法院會有公定價，例如：死一個人賠 300 萬等。

侵權行為的分類

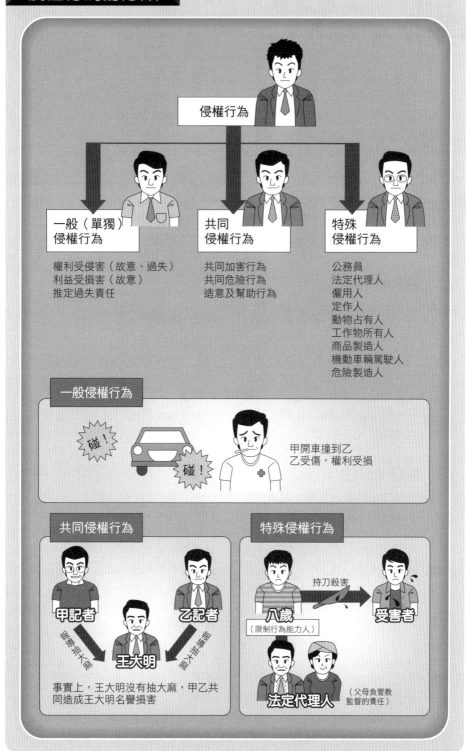

侵權行為

一般（單獨）侵權行為
權利受侵害（故意、過失）
利益受損害（故意）
推定過失責任

共同侵權行為
共同加害行為
共同危險行為
造意及幫助行為

特殊侵權行為
公務員
法定代理人
僱用人
定作人
動物占有人
工作物所有人
商品製造人
機動車輛駕駛人
危險製造人

一般侵權行為

碰！
碰！

甲開車撞到乙
乙受傷，權利受損

共同侵權行為

甲記者　　乙記者
報導抽大麻　　報導抽大麻
王大明

事實上，王大明沒有抽大麻，甲乙共
同造成王大明名譽損害

特殊侵權行為

持刀殺害

八歲
（限制行為能力人）

受害者

法定代理人

（父母負管教
監督的責任）

UNIT **3-8**
侵權行為（二）

圖解法律

(一) 哪些行為構成侵權行為？

到底什麼是侵權行為？法條上說，當他人故意或過失侵害你的權利時，就構成侵權行為。但是，當你在麥當勞喝了一杯很燙的咖啡，而被燙傷，麥當勞構成侵權行為嗎？鄰居當你的面罵你，這構成侵權行為嗎？

雖然法條講得很簡潔，但是生活中有很多不同的狀況會發生，到底怎樣才算是侵權行為？是否可以請求賠償呢？

(二) 過失的標準

通常，如果是故意造成對方的損害，這當然很容易認定，但如果不是故意的，就要判斷是否構成過失。在法律上會有很多認定過失的標準，一般而言，我們會說，看你有沒有盡到一般注意的義務，如果欠缺一般的注意義務，就構成過失。這樣說起來還是很模糊，就只好讓法官依具體情況去判斷了。

(三) 無過失責任

現在漸漸有一些狀況，我們採取更保護受害者的立場，用一種無過失責任，也就是說，就算行為沒有過失，只要造成對方損害，還是要負責任。我國最典型的就是消費者保護法中的產品製造人責任。例如：當你的小孩吃了一個果凍，卻被噎死了，製造這個果凍的果凍公司，不管它到底有沒有過失（有沒有盡到一般公司都該盡到的提醒購買者的責任），仍然要負賠償責任。或許有人會覺得，既然廠商沒有過失，為什麼還要賠錢呢？因為廠商比較有錢，可以透過保險，或者提高產品售價，去分擔這部分的損失。

(四) 產品製造人無過失責任

為了保護消費者，在消費者保護法中，不但採取產品製造人的無過失責任，而且對販售產品、經銷產品的商家，也課予連帶責任。所謂的連帶責任就是說，今天當我吃了在便利商店買的外國公司生產的果凍而受傷，我要去告外國果凍公司可能非常麻煩。此時，我可以直接控告販賣果凍的便利店，或者果凍的經銷商。至於，便利店被我告了之後，他則可以再轉向外國製造商求償。

(五) 集體訴訟

現在消費糾紛中，可能同一個問題造成很多的受害者，例如：有很多消費者吃了某外商公司的避孕藥，在十年後發現了副作用。這時候與其一個人去控告這個外國大藥商，還不如聯合受害的婦女，一起對藥商提起「集體訴訟」。集體訴訟的好處是把眾多的當事人集合在一起解決問題，可以節省訴訟的費用。

(六) 推定過失責任

我們逐漸修正民法中的過失責任，採取「推定過失責任」。原則上只要原告證明有損害和因果關係，那麼就推定被告有過失，如果被告不想負責，必須自己證明自己沒有過失，也就是將證明的責任移轉給被告。

一般過失

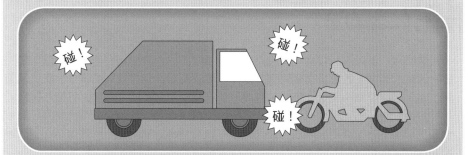

無過失責任

果凍工廠

製造商　　　製造商須負責（無過失責任）　　　吃果凍噎死了　消費者

集體訴訟

果凍工廠

製造商　　打官司　　受害者家屬團　　委請律師集體訴訟

推定過失責任

原告損害與被告行為有因果關係　原告　被告　必須證明自己無過失（舉證責任移轉）

UNIT 3-9
契約法

圖解法律

民法中有一半以上的條文，是在規定關於契約的內容。人和人之間會進行各種交易，包括買賣、租賃、借貸、僱傭等等，每一種交易，就會有一個契約，而民法債編，就是要用來解決因為契約而產生的糾紛。

(一) 契約自由原則

民法基本上採取一個「契約自由原則」，意思是說當事人之間要約定各種稀奇古怪的契約都可以，國家管不著，國家也都尊重當事人之間的約定，這就叫做契約自由原則。例如：甲約定要用1,000萬，買乙穿過的一件內衣，一般人會覺得這個約定太不划算了，不過其他人管不著。

(二) 違背公序良俗

契約自由原則有例外的情形，那就是當事人的契約，如果違反公共秩序善良風俗，有的時候可能會違法，而且國家也不會替這個契約背書。例如：甲向乙購買槍枝，甲付錢後，乙卻無法交出槍枝，這時候，因為買賣槍枝是違法的，甲不能夠去法院要求法官替自己主持公道。又例如：甲是嫖客，和乙發生性行為後，卻不付錢，這時候，乙也沒辦法要求法官主持公道，法官會說這個性交易的契約是違背公共秩序善良風俗的，所以是無效的。

(三) 口頭約定契約就成立

一般人在進行交易時，其實是很草率的。大家往往不會浪費時間坐下來草擬契約條文，然後想清楚各種可能違約的情形，最後簽名。基本上，民法並不要求契約一定要用書面，只要是口頭交易，互相約定好基本的條件，契約就算已經是訂定（成立）了。只有在特別的交易，例如：涉及不動產的交易，為求慎重避免後續糾紛，民法規定必須以書面訂定契約。

(四) 未事先約定時適用民法

真正會發生問題的地方，往往就是事前沒有留意的地方。例如：當你把牛奶買回家後，才發現過期了，或是喝了牛奶後，發現肚子痛，或是發現店員少找你錢等等問題。此時，你沒有和店員用白紙黑字寫下契約，你要拿什麼去爭取權益呢？民法就是怕我們人民會太懶惰，在交易前沒把各種問題想清楚，等到出現各種違約狀況了，卻不知道怎麼辦。民法有關於契約的規定，就是把這些問題的解決方式先寫下來，等到人民出現問題，就可以套用這些條文。

(五) 債編各論二十七種契約

在民法中，我們把最常見的27種契約，規定了基本的內容。如果人民因為這27種契約發生糾紛，而且事前沒有約定解決的方法，就可以套用民法的規定。如果人民間的契約不屬於這27種契約，也可以去套用性質比較接近的條文。

契約原則

 要約者

契約成立

意思表示一致

 承諾者

 契約原則

契約自由

當事人間要約定
各種契約都可以

不可違背
公序良俗

違反公序良俗的
契約,效力是無
效的

口頭約定
就成立

在日常生活的交
易,只要雙方意
思表示一致,契
約就成立

未事先約定
適用民法

民法已經將契約
規定,分成27種
,若沒有事先約
定,就可以適用

 27種契約

財產

買賣
互易
交互計算
贈與
租賃
借貸

勞務

僱傭
承攬
旅遊
出版
委任
經理人及代辦商
居間
行紀
寄託
倉庫
運送
承攬運送

其他契約

合夥
隱名合夥
合會
指示證券
無記名證券
終身定期金
和解
保證
人事保證

UNIT 3-10
違約責任

圖解法律

既然和他人進行交易，用口頭或書面的方式成立了契約，就應該要確實履行契約中雙方的義務。例如：賣水果的老闆就應該把水果給客人，租房子的房東就應該把房子整理好交付給房客，而買家和房客當然也應該確實地給錢和交房租。

(一) 債務不履行

如果有人不按照契約來履行約定，或者雖然履行了約定，卻引發了其他的糾紛，這時候該怎麼辦呢？在法律上，我們統稱這種情況為「違約」，或稱為「債務不履行」，而必須負擔「違約責任」或所謂的「債務不履行的責任」。一般講的違約責任，可以大致分為三類：

❶ 履行遲延

原本約定日期給錢的，卻遲了幾天才給錢；或者原本約定日期要交屋的，卻遲了好幾個月才交屋，這類情形就叫做「履行遲延」（給付遲延）。當發生履行遲延的情況時，我們可以「催告」對方趕快履行契約。在遲延的這段期間，我們可以要求利息。如果遲延後，再履約對我們已經沒有意義了（例如：原本叫對方立刻送上午餐，結果遲了三小時才送上來），此時，我們有權利拒絕給錢，並且要求解約。當然，如果對方過了限期還是沒履約，我們也有權利解約。因為這段期間浪費我的時間等待，造成的損失，也可以請求賠償。

❷ 不能履行

原本要向你訂一個紅色皮包，你最後卻賣給別人；或者原本要你來公司上班，你卻臨時跑到別家公司上班，這類情形就叫做「不能履行」（給付不能）。

如果發生不能履行的情況，而且責任出在你的身上，那麼，就可以對你主張解除契約，並且請求損害賠償。如果責任不在你身上，那麼只好雙方解約。如果你只能履約一部分，另外一部分沒辦法履約，但剩下的一部分，對我來說已經沒有意義，我可以主張全部都解約。

❸ 不完全履行

「不完全履行」（不完全給付），是指雖然有履行契約，但是出了一些紕漏。例如：你原本應該給我十箱貨，卻只給了我九箱，或者說這批貨裡面有一些小瑕疵等。不完全履行不只包括品質、數量不對，還包括履約方法不對，或履約時間不對。

不完全履行應該怎麼處理呢？通常可以按照履行遲延或履行不能的方式來解決，例如：催告你趕快補好，或者要求換貨，甚至要求解約，並請求損害賠償等等，須視各種情況而定。

(二) 加害給付

除了上述單純因為違約而造成生意上的損害之外，如果對方違約，造成我們額外的損失，例如：你交付的貨有問題，導致客人使用後出現損失，這就造成額外的損害，可以請求賠償。這種情況可以適用侵權行為的相關條文。

契約成立

甲 要約者 ×10 10,000萬元 乙 承諾者

債務不履行

履行遲延→未依照日期交貨

甲 7/10 銀貨兩訖 乙

意思一致

要約者 承諾者

乙7/15才交貨
那麼，甲可以要求乙：
❶ 給付5天的遲延利息
❷ 解除契約
❸ 請求賠償

不能履行→無法交貨給他方

❶ 在7/9發生大地震，將工廠所有貨物毀損，則可解除契約(不可抗力事件)
❷ 在7/9前，貨物趕不出來，則甲可以解除契約，並要求賠償

有兩種不同情況的發生，關鍵點在於是不是需要負責任作為判斷

不完全履行→與當初一開始約定的品項不對

如：數量、品質、方法、時間不對

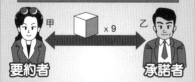

甲 x 9 乙

要約者 承諾者

乙在到期日時，只能給甲9個，所以甲可以視情況，要求乙：
❶ 催告補齊
❷ 要求解約
❸ 請求賠償

加害給付→對方的違約，造成一方的額外損失

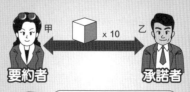

甲 x 10 乙

要約者 承諾者

乙雖然準時交貨，但其中一箱受到病毒感染，導致一個倉庫的存貨全受到損失。因此甲可以就損失部分，向乙要求賠償

UNIT 3-11
買賣契約與消費者保護法

圖解法律

(一) 買賣契約

買賣是一般人民最常見的交易類型。我們每天都會購買很多東西，例如：一大早去便利店買報紙、去早餐店買早餐等等。這種簡單的買賣交易，並不需要簽訂任何的書面契約，只要雙方口頭承諾，甚至只是默示的承諾（例如：我拿了一份報紙到結帳櫃台前，什麼都沒說，但店員已經懂我的意思了），契約就成立了。

(二) 買賣契約的義務

契約成立之後，買方要負的義務，就是要付錢給對方。而賣方要負的義務，當然就是把物品交給買方。如果買回來的東西沒有任何瑕疵，那麼就不會有後續的糾紛。但如果把早餐買回家發現會吃壞肚子，那早餐店老闆有什麼責任嗎？

(三) 瑕疵擔保責任

賣方除了將東西交付出去之外，還必須交出的是「好的」、「無瑕疵的」、「權利完整的」物品。如果買到的東西是有瑕疵的，那麼買方就可以要求換貨，或者要求解約退費。當然，如果客人因為使用有瑕疵的商品，造成額外的損失，那麼店家還要負額外的「加害給付」的責任，要賠償客人的損失。

(四) 通訊交易和網路購物

除了民法外，還有一個消費者保護法，來保護消費者不被商人欺騙。消費者保護法給予消費者有 7 天的「猶豫期間」。當收到商品後的 7 天內，不管基於什麼理由（有瑕疵或不合用，甚至單

純後悔了），都可以退貨，而且不需要負擔任何費用。

現在很流行的網路購物，也同樣可以適用這一條文，可以在拿到商品的 7 天內退貨。不過，如果某些商品是消費性的，例如：食品已經拆封了，或者化妝品已經用了一半了，這時候就算要退貨，商家也會要求你負擔已經使用部分的價錢。

(五) 訪問交易

另外，如果是我們走在路上，突然被推銷員拉住纏著我們推銷商品，或者在家裡突然有推銷員上門推銷產品，在禁不住推銷員的糾纏下，我們很容易沒想清楚就購買。結果，買回家後放了幾天，覺得後悔了，根本不需要這件商品。此時，消費者保護法也保護我們，可以在 7 天內無條件退貨，而不需要負擔任何費用。

除了以上兩種情況可以在 7 天內無條件退貨外，一般的買賣，通常都是客人主動上門，逛街逛了老半天，經過細心的比價、殺價，才選擇購買商品的，既然客人事前已經有機會檢視商品，就沒有權利可以隨意退貨。此時，就只能回歸一般民法買賣契約的規定，只有當產品真的出現瑕疵時，才能主張瑕疵擔保責任，要求換貨或解約。

買賣契約的權利及義務

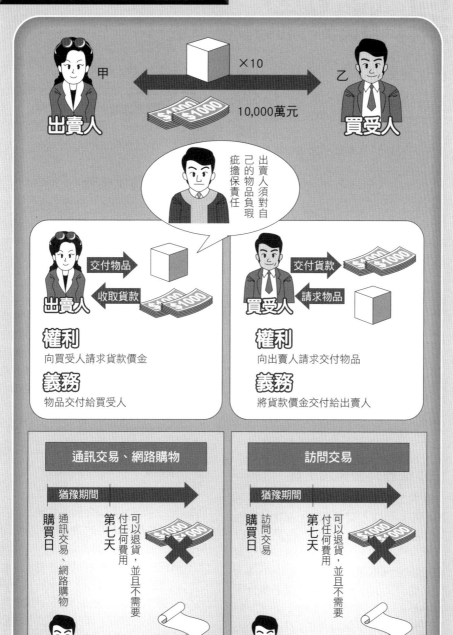

UNIT 3-12
僱傭契約和勞動基準法

圖解法律

(一) 勞動基準法

根據民法契約自由的規定，雇主和勞工可以自由訂定勞工契約的條件，例如：一天要上班幾小時、一週要上班幾天、一個月薪水多少、有哪些福利等，原則上這些都可以由勞工和雇主自由談判簽約。但是在市場自由交易下，勞工為了找工作，往往談判地位是比較弱勢的一方，所以，我們制定了一個「勞動基準法」，為勞工設定了一些最低條件，這些最低條件就是要用來保護勞工，避免雇主在勞工契約中訂定太苛刻的待遇。

(二) 最低基本工資

勞工的最低基本工資，於 2022 年 1 月 1 日起實施，每個月基本工資為 2 萬 5,250 元。透過明文規定，雇主就無法惡意剝削勞工。甚至，在台灣工作的外勞，也適用最低工資的規定。

(三) 工作時數與加班費

原則上，勞工每日工作時數不得超過 8 小時，一周不得超過 40 小時，且每 7 日需有 2 日休息，一日為例假，一日為休息日。在例外情況下，可以稍作調整，不過每週最高不得超過 48 小時。如果加班 2 小時，那麼加班費必須是平常時薪的 1/3，如果再加班 2 小時，則加班費必須是平常時薪的 2/3。此外，連加班算在內，一天工作不得超過 12 小時，一個月加班的總時數不能超過 46 小時。

(四) 童工

雇主不得僱用未滿 15 歲的人。15 歲以上未滿 16 歲，則稱為「童工」。雇主雖然可以僱用童工，但不可以讓他從事繁重及危險性的工作。而且童工一天工作不得超過 8 小時，也不准在晚上 8 點到隔天早上 6 點之間工作。

(五) 女性員工保障

不准女性職員在晚上十點到隔天早上六點之間工作，但如果有提供必要的安全衛生設施，並且提供安全的交通工具或安排女工宿舍，則是可以例外允許的（後被釋字第 807 號解釋認為違反性別平等）。女性員工過去常會因為懷孕或生小孩而被迫辭職，勞動基準法有規定不但不可以因為女職員懷孕或生小孩開除員工，並且在懷孕期間可以要求輕鬆一點的工作，生產前後也可以要求產假八星期，放產假還可以要求老闆照樣給予薪水。

(六) 老闆開除員工與員工自動辭職

雇主不可以任意開除員工。如果是定期的勞工契約，老闆當然不能隨意開除勞工。如果是不定期的勞工契約，除非是公司虧損或業務緊縮，或是員工有重大不適任的情況，才可以開除員工。但是，必須提早 1 個月預告，而且這一個月中，勞工要出去別家公司面試新工作，可以請面試假，而且老闆必須發給「資遣費」，工作年資幾年就要發幾個月的資遣費。

至於員工自己想要辭職，若是定期的勞工契約，超過三年之後也可以辭職。如果是不定期的勞工契約，則隨時都可以辭職，但是必須提早 1 個月告訴老闆。

勞動基準法的目的

打工

果凍工廠

勞工

我們制定了「勞動基準法」，為勞工制定了一些最低條件，用來保護勞工，避免受到苛刻的待遇

最低工資

雇主

薪水袋

每月5日 發薪日

$1000 $1000

努力工作有代價

勞工

勞工最低工資目前大概是 2 萬 5,250 元上下，外籍勞工也適用

最高工時

午休時間

工作中

原則上，每天工作不可以超過 8 小時，每週工作總時數最高不可以超過 40 小時

女性員工保障

女性員工

原則上，不可以讓女性在晚上十點到阿天六點之間工作（被釋字第 807 號解釋認為違反性別平等）。因為懷孕或生小孩亦不可隨意開除

童工（15歲以上，未滿16歲）

童工

不可以從事繁重及危險工作，且工作不可以超過8小時

UNIT **3-13**
物權的概念

圖解法律

(一) 物

民法上的物，又可分為三類：❶**不動產和動產**：不動產，指土地及其定著物而言；不動產以外的物，稱為動產；❷**主物和從物**：主物為從物所附隸之物，「非主物之成分，常助主物之效用，而同屬於一人者，為從物」。例如：鐘錶為主物，錶帶為從物。「主物之處分，及於從物」；❸**原物和孳息**：原物是產出孳息的物，孳息是由原物產生的收益。例如：雞、鴨為原物，鵝蛋、鴨蛋則為孳息。孳息，分為天然孳息和法定孳息兩種：天然孳息，是果實、動物的出產品，及其他依照物之用法所收穫的出產物。法定孳息，是利息租金以及其他因法律關係所得的收益。

(二) 物權

物權，則是法律特別規定的「某種關於物的權利組合」。例如：所有權、抵押權、質權等，各有不同的權利內涵，都是物權。而人對動產也有所有權，對不動產也有所有權，這是一般人常常會搞混的地方。

(三) 不動產交易需用書面

由於不動產交易金額龐大，為求慎重，我們規定不動產的交易要使用書面契約。而且，不但要用書面契約，設定不動產的權利還必須到地政機關登記，以公告天下。為什麼要這樣做呢？因為物權是針對物本身的，例如：我向銀行借錢，並且以房子設定抵押，雖然是我欠銀行錢，但是因為抵押權設定在這棟房子上面，不管房子賣到哪裡去，銀行都會追到天涯海角，所以必須辦理登記，以免不知情的第三人被騙。

如果我拿房屋向銀行借錢，設定抵押權，但是沒有向地政機關登記，我又把房屋賣給我的朋友小明，後來我無法還出錢，銀行要來查封小明的房子，小明一定覺得很冤枉。所以要求必須先登記，這樣小明在買房子前，就會知道這個房子上面有沒有設定其他權利，再決定要不要買。

(四) 物權法定主義

在契約方面，我們採取契約自由原則，當事人可以做任何自由的約定，而且不必簽定書面契約，也不需要向國家登記。但是在物權方面，由於物不管移到哪裡，物權就跟到哪裡，如果我和鄰居約定了一種很奇怪的共同使用電梯的規定（禮拜一三五我用、二四六他用），等我把房屋賣給小明時，小明並不知道有這樣的約定，就會和鄰居產生衝突。由於物權會隨物而移轉，怕當事人間任意約定會影響到後來的人，所以不但要求必須到地政機關登記，而且這種權利是「契約自由原則」的例外，我們採取「物權法定主義」，就是可以設定的物權種類和內容，都受限於民法的規定。既然採取物權法定主義，也就是物權的種類有法律上的限制。目前民法大概設計 10 種物權。

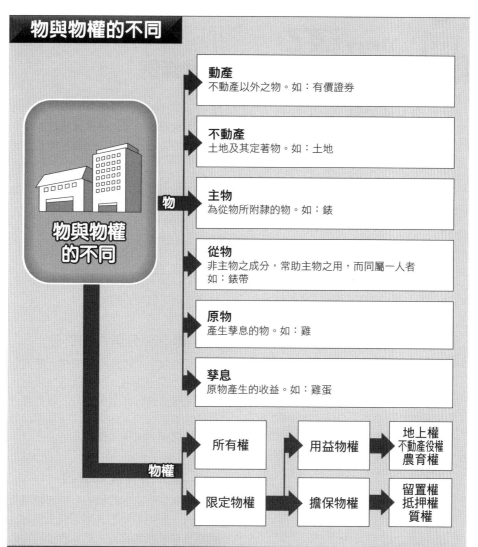

物與物權的不同

動產
不動產以外之物。如：有價證券

不動產
土地及其定著物。如：土地

主物
為從物所附隸的物。如：錶

從物
非主物之成分，常助主物之用，而同屬一人者
如：錶帶

原物
產生孳息的物。如：雞

孳息
原物產生的收益。如：雞蛋

物

物與物權
的不同

物權

所有權 → 用益物權 → 地上權 不動產役權 農育權

限定物權 → 擔保物權 → 留置權 抵押權 質權

物權和債權的比較表

	物權	債權
性質	支配權	請求權
效力	排他性、優先性、追及性	無
訂定	物權法定主義 （不得任意創設）	契約自由原則

UNIT 3-14
所有權與公寓大廈管理條例

圖解法律

(一) 所有權絕對

我們民法採取「所有權絕對原則」。所有權在所有物權中，是一種最大的權利，也是最完整的權利組合。如果我對某物擁有所有權，那麼我就可以自由地使用它、收益它（收成種的水果）、處分它（賣給別人）、在上面設定其他權利（設定抵押權或地上權）。至於其他的物權，都只是涵蓋部分的權利，就比所有權的權利組合少了一些。所有權人，可以排除他人對其所有權的侵害。

(二) 在法律規定範圍內

不過，現在國家法律很多，已經漸漸限制了所有權絕對原則。我們雖然可以自由使用所擁有的物，但必須在法律的限制範圍內。例如：如果在機場附近限制建築物的高度，我不能愛蓋多高的房子就蓋多高。必須取得建照，在建照核准的範圍蓋房子。又例如：我雖然擁有這輛跑車，但不能隨意亂開，還必須符合交通法規。

(三) 相鄰關係

每個人都有鄰居，每一塊土地或房子一定會和其他人的房子相接鄰，這時，民法也怕鄰居之間因為使用土地或房子發生摩擦，制定了一些相鄰關係的規定。例如：我有一塊農田，想要在農田四周蓋圍牆，但是在蓋圍牆的時候，勢必會踏到隔壁鄰居的農田上，才能施工。這時候，民法就規定，我可以使用鄰居的土地，但是鄰居因為這樣而受到損害，就可以向我請求賠償。或者，我很倒楣，所擁有的土地沒有靠近馬路，如果我要出門，勢必得穿越鄰居的土地。這時候，民法就規定，我擁有所謂的「袋地通行權」，可以通過鄰居的土地，但如果造成鄰居的損害，就必須支付償金。

(四) 公寓大廈管理條例

古時候人口較少，鄰居間的糾紛，通常就是土地間的相鄰關係。但現在都市人口眾多，很多人都住在公寓。因此，制定了一個「公寓大廈管理條例」，來解決公寓鄰居間的衝突。

(五) 專有部分與共用部分

每個人買一戶公寓的一層樓，是買到了一個「區分所有」，這個區分所有，包含了專有部分與共用部分。專有部分就是你家門口內部的部分，而共用部分則包括電梯、樓梯、頂樓等。

(六) 區分所有權人會議

為了解決公寓內的糾紛，所有樓層的所有人，都可以參加一個區分所有權人會議。在這個會議上，可以討論約定公寓的使用方式，以及大家的權利義務。例如：可以將某人的專有部分，約定讓大家使用；也可以約定某一塊共用部分，只給某特定人使用。而且可以約定大家要繳一定的管理費，拿出來保養電梯或請管理員等等，也可以組成一個管理委員會，替大家服務，收取管理費。

所有權的取得

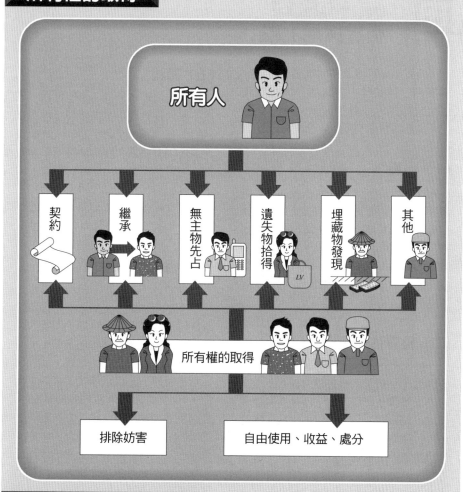

所有人

契約　繼承　無主物先占　遺失物拾得　埋藏物發現　其他

所有權的取得

排除妨害　　　自由使用、收益、處分

公寓大廈管理條例

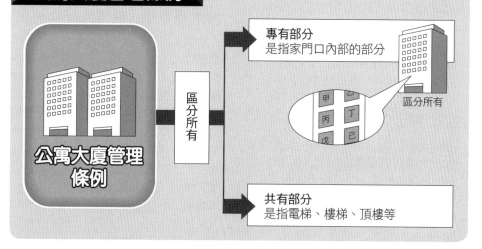

公寓大廈管理條例

區分所有

專有部分
是指家門口內部的部分

區分所有

共有部分
是指電梯、樓梯、頂樓等

UNIT **3-15**
租賃與地上權

圖解法律

一般學生到外地求學，或者年輕的上班族到外地工作，常常在外面租房子住，這時候，就會和房東約定一個契約，稱為「租賃契約」。

(一) 租賃

所謂的租賃，就是我向你租物，你有義務在租賃期間把物交給我使用，而我有義務每個月按照時間繳交租金。一般的房東，都會到書店買現成擬好的租屋契約，上面都寫清楚了很多規定，包括押金、月租、繳交月租的時間與方式、水電費的計算等。

(二) 租賃物的修繕

一般人常不清楚的地方是，如果房屋設備壞了，到底是房東要出錢？還是房客要出錢修？根據民法，房東應該確保房屋「可以使用」，所以要由房東出錢修理，除非另有約定。但房客也必須配合讓房東進屋來修理。

(三) 房客幫忙改善房屋

如果房客在租屋期間有花自己錢幫忙改善房屋狀態，增加房屋價值，而房東也知道，也沒有出面阻止，那麼租約到期，房客要搬走的時候，可以要求房東還給房客這筆錢，以免房客吃虧。

(四) 押金與返回原始狀態

民法有規定，房客必須將房屋回復原狀，免得房東還要花錢請人打掃。所以，房東都會先向房客收取 1 個月或 2 個月的押金，就是要等房客搬走時，把房屋清理乾淨，結算清楚，才把押金還給房客。

(五) 轉租

民法有規定，若是其他租賃物，承租人不可以任意轉租。但是房屋是例外的情形，我們常常聽到所謂的大房東和二房東，因為民法允許房屋轉租，有人會把一層樓租下來，自己當二房東，轉租小房間出去。但是如果房東在契約上，已經明文約定不可以轉租，房客就不可以任意轉租，否則房東可以終止租約。

(六) 租賃與地上權的比較

奇怪的是，民法並不把租屋看作是一種「不動產物權」，所以並不需要去地政機關辦理登記。相對地，很多人蓋工廠或者種植竹木，會跟地主租土地來使用，這個時候卻是一種物權，我們稱為「地上權」，必須辦理地上權的登記，而且內容都必須符合民法的規定。但是，地主和使用人也會簽訂一個地上權的契約，上面約定好地租多少，多久繳地租一次等等。通常地上權的地租都是一年一期的，若積欠 2 年以上的地租，地主才可以收回土地。

(七) 農育權（耕種或畜牧）

法律上還有一種「農育權」，農育權是在他人土地，以農作、森林、養殖、畜牧、種植竹木或保育為目的之用益物權，主要架構係以普通地上權為其原型，再依農育權之特質及配合農業發展之需要，特別注重生態保育、增進土地資源之有效利用與其永續性。農育權人在使用上，有義務維護土地本質與自我更新能力，應依設定目的及約定方法使用收益土地，未約定使用方法者，應依土地性質為之，並應保持土地之生產力或得永續利用之狀態。

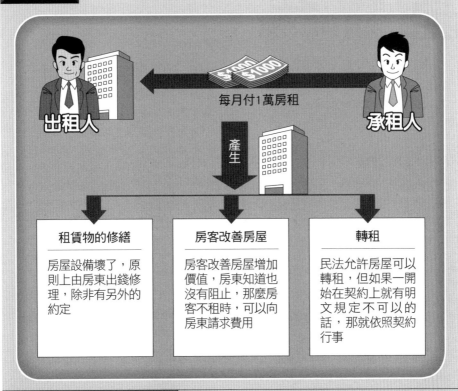

UNIT 3-16
借貸和抵押權

做生意的人常常會需要資金,或者有時候手頭臨時週轉不靈,需要金錢的支援,這時候就會向親朋好友借錢,或者向銀行借錢。

(一) 消費借貸

在民法上,我們有「消費借貸契約」的規定。所謂消費借貸,就是我向你借了一定數量的錢或米,用來消費,到期之後,我也應該還你一定數量的錢或米。

(二) 還錢的時間

跟別人借錢,通常會約定還錢的時間。如果約定了還錢時間,到期就要趕快還錢,不然會違約。如果沒有約定還錢時間,借錢的人可以隨時請求還錢,但必須預留一個月以上的時間,讓借錢的人有時間去籌錢。

(三) 借據

為了避免將來借錢的人不還錢而產生爭議,鬧上法院去舉證困難,所以在借錢的時候,最好簽訂一張借據,上面寫清楚借錢的金額、利息、還錢時間等。

(四) 本票

簽發本票則是另一種避免將來發生糾紛的方式。所謂本票,就是借錢的人按照「票據法」的要求,寫一張本票,上面註明將來還錢日的時間,可以拿著本票無條件向發票人請求票面上寫的借錢金額。不過,本票必須按照票據法的要求,寫下票據種類、金額、發票人簽名、發票日與「無條件支付」字樣。

(五) 以房屋或土地作抵押

向銀行借錢時,銀行跟你不熟,所以會要求你拿房子或土地作為擔保品,我們稱這種行為為「抵押」。假如你之後繳不出利息或還不出錢,銀行就可以拿你的房子去拍賣,用拍賣所得的錢優先償還你欠銀行的錢。如果還銀行錢之後,還有多餘的錢,才會再把剩下的錢還給你。由於抵押品涉及的是不動產,為了避免爭議,民法要求這個抵押行為必須去地政機關進行登記,以避免欠錢人的脫產,把房屋偷偷賣給別人。由於在地政機關有登記,其他的買主看到這個房子上面設定了抵押權,就會考慮不買,或者用比較便宜的價格購買。

(六) 抵押的順序

若一棟房子值 1,000 萬,我拿這房子先向甲銀行設定抵押借錢 500 萬,後來我還需要錢用,可以再用這棟房子,向乙銀行設定抵押借錢 300 萬。如果將來我還不出錢來房子被拍賣,那麼甲銀行是第一順位人,拍賣的錢可以先拿走 500 萬,乙銀行是第二順位人,等甲銀行拿回錢才能拿我欠的 300 萬。

(七) 最高限額抵押

民間習慣一種「最高限額抵押」的方式,假設這棟房屋值 1,000 萬,而銀行設定最高限額 700 萬的借款上限,我可以先向銀行借 200 萬,後來再借 300 萬,只要在這個上限內,都可以自由向銀行借錢,不過每一次借錢都必須去地政機關登記。

借貸

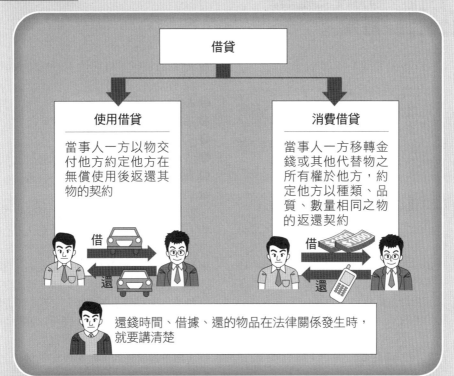

借貸

使用借貸

當事人一方以物交付他方約定他方在無償使用後返還其物的契約

借

還

消費借貸

當事人一方移轉金錢或其他代替物之所有權於他方，約定他方以種類、品質、數量相同之物的返還契約

借

還

還錢時間、借據、還的物品在法律關係發生時，就要講清楚

抵押順序與最高限額抵押

抵押順序

房子抵押500萬

甲銀行（一胎）

（價值1,000萬）

房子抵押300萬

乙銀行（二胎）

A還不出錢來，房屋被拍賣，甲銀行優先受償，乙銀行排序第二，若償還後，有剩餘的錢就是A的

最高限額抵押

（價值1,000萬）
設定最高限額700萬元

銀行

7/1　借200萬
7/10　借300萬
7/15　借100萬
總借600萬

銀行

在上限內，可以自由向銀行借錢，但每一次都須向地政機關登記

UNIT **3-17**
訂婚

圖解法律

(一) 身分契約

結婚就是一種兩個人所締結的契約，不過，這種契約事關重大，不像一般的契約可以隨意締結，所以民法對於訂婚、結婚，乃至結婚後的權利義務，都有詳細的規範。

(二) 訂婚

中國人的傳統是，結婚前要先來個訂婚，下個聘金，過一陣子再結婚。民法規定，訂婚必須由當事人自行訂定。過去中國人習慣的父母「指腹為婚」，在民法上是無效的，一定要由當事人自己訂婚才有效。

(三) 訂婚年齡

民法規定，男生和女生滿 17 歲就可以訂婚。不過，未滿 18 歲是未成年人，沒有完全行為能力，雖然可以訂婚，但是必須得到法定代理人的同意。

(四) 訂婚的儀式

在法律上，訂婚沒有規定一定要有什麼儀式，原則上都是按照民間習俗自己請客喝喜酒，而且訂婚也不用去戶政機關登記。

(五) 訂婚後能否悔婚？

訂婚之後能否悔婚？也就是不結了。答案是可以的，因為婚約不像一般的契約，不可以強迫人民履約。不過，如果惡意悔婚，必須賠償對方。民法有規定，當事人一方有下列情況時，可以解除婚約：

❶ 婚約訂定後，再與他人訂定婚約或結婚。
❷ 故違結婚期約。
❸ 生死不明已滿 1 年。
❹ 有重大不治之病。
❺ 婚約訂定後與他人合意性交。
❻ 婚約訂定後受徒刑之宣告。
❼ 有其他重大事由。

如果基於以上這七款理由而解除婚約，無過失的一方，可以向有過失的一方請求損害賠償，甚至是精神上受到的損害，也可以請求慰撫金。當然啦！事先給的聘金或嫁妝，也可以要求返還。例如：小雯和明正訂婚後，發現明正居然和其他女人還有往來，就可以解除婚約，而且，因為小雯並沒有過失，除了要求損害賠償之外，也可以要求精神上的賠償。

(六) 無理由的悔婚

另外，如果沒有這七款理由，能不能悔婚呢？答案是一樣可以悔婚。只是因為沒有正當理由就要悔婚，此時，會反過來被對方請求賠償，甚至請求精神上的慰撫金。

值得注意的是，因為解除婚約所導致的返還聘金、嫁妝、損害賠償、慰撫金等，必須在 2 年內請求，過了 2 年請求權就會消滅。

婚約

男 17 歲，女 17 歲
我們符合條件，所以，我們訂婚吧！

❶ 我們自己決定
❷ 男已滿 17 歲，女也滿 17 歲
❸ 已得法定代理人同意（未成年）
❹ 我們不是近親

婚約解除

婚約解除

約定解除

婚姻是契約的一種，在結婚前，雙方當事人合意就可以解除婚約

解除婚約，無過失的一方可以向有過失的一方請求損害賠償慰撫金。值得注意的是，必須在 2 年內請求，否則請求權會消滅

法定解除

婚姻當事人一方有下列情形，就可以解除婚約

- 婚約訂定後，再與他人訂定婚約或結婚
- 故違結婚期約
- 生死不明已滿 1 年
- 有重大不治之病
- 婚約訂定後與他人合意性交
- 婚約訂定後受徒刑之宣告
- 有其他重大事由

UNIT 3-18
結婚

圖解法律

(一) 結婚的年齡

　　男生滿 18 歲，女生滿 18 歲，就可以結婚。結婚的形式，過去民法規定，必須有公開儀式，兩人以上的證人。但後來改成以向戶政機關登記為主。只要「以書面為之，有二人以上證人之簽名，並由雙方當事人向戶政機關為結婚之登記」就完成結婚。至於要不要請客吃飯，則是民間習俗。

(二) 近親不得結婚

　　為了避免生下不健康的小孩，所以民法有規定，某些近親不准結婚，就算真的結婚，也是無效。下列親屬不能結婚：❶直系血親和直系姻親；❷旁系血親在六親等以內者；❸旁系姻親在五親等以內，輩分不相同者。不過，姻親是結婚而結為親戚，並沒有血緣關係，只是為了維護家族的輩分才禁止結婚，所以如果婚姻關係消滅了，就不受限制。例如：表哥和表妹是無法結婚的，就算真的結婚了十幾年生了小孩，還是有可能被認定婚姻無效。另外，監護人與受監護人在監護關係存續中，也不得結婚。

(三) 一夫一妻制

　　我國採一夫一妻制，一個人只能和一個人結婚，不能重婚。如果是有先後兩個婚姻，後面的婚姻就會無效；如果是一個人同時與兩個人以上結婚，那兩個婚姻都是無效的。

　　2017 年大法官作出釋字第 748 號解釋，認為民法沒有開放同性戀結婚，乃違反憲法平等權與婚姻自由，要求立法院 2 年內修法。倘若 2 年內立法院不修法，同性戀也可直接登記結婚。後來立法院通過「司法院釋字第 748 號解釋施行法」，允許同性為結婚登記。

(四) 結婚的撤銷

　　在結婚之後，如果發現以下的情況，可以撤銷婚姻：❶結婚之前沒有性交，結婚之後才發現對方「不能人道」，可以撤銷婚姻。所謂不能人道，是指無法性交；❷結婚時意識不清楚或精神錯亂，在回復正常之後 6 個月內可以撤銷；❸因為詐欺或脅迫才結婚，例如：被父母逼婚，6 個月內可以撤銷。

　　結婚無效或撤銷，無過失的一方，都可以向有過失的一方，請求財產上的賠償，或者精神上的慰撫金賠償。

(五) 結婚的效力

　　結婚之後，有一些基本的法律效力：❶夫妻可以冠對方的姓；❷夫妻有同居義務，但如果有不能同居的正當理由，例如：太太被婆婆欺侮，則不受此限；❸夫妻既然有同居義務，就要設定一個法律上的住所，這個住所由雙方協議，但若協議不成時，得聲請法院決定。例如：太太在台北工作，先生在新竹上班，那麼雙方對於住所要設在哪，就會有一番爭執；❹夫妻在日常生活家務上，互為代理人。例如：先生的包裹，可以由太太代收。但如果有濫用代理權的情況，可以限制對方的代理權，但卻不可以對抗善意第三人。例如：太太幫先生買了很昂貴的手錶，先生認為這是濫用代理權，但卻不可以對抗善意的售貨員；❺夫妻有貞操義務，不可以和其他人通姦。

婚約

結婚
必須要符合一定的條件
才會有效力

結婚

```
                    結婚
                      │
      ┌───────────────┼───────────────┐
      ▼               ▼               ▼
    年齡             限制             制度
```

❶ 男生滿18歲
❷ 女生滿18歲

近親不可以結婚，
這是為了避免生下
不健康的寶寶

❶ 我國採一夫一妻
制
❷ 現在採「登記婚
制」，必須到戶
政機關登記

結婚效力

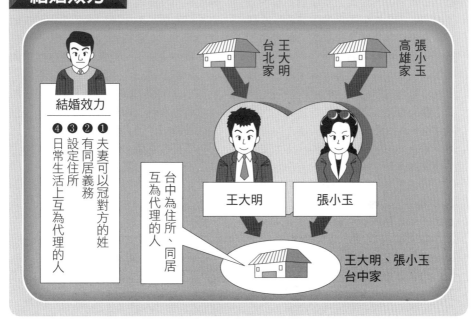

結婚效力

❹❸❷❶
日有設夫
常同定妻
生居住可
活義所以
上務 冠
互 對
為 方
代 的
理 姓
的
人

王大明
台北家

張小玉
高雄家

王大明   張小玉

台中為住所、同居
互為代理的人

王大明、張小玉
台中家

UNIT 3-19
離婚

圖解法律

什麼時候可以離婚？民法規定離婚有兩種，一種是兩願離婚，一種是裁判離婚。

(一) 兩願離婚

兩願離婚，就是雙方都願意離婚，也都談好了，那麼就直接在「離婚協議書」上簽字，上面寫清楚財產如何分配、小孩歸誰、扶養的支出費用等等細節。寫完之後，必須有兩個以上的證人在上面簽名，然後再到戶政機關辦理離婚登記，這樣離婚才算完成。

(二) 裁判離婚

通常會鬧到離婚，都是一方想離婚，另一方卻不想離。此時，必須夫妻的一方，具備下述的離婚事由，另一方才可以向法院請求判決離婚：❶重婚；❷與配偶以外之人合意性交。第 1 款和第 2 款事由，如果太太事前知道或事後宥恕，或者知道事情發生後過了 6 個月，或事情發生在 2 年以前，都喪失了請求離婚的權利；❸夫妻之一方受他方不堪同居之虐待。這種虐待主要是身體上的，但有時候心理上的虐待法院也接受；❹夫妻之一方對於他方之直系親屬為虐待，或受他方之直系親屬之虐待，而不堪為共同生活者。例如：太太受不了婆婆的虐待；❺夫妻之一方惡意遺棄他方且在繼續狀態中；❻夫妻之一方企圖殺害他方；❼有不治之惡疾；❽有重大不治之精神病；❾生死不明超過 3 年；❿因故意犯罪，經判處有期徒刑逾 6 個月確定。第 6 款到第 10 款的事由，如果自知道之後已經過了 1 年，或者事情已經超過 5 年，也喪失了請求離婚的權利。

(三) 其他重大事由

除了上述十種事由之外，民法還規定「有其他重大事由，難以維持婚姻」，且此事由應該由對方負責，也可以向法院請求裁判離婚。現在很多夫妻，彼此不再相愛，原則上並不能隨便聲請法院離婚，如果找不到前面十項重大事由，還必須根據最後這一項「有其他重大事由，難以維持婚姻」，但是否真的構成難以維持婚姻，則是交由法官去認定。當然，既然夫妻有一方都執意要離婚，只要這個重大事由不是自己該負責的，法官通常都會准許離婚。

(四) 小孩歸屬

離婚之後，夫妻最關心的，往往是爭奪小孩的監護權。原則上，如果夫妻能夠協議小孩歸誰，那麼法院尊重夫妻雙方。但如果夫妻無法協議，那麼法院就會依照「子女最佳利益」，來決定小孩歸誰養。法官不一定會判決歸先生或歸太太，甚至可以判決歸阿姨養。不過，就算小孩被判決歸太太養，先生還是可以享有固定的「探視權」。至於，小孩的扶養費用，則夫妻雙方都有義務，例如：法官會判決小孩監護權歸太太，但先生仍然必須出部分扶養費。

離婚

| 離婚效力 | ❶ 身分上：姻親關係消滅，但姻親禁婚仍然維持
❷ 財產：依各種財產制分配，若一方無法生活，才有贍養費
❸ 子女監護：協議，若協議不成，法院會依子女最佳利益判決
❹ 子女扶養：雙方皆有扶養義務 |

限制：第1款和第2款
事前同意或事後宥恕或知悉後已逾 6 個月或自其情事發生後已逾2年者

兩願離婚
書面為之，兩人以上證人，戶政機關辦理登記

離婚

判決離婚
❶ 重婚
❷ 與配偶以外之人合意性交
❸ 夫妻之一方受他方不堪同居之虐待
❹ 夫妻之一方對他方之直系親屬為虐待，或夫妻一方之直系親屬對他方為虐待，致不堪為共同生活
❺ 夫妻之一方以惡意遺棄他方在繼續狀態中
❻ 夫妻之一方意圖殺害他方
❼ 有不治之惡疾
❽ 有重大不治之精神病
❾ 生死不明超過 3 年
❿ 因故意犯罪，經判處有期徒刑逾 6 個月確定
⓫ 其他重大事由，難以維持婚姻者

判決離婚

限制：
❶ 第6款到第10款，自知悉後已逾 1 年或自其情事發生後已逾 5 年者
❷ 第11款，該事由應由夫妻之一方負責者，僅他方得請求離婚

知識補充站 ●

王太太五年前因出車禍成為植物人，王先生為了照顧王太太花了很多錢。但最後受不了，決定訴請離婚。試問，植物人算不算是「不治之惡疾」？

訴請離婚的十種理由中，第七種是一方有「不治之惡疾」。過去法院認為所謂不治的惡疾包括梅毒，至於眼睛瞎掉並不是「惡疾」。植物人看起來應該不是「惡疾」，但最近法官卻允許這種情形可離婚。

UNIT **3-20**
夫妻財產制

圖解法律

　　所謂的夫妻財產制，就是規定結婚之後，夫妻之間財產的管理、使用，乃至離婚之後財產分配的方法。一般民眾結婚之後可能不會很計較夫妻雙方的財產如何劃分，可是到了哪一天要離婚時，如何分配財產，卻成了一個頭痛的問題。

(一) 三種夫妻財產制

　　民法規定三種夫妻財產制，一是聯合財產制，二是共同財產制，三是分別財產制。夫妻可以在結婚前或結婚後任何時間，選定夫妻財產制，但選擇或變更，必須以書面方式寫下來，然後到戶政機關去登記昭告天下，這樣對其他人才有效力。其實，很多夫妻在結婚時，並不會選擇夫妻財產制，這時候，法律自動地幫他們選擇為聯合財產制，所以聯合財產制又稱為法定財產制。三種財產制的差別，主要是在離婚時的財產分配上。

❶ 聯合財產制

　　聯合財產制的特色是，夫妻在結婚前的財產各自屬於自己，結婚後的財產也各自屬於自己，各自管理使用，各自的債務也各自承擔。不過，丈夫或妻子可以約定每個月給對方一些生活費。當夫妻離婚時，結婚前的財產各自取回，但結婚後的財產卻必須平分。

　　平分的方式，是先用婚後財產償還婚後的債務之後，如果還有剩餘，就要將剩餘的差額平分。而且，由於婚後財產在離婚時可以平分，如果在離婚前就有一方把財產送給別人或賤賣給別人，另一方也可以依法撤銷，追回那些財產。不過，如果平分婚後剩餘財產太不公平（例如：老公賺的超多卻要分一半給老

婆），也可以請求法院調整。

❷ 共同財產制

　　在共同財產制下，夫妻可以保留某些工作上所需的個人「特有財產」（例如工作用的電腦），此外夫妻所有的財產（不管結婚前或結婚後）都成為夫妻共有，由夫妻共同管理，但是也可以約定由一方管理。由於財產已經變成夫妻共有，那麼不管誰在外面欠錢，都是由共有財產一起負擔。

　　當兩人離婚時，夫妻兩人先將結婚時的財產拿回去，然後將結婚後的共有財產拿出來平分。共有財產制下夫妻的債務是由共有財產來負擔。另外，還有一種特殊的共有財產制，就是只約定以勞力所得（就是薪水）作為共同財產，其他的財產則各自管理。

❸ 分別財產制

　　分別財產制最簡單也最清楚，就是夫妻的財產在結婚後還是各自管理，各自的債務自己承擔，離婚時也比較不會有爭議。

(二) 贍養費

　　一般人會以為離婚會有贍養費拿，所謂的贍養費，必須離婚後，例如：太太生活困難，而離婚的原因錯不在她，才可以跟丈夫請求贍養費。

夫妻財產制

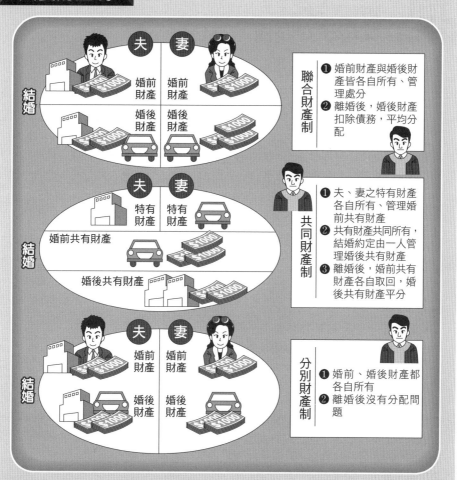

		聯合財產制
結婚	夫 婚前財產 / 妻 婚前財產 ; 夫 婚後財產 / 妻 婚後財產	❶ 婚前財產與婚後財產皆各自所有、管理處分 ❷ 離婚後,婚後財產扣除債務,平均分配

		共同財產制
結婚	夫 特有財產 / 妻 特有財產 ; 婚前共有財產 ; 婚後共有財產	❶ 夫、妻之特有財產各自所有、管理婚前共有財產 ❷ 共有財產共同所有,結婚約定由一人管理婚後共有財產 ❸ 離婚後,婚前共有財產各自取回,婚後共有財產平分

		分別財產制
結婚	夫 婚前財產 / 妻 婚前財產 ; 夫 婚後財產 / 妻 婚後財產	❶ 婚前、婚後財產都各自所有 ❷ 離婚後沒有分配問題

三種財產制度比較

財產制	所有權	管理權與處分權	責任關係	剩餘財產分配
聯合夫妻財產制	各自所有	各自管理 各自處分其財產	各自對其債務負清償責任	法定財產制關係消滅時夫或妻現存之婚後財產,扣除債務後,應平均分配
約定共同財產制	共有財產: 共同所有 特有財產: 各自所有	共有財產: 共同管理經他方同意得處分 特有財產: 各自管理各自處分	由共有財產及夫或妻之特有財產連帶負責	訂立財產制關係消滅時,夫或妻現存之婚後財產,各自取回 訂立財產制契約後新增之共同財產:原則平均分配
約定分別財產制	各自所有	各自管理 各自處分	各自對其債務負清償責任	尚無發生剩餘財產分配之問題

UNIT 3-21
父母子女關係

圖解法律

民法對於父母子女關係，做了許多規定。

(一) 姓氏

過去一般小孩都會跟爸爸姓，除非有特殊情況，才會讓小孩從母姓。但是，現在民法有規定，小孩姓氏由父母共同約定，而且成年以前還可以更改一次，成年以後也可以再更改一次。這個規定就是要排除父姓制度，提高女性的地位。

(二) 認領

所謂認領，是說如果有非婚生子女（也就是私生子），生父可以事後用一個認領的程序，將自己的私生子認領起來，讓私生子享有跟一般子女一樣的權利（繼承或被扶養等）。這個認領的程序很單純，只要私下表達願意承認這個孩子就可以了。即使沒有這種表達，卻有提供金錢扶養這個小孩，也視為認領。當然，如果生父不肯認領，私生子和媽媽，也可以向法官提起官司，要求生父認領。另外，若是未婚生子，但後來生母與生父結婚，「先上車後補票」，我們稱為「準正」。

(三) 否認父母子女關係

有的時候，雖然是太太生的孩子，但未必真的是自己的種。所以，先生也可以請求驗 DNA，來看到底孩子是不是自己的種，若不是，則可以「否認」這個孩子。但有時間上的限制，必須自知道起 2 年內向法院請求，小孩自己也可以向法院請求，小孩必須在成年後 2 年內提起。

(四) 收養

所謂收養，和認領不同，是指完全沒有血緣關係的人，在法律上收養為自己的子女。即使是單身，也可以收養小孩。但如果有配偶，收養小孩時，必須和配偶一起收養。我們禁止某些親屬間的收養，例如：規定旁系血親要收養時，如果輩分不相當，就不准收養。但收養必須聲請法院認可，以書面為之。而在下列幾種情形，法院應不予認可：❶收養有無效或得撤銷之原因；❷有事實足認收養於養子女不利者；❸成年人被收養時，依其情形，足認收養於其本生父母不利者。

(五) 親權

父母要教養小孩，就必須有權利可以管教小孩。現在學校的老師不能體罰小孩，但父母在適當範圍內，有懲戒權，可教導孩子。父母可以幫未成年的子女管理財產。

(六) 扶養

父母養育我們，我們長大後也要回饋。法律上有明文要求，我們對一些親人有扶養義務，所以不能夠隨意遺棄父母。扶養義務有一個順序，由前順位的人先負擔，若前順位的人經濟能力不足，再由後順位的人負擔。若親人不願意扶養。我們可以向法院請求判決其必須承擔扶養義務。

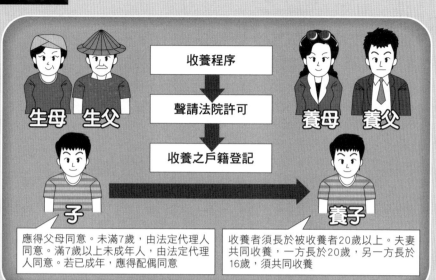

收養

| 生母 生父 | 收養程序 ↓ 聲請法院許可 ↓ 收養之戶籍登記 | 養母 養父 |

子 ➡ 養子

應得父母同意。未滿7歲，由法定代理人同意。滿7歲以上未成年人，由法定代理人同意。若已成年，應得配偶同意

收養者須長於被收養者20歲以上。夫妻共同收養，一方長於20歲，另一方長於16歲，須共同收養

知識補充站

A女有三女兒，但是無力扶養，願意將其中一女兒由其姊姊收養，但姊姊是同性戀，可否收養？

收養需得到法院的同意，法院會依照子女最佳利益來做決定。若法官認為同性戀不適合照顧小孩，則可能會禁止其收養。

辜振甫曾經和外面的女人鄧香妹有過婚外情，後來鄧香妹生下小孩張怡華，辜振甫也曾經出錢照顧這對母女。鄧香妹在辜振甫死掉後，說張怡華是辜振甫的孩子，要來分遺產，請問他們有這個權利嗎？

辜振甫當年有扶養鄧香妹母女的意思，可以視為認領私生女。但經過DNA檢驗後，發現張怡華根本不是辜振甫的女兒，所以不構成認領，鄧香妹母女分不到遺產。

UNIT 3-22
家庭暴力防治法

圖解法律

家庭暴力防治法是為了保護在家庭裡面的成員，不會受到暴力威脅，在暴力的陰影下過日子，而成立的一個防治法。

(一) 家庭暴力

家庭暴力行為，是指家庭成員間情緒上、精神上、身體上或性行為上的侵害行為，包括暴力脅迫、任何打擾、警告、嘲弄、吼叫、尖酸諷刺、威脅對方、辱罵他人的言語動作，或者製造使人心生恐懼的行為等。除了生理上的加害行為，也包括心理或精神上的虐待，例如：罵、威脅等。

(二) 保護範圍

只要同住在一起的人，都可以適用家暴法。因此，男女朋友若是同居，也可適用家暴法；如果沒有同住在一起，但有親戚關係的，也在保護範圍內。在防治法中，人人平等，任何一個人都不可以用語言暴力、肢體暴力或其他任何方式，讓對方受到威脅。

(三) 保護令的聲請

當家庭成員間發生實施身體或精神上不法侵害行為之情事時，依據法律可以向被害人或相對人的住居所地、家庭暴力發生地的法院家事法庭聲請保護令。

保護令分為通常保護令、暫時保護令及緊急保護令。可以依據需求提出通常保護令及暫時保護令的聲請，至於緊急保護令，只可以由檢察官、警察機關或直轄市、縣（市）主管機關聲請。

聲請的時候，應該提出書狀，敘明受暴的事實，並且檢附證據，法院在受理保護令聲請，會進行必要的調查審理，

假若認為有家庭暴力事實的發生，並且有保護的必要，將會依據法律核發家庭暴力防治法第 14 條第 1 項各款所列，適合被害人的保護令。

(四) 保護令內容

法官核發保護令時，可以選擇各種有效的保護方式。例如，可以禁止相對人對於被害人為騷擾、接觸、跟蹤、通話、通信或其他非必要之聯絡行為。也可以要求相對人遷出被害人的住居所；必要時，可以禁止相對人就該不動產為使用、收益或處分行為。法官也可以命令相對人遠離被害人之住居所、學校、工作場所或其他被害人或其特定家庭成員經常出入之特定場所，或保持一定的距離。

(五) 保護令的有效期限

❶ 通常保護令

從核發時開始起算，2 年內有效。在失去效力前，當事人及被害人可以向法院聲請撤銷、變更或延長，每次延長期間為 2 年以下。

❷ 暫時保護令

從核發時的那一刻就生效。在聲請人撤回通常保護令之聲請、法院審理終結，核發通常保護令或駁回聲請時，失去效力。失去效力前，法院可以依當事人或被害人的聲請或依職權撤銷或變更。

(六) 違反保護令罪的處罰

違反保護令的人，可以被懲處 3 年以下徒刑、拘役或科或併科新台幣 10 萬元以下罰金。

保護令的類別

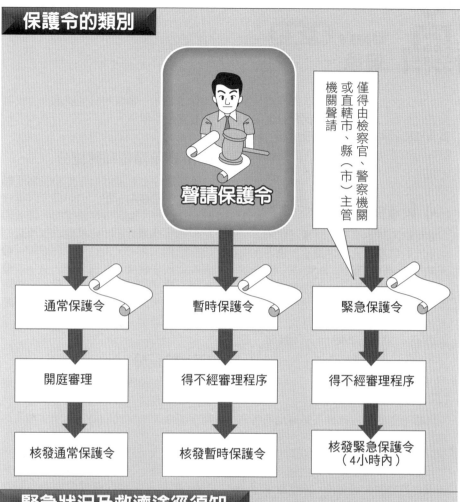

聲請保護令

僅得由檢察官、警察機關或直轄市、縣（市）主管機關聲請

通常保護令	暫時保護令	緊急保護令
開庭審理	得不經審理程序	得不經審理程序
核發通常保護令	核發暫時保護令	核發緊急保護令（4小時內）

緊急狀況及救濟途徑須知

緊急狀況	救濟途徑
遭遇家庭暴力，怎麼辦？	❶ 打113保護專線 ❷ 向直轄市、縣（市）政府家庭暴力及性侵害防治中心求助 ❸ 打110報警 ❹ 受害人自己或透過檢察官、警察局（分局）、派出所、直轄市、縣（市）政府社會局向法院聲請核發通常保護令或暫時保護令
夜間或其他時候遭遇家暴，情況緊急，怎麼辦？	❶ 打110報警 ❷ 打113保護專線 ❸ 向直轄市、縣（市）政府家庭暴力及性侵害防治中心求助 ❹ 請檢察官、派出所、警察局（分局）、直轄市、縣（市）政府社會局向法院聲請緊急保護令

UNIT 3-23
繼承

圖解法律

一般人往往搞不清楚繼承的規定，等到真正有親人過世之後，就會發生很多爭奪遺產的糾紛。民法繼承編為了解決這些糾紛，就事先規定了不少關於遺產的規定。

(一) 繼承財產與債務

繼承財產時，不只是財產可以繼承，欠他人的債務也會一併繼承。過去民法採取三種繼承態樣，分別是「單純承認」、「限定繼承」、「拋棄繼承」。單純承認時，有所謂的「父債子還」觀念，亦即子女不但會繼承財產，也會繼承債務。但是，2009 年 5 月修法，改採全面的「限定繼承」。

(二) 限定繼承

所謂限定繼承，就是只需要用死者的遺產去清償債務，若遺產不夠清償，不足的欠債就不用償還。採取限定繼承，可以讓繼承人（子女）免去繼承父母大筆債務的問題。過去的「限定繼承」，必須子女自己主張，但有時父母早逝，留下大筆負債，而子女卻不懂得按照法律辦理限定繼承，出現子女終身負債的結果。為了解決此問題，民法修正後，採取全面性的「限定繼承」，當有死者死亡，繼承人不需要辦理特別的手續，原則上都採限定繼承，對死者的債務，只以死者所遺留的遺產為限，負清償責任（民法第 1148 條第 2 項）。

(三) 拋棄繼承

所謂的「拋棄繼承」，是指得知親人死後，自己可以在得知具有繼承權的 3 個月內，以書面向法院申請拋棄繼承，也就是不繼承任何的財產和債務。繼承順位在前面的人若拋棄繼承，繼承的權利就讓給同一順位的其他繼承人，或者後面順位的繼承人。

(四) 繼承順位和應繼分

雖然法律上死者可以在生前先寫遺囑決定死後遺產的分配，但如果沒寫遺囑就死亡了，那麼則依照法律的「繼承順位」和「應繼分」（也就是法律規定的分配比例）來分配遺產。順位如下：❶直系血親卑親屬（子女或孫子女）；❷父母；❸兄弟姐妹；❹祖父母。至於親人的配偶如果還活著，就跟各順位的繼承人一起繼承。

(五) 特留分

若死者在遺囑裡面寫明了不給女兒遺產，女兒還是可以主張「特留分」。特留分是法律所保護的最低標準，是「應繼分」的一半。例如：父親死亡，太太和三個子女可以繼承財產，三個子女，其中有一個小孩是女的，原本應繼分是 1/4，但是，父親在遺囑中表示不給女兒半點財產，此時，女兒可以依據民法規定，主張拿到自己的特留分，也就是財產的 1/8。

(六) 遺囑

現代人似乎比較少寫遺囑這種東西，不過，民法還是規定了五種遺囑方式，比較常見的是前兩種：自書遺囑和公證遺囑。自書遺囑就是說自己親筆寫下遺囑全文，而且要寫下年月日，有任何塗改的地方也必須自己簽名。而公證遺囑則是必須找一位公證人和兩位見證人，由自己口述，讓公證人記錄、宣讀，見證人在旁邊見證，最後三者一起簽名。如果遺囑的作成不符合法律的規定，那麼遺囑是無效的。

假設A君死了，留下老婆與父母，而遺囑中說要將所有財產留給老婆，請問財產如何分配？

A君死後，老婆和第二順位的繼承人一同繼承，老婆應繼分為1/2，父母應繼分各為1/4。但A君遺產都留給老婆，父、母可主張特留分，為應繼分的1/2，故最後父母各可分到1/8，而老婆可得6/8

假設今天父親死了，留下三個子女和母親，請問各該繼承多少遺產？

第一順位的繼承人就是子女，而母親就和這三個子女一起分配遺產。此時，根據民法規定，配偶和第一順位的繼承人平均分配。也就是將遺產分成四份，母親和三個子女各拿一份

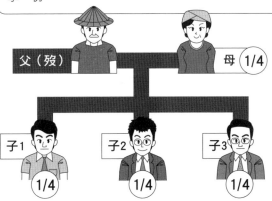

第 4 章

刑法

●●●●●●●●●●●●●●●●●●●●●●●● 章節體系架構 ▼

UNIT **4-1**
刑法體系

圖解法律

(一) 刑法的內容

刑法和民法不同。刑法是針對人民的犯罪行為，給予處罰。這是一種強制的處罰，效果很嚴重，所以都是針對比較嚴重的惡行，才會納入刑法的制裁對象。

現在社會越來越複雜，政府的規定也越來越多，人們一個不小心就會違反政府的規定，但並不是每一種規定都會用刑法來處罰。因為刑法的制裁很嚴厲，通常是要剝奪人民的自由或生命。如果是比較輕微的違法行為，我們不會用到刑法，而會用行政法上的罰鍰來罰錢而已。

(二) 刑法法典

刑法法典可以分為刑法總則和刑法分則，刑法總則是講一些比較共通的規定，例如：什麼叫做共犯、什麼叫做幫助犯等。而刑法分則就是規定各種犯罪行為，一般人只要天天看報紙，大概就會知道哪些行為是屬於犯罪行為，例如：竊盜罪、詐欺罪、強制性交罪、擄人勒贖罪等。這種個別的犯罪都很簡單，只要自己翻開刑法分則每一個條文讀一讀，大概就可以了解了。

(三) 特別刑法

除了刑法分則的規定之外，其實我們還有一些「特別刑法」，會針對比較嚴重的犯罪，制定更詳細的規定。例如：有關毒品的犯罪，我們就有「毒品危害防制條例」；針對公務員的貪污問題，我們有「貪污治罪條例」；針對武器管制等，我們有「槍砲彈藥刀械管制條例」。

除了這些特別的刑法之外，其實現在還有很多法律會運用各種管制手段，混合了行政法、民法、刑法等規定，也就是說，一部法律裡面，會有賠錢的規定，會有開罰單的規定，也會有抓去監獄關的規定。例如：政府採購法裡面，原則上規定了政府採購的程序，但某些違反政府採購法的行為，也是有刑事責任的。我們稱這種行政法規中的刑罰為行政刑罰。

(四) 罪刑法定主義

所謂「罪刑法定主義」的意思是，一個行為是否構成犯罪，必須「法律」上很「明確」有規定，才能給予處罰。因為刑罰的處罰很重，為了讓人民在受到處罰時心服口服，所以刑法特別重視這個原則。

我們不能用行政命令來規定什麼構成犯罪。而且，一個犯罪行為必須行為當時就已經有法律明文規定才能處罰，不能夠事後才用法律規定回溯處罰過去的行為。

另外，刑罰的構成要件必須規定得很明確，到底哪些行為會構成違法，必須清清楚楚。當一個行為是否有違法發生爭議時（例如：到底網路盜版有沒有違法），我們原則上也應該限縮刑法的範圍，傾向認定是不犯法的。

刑法體系圖表

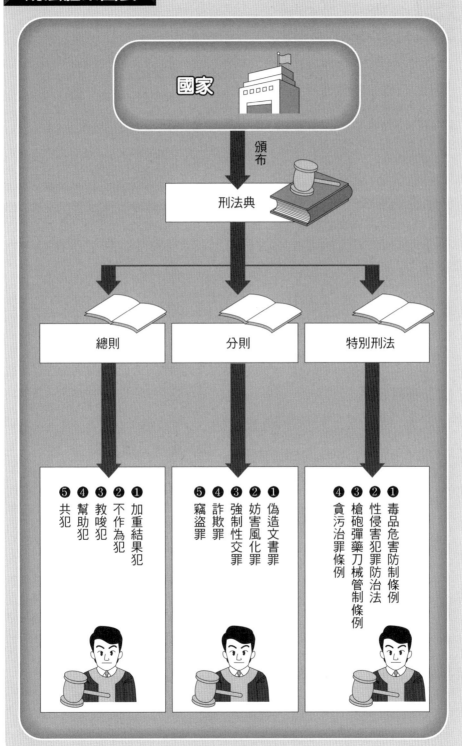

國家

頒布

刑法典

總則　　分則　　特別刑法

總則
❺ 共犯
❹ 幫助犯
❸ 教唆犯
❷ 不作為犯
❶ 加重結果犯

分則
❺ 竊盜罪
❹ 詐欺罪
❸ 強制性交罪
❷ 妨害風化罪
❶ 偽造文書罪

特別刑法
❹ 貪污治罪條例
❸ 槍砲彈藥刀械管制條例
❷ 性侵害犯罪防治法
❶ 毒品危害防制條例

UNIT 4-2
刑罰的目的

為什麼我們要設計刑罰這種制度,來處罰犯人?它到底是想要達成什麼樣的目的?是單純地想要懲罰壞人?是想要殺雞儆猴?還是想要在監獄裡幫助壞人改過自新?刑罰的目的大約可以分為以下三種。

(一) 應報理論

19世紀以前,德國的哲學家康德認為,刑罰的目的是「應報理論」,意思是說,刑罰是對犯罪人的一種報復行為。今天犯罪者殺了人,那麼就一命償一命,也要判他死刑,讓他體會被殺的痛苦。這種應報理論,就是中國人常講的報應。一般人通常也都認為刑罰就是要報復犯罪者。

(二) 嚇阻理論

後來到了19世紀,有人認為刑罰的目的不只是在事後懲罰犯人,而是想要事前透過嚴刑峻罰,威嚇那些潛在的犯罪者,警告他們犯罪的下場是很悽慘的,嚇阻他們不要以身試法。

所以,嚇阻理論認為,刑罰的設計,必須真的能夠嚇阻潛在的犯罪者,倘若刑罰沒有辦法嚇阻潛在犯罪者,那麼就不需要有刑罰。例如:主張廢除死刑的人常常說,其實無期徒刑對於犯罪者來說,就已經夠恐怖了,如果他真的會怕被抓,不管是無期徒刑還是死刑,在他看來都一樣。但之所以犯人還是會去犯罪,就是認為自己不會被抓。所以,認為死刑並沒有邊際的嚇阻效果,應該廢除死刑。

(三) 教育理論

19世紀末葉,又有人認為,刑罰的目的不在於報復犯人,把犯罪者抓到監獄裡面關,是怕他們在社會外面繼續犯罪。關在監獄不是為了處罰他們,而是為了保護社會,更重要的是,監獄會教育這些犯人,等到犯人改過自新了,不再對社會造成威脅,就可以放他們出獄。

現在很多刑罰的設計,就有考量到教育的功能,例如:一般的犯人在監獄裡,都會受到一些職業訓練,希望他們將來出獄之後,能夠有一技之長,能夠賺錢養活自己,而不再去犯罪。又例如:對於未成年人,我們設計特別的少年監獄或少年觀護制度,就是覺得年輕人形塑性高,雖然不小心學壞了,還是可以學好,不要把他們關到監獄這個大染缸裡,否則他們容易學得更壞。

(四) 綜合三種理論

刑罰制度,其實綜合了三種理念,並沒有偏重哪一個。一般人心目中還是認為刑罰就是要報復那些犯罪者;而對執政者來說,刑罰則是為了減少犯罪率;至於對監獄管理者來說,更重要的是如何教育這些犯人,避免他們出獄之後再犯。我們現在刑罰中除了主要的五種刑罰之外,還有很多保安處分制度,包括對於青少年、對於精神疾病者,都有施以再教育或治療,就是想讓他們提早回歸社會。

刑法目的圖示

應報理論
是對犯罪人的一種報復行為。有「以牙還牙，以眼還眼」的意味在

加害人　　**受害人**

甲（加害人）揍乙（受害人）一拳
在此理論下，乙可採取的方式就是揍甲一拳

刑罰的目的

嚇阻理論
刑罰不只是在事後懲罰犯人，更是想要在事前透過嚴刑峻罰，嚇阻潛在犯罪者，不要以身試法，有「殺雞儆猴」的意味在

殺人者，處死刑

教育理論
刑罰不僅是為了處罰犯人，更是為了教育犯人，使他們有改過自新的機會，也讓他們學會了一技之長，將來能夠養活自己

不可以殺人放火，要有同理心……

UNIT **4-3** 罪刑法定主義

圖解法律

刑法第1條前段規定：「行為之處罰，以行為時之法律有明文規定者為限。」也就是說，一個行為是否構成犯罪，必須「法律」很「明確」的有所規定，才能給予處罰。基於罪刑法定主義，可以衍生出以下四種原則：

(一) 罪刑明確原則

刑法關於犯罪構成要件的用語，應盡可能明確，避免模稜兩可，以使人民易於了解，得以事前避免觸法。例如，檢肅流氓條例（已廢止）對流氓的定義，曾有「霸占地盤、白吃白喝與要挾滋事行為」、「欺壓善良」、「品行惡劣、遊蕩無賴」等規定，大法官認為過於不明確，而宣告相關規定違憲。另外，刑法關於刑罰及拘束人身自由保安處分的規定，種類上必須確定。而且某一犯罪的可能刑期（法定刑），高低不可以差距過大，或者沒有設定界限，例如法律不可以規定，一個犯罪可判處1年到20年的有期徒刑，這樣上下差距過大，會讓法官有太大的裁量空間，也算是一種刑期的不確定。

(二) 習慣法禁止原則

在民法上，若法律無明文規定者，可以援引習慣法作為法源依據，來處理民事糾紛。但在刑事案件，由於會剝奪犯罪行為人的生命或自由，事涉重大，因此如果刑法沒有明文規定，就不得援引具體內容不夠確定的習慣法作為處罰行為人的依據，以維人權。

(三) 類推適用禁止原則

在民事事件中，對法律未規定的事項，可以「類推適用」的方法，套用類似情況的法條來加以處理。但是在刑事案件，為了讓人民事前預見犯罪與刑罰的範圍，因此針對刑法未規定的犯罪，不可以類推適用性質相近的法條而加以處罰。例如，過去著作權法處罰散布實體盜版書籍的行為，但對於網路上的公開傳輸盜版檔案則無規定。雖然兩者概念相近，但由於著作權法有刑事責任，不可以類推適用，故後來著作權法修法增加了「未經授權公開傳輸罪」的規定，以符合罪刑法定主義的要求。

(四) 溯及既往禁止原則

刑法的處罰，只能處罰頒布以後發生的行為，而不能溯及既往處罰法律頒布以前的行為。這是為了讓人民能夠在從事行為以前，就知道某一行為會有什麼法律後果，如果知道該行為會構成犯罪，就可以加以避免。如果法律可以處罰頒布以前發生的行為，這就會讓人民遭受到不可預測的處罰。刑法第2條採取所謂的「從舊從輕原則」，亦即，犯罪行為發生後法律有修改，仍然適用犯罪行為發生時既有的規定，這就體現了不溯及既往的精神；除非修法後的處罰較輕，才溯及既往地讓當事人適用較輕的處罰。

罪刑法定主義

罪刑法定主義

- 明確性原則
- 習慣法禁止
- 類推適用禁止
- 溯及既往禁止

欺壓善良　品行惡劣　遊蕩無賴　9542

品性惡劣？欺壓善良？遊蕩無賴？刑法的用語應盡可能明確，避免模稜兩可，使人民易於了解

罪刑明確原則

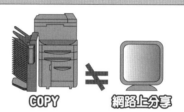

COPY ≠ 網路上分享

針對刑法未規定的犯罪，不可以類推適用性質相近的法條而加以處罰

類推適用禁止原則

罪刑法定主義

溯及既往禁止原則

刑法的處罰，只能處罰法律頒布後所發生的行為，而不能溯及既往

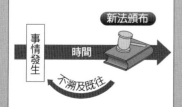

事情發生　時間　新法頒布　不溯及既往

習慣法禁止原則

刑法沒有明文規定，就不得援引具體內容不夠確定的習慣法作為處罰行為人的依據

依據本地「洗門風」的習俗，判決被告「辦桌請客」

UNIT **4-4**
犯罪是否成立？

圖解法律

三階段犯罪行為

在刑法總則中，一個人是否成立犯罪，我們有一個三階段的認定步驟，分別是構成要件該當性、違法性和有責性。一個人的行為是否構成犯罪，必須依序通過這三關的檢驗。

(一) 第一階段：構成要件該當性

刑法分則中每一個犯罪的規定，都會用法條寫下清楚的「構成要件」，例如：竊盜罪的構成要件就是「意圖為自己或第三人不法之所有，而竊取他人之動產者」。如果你今天去偷取鄰居的錢包想要占為自己所有，你的行為就是符合了所謂的「構成要件該當性」，意思就是符合了法條上所禁止的行為。構成要件可以分為「主觀的構成要件」和「客觀的構成要件」，主觀就是指你心理面的想法，像法條如果出現「故意」、「意圖」等字眼，就是要判斷你內心的想法；而客觀則是指你外在的行為，而「竊取」就是一種客觀的外在行為。

對於構成要件，學者們又會區分得很詳細，包括犯罪行為人、犯罪的目標、犯罪的行為（包括積極的作為和消極的不作為）、犯罪和結果之間是否具有因果關係等等。

(二) 第二階段：違法性

如果你的行為符合第一階段的構成要件該當性，那麼進而要判斷，你的行為是否真的具有「違法性」。也就是說，雖然表面上你的行為好像觸犯了法律，但實際上卻不應該被處罰，例如：我們常說的「自我防衛」，當別人想殺你時，你為了保護自己，不受到傷害，在急迫的情形下而打傷對方，雖然你的行為符合傷害罪的構成要件，可是你的行為其實是不該被處罰的，因為不具有違法性。

原則上，只要一個人的行為符合構成要件，我們都推定他該被處罰，但只要符合下述例外，則可以不用被處罰。

❶ 可罰違法性理論

犯罪行為太輕微，不值得處罰，例如：你只偷了十塊錢，不值得用刑法處罰你。

❷ 阻卻違法

你的犯罪行為是：①依照法令；②依命令履行職務；③業務上正當行為；④正當防衛；⑤緊急避難等，就可以阻卻違法。

(三) 第三階段：有責性

所謂的「有責性」，就是說你必須有「責任能力」和「責任條件」，可以為自己的行為負責，才需要被處罰，如果你的責任比較低，則可以處罰得比較輕。例如：青少年和有精神病的人，不懂自己在做什麼，就可以處罰得比較輕。又例如：你不小心撞傷人，不是「故意」而是「過失」，也可以處罰得比較輕。

犯罪行為認定的程序

構成要件

❶ 犯罪行為人
❷ 犯罪的實行行為
❸ 行為結果
❹ 因果關係
❺ 被害人
❻ 行為情狀

必要

不成立 →

無罪

成立 ↓

違法性

行為違反法律，也就是說，行為是法律所不允許的

阻卻 理由 →

❶ 依照法令
❷ 依命令履行職務
❸ 業務上正當行為
❹ 正當防衛
❺ 緊急避難

→ 減輕或不罰

成立 ↓

有責性

將違法行為與行為人連結，使行為人承擔一定的法律效果

阻卻 理由 →

❶ 期待可能性
❷ 無責任能力
❸ 對違法性無認識
❹ 過失

→ 減輕或不罰

成立 ↓

有罪

9542

UNIT **4-5**
故意過失、作為不作為

刑法第 12 條規定：「行為非出於故意或過失者，不罰。過失行為之處罰，以有特別規定者，為限。」

(一) 故意

❶ 直接故意

行為人對於構成犯罪之事實，明知並有意使其發生者，稱為直接故意（刑法第 13 條第 1 項）。如刑法第 213 條規定：「公務員明知為不實之事項，而登載於職務上所掌之公文書，足以生損害於公眾或他人者」，其「明知」，即指直接故意。

❷ 間接故意

行為人對於構成犯罪之事實，雖預見其發生，而其發生並不違背其本意者，以故意論，稱為間接故意（刑法第 13 條第 2 項），又稱未必故意。如某甲由自家樓頂上往下丟擲磚瓦，雖然預見有可能會打中路人，但甲心想，若打中路人也無所謂，果然擲中路人乙，造成乙受傷。

(二) 過失

❶ 無認識過失

行為雖非故意，但按其情節，應注意並能注意，而不注意者，是謂無認識過失（刑法第 14 條第 1 項）。如甲飼養狼犬，出門遛狗，疏未注意，狼犬掙脫，咬傷路人，甲即為過失傷害。

❷ 有認識過失

行為人對於構成犯罪之事實，雖預見其發生而確信其不發生者，以過失論，是謂有認識過失（刑法第 14 條第 2 項）。如甲在社區養蜂，認為蜜蜂不至於傷人，但卻有路人遭蜜蜂叮咬受傷，

則甲成立過失傷害罪。

(三) 作為犯

刑法上的行為，分為作為與不作為。法律在形式上規定以一定的作為為犯罪之內容者，稱之作為犯。如刑法第 320 條第 1 項：意圖為自己或第三人不法之所有，而竊取他人之動產者，為竊盜罪。竊盜罪以積極的竊取行為為犯罪內容，為作為犯。

(四) 不作為犯

以一定之不作為為犯罪內容者，稱之不作為犯。

❶ 純正不作為犯

法律規定一定的作為義務，單純違反此義務即構成犯罪者，謂之。如刑法第 149 條：公然聚眾，意圖為強暴脅迫，已受該管公務員解散命令三次以上而不解散者，為聚眾不解散罪。

❷ 不純正不作為犯

若以不作為之手段而犯通常作為犯所能犯之罪者，就是不純正不作為犯。法律僅規定作為犯之形式，其犯罪行為，通常以作為手段犯之，但以不作為手段亦能犯之。如父母故意不給自己嬰兒飲食，以致嬰兒死亡，父母此時之行為為不作為的殺人行為，應受殺人罪制裁。

刑法第 15 條第 1 項：對於一定結果之發生，法律上有防止之義務，能防止而不防止者，與因積極行為發生結果者同。依此不純正不作為犯之成立要件為：①須有作為義務：Ａ基於法令之規定；Ｂ基於契約或其他法律行為；Ｃ基於一定情況下之前行行為；②須有作為可能；③須不防止。

故意與過失類型與區分

	知	欲	條號	內容
直接故意	相當清楚	很希望	第13條第1項	行為人對於構成犯罪之事實，明知並有意使其發生者，為故意
間接故意（未必故意）	認識	也希望	第13條第2項	行為人對於構成犯罪之事實，預見其發生，而其發生並不違背其本意者，以故意論
意圖故意	認識	非常希望	第100條第1項	意圖破壞國體，竊據國土，或以非法之方法變更國憲，顛覆政府，而以強暴或脅迫著手實行者，處七年以上有期徒刑；首謀者，處無期徒刑
無認識過失	不認識	不希望	第14條第1項	行為人雖非故意，但按其情節應注意，並能注意，而不注意者，為過失
有認識過失	認識	不希望	第14條第2項	行為人對於構成犯罪之事實，雖預見其能發生而確信其不發生者，以過失論

第**4**章

刑法

作為犯與不作為犯

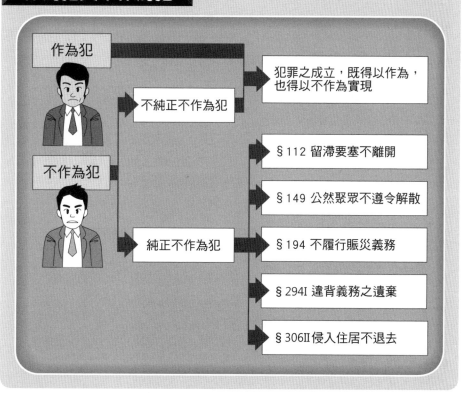

作為犯

不作為犯

不純正不作為犯 → 犯罪之成立，既得以作為，也得以不作為實現

純正不作為犯

→ §112 留滯要塞不離開

→ §149 公然聚眾不遵令解散

→ §194 不履行賑災義務

→ §294I 違背義務之遺棄

→ §306II 侵入住居不退去

UNIT **4-6** 犯罪階段與未遂犯

圖解法律

(一) 犯罪行為階段

犯罪行為可以分為六個階段：

❶ 決意

行為人決定要犯罪。

❷ 陰謀

凡 2 人以上對犯罪計畫成立一定協議者，謂之陰謀。刑法原則上不處罰陰謀行為，但對於情節重大之犯罪，如內亂罪、外患罪等，仍特設處罰陰謀之規定。

❸ 預備

指為實現犯罪而為之準備行為。預備行為尚未達實行之階段，故與著手實行犯罪之行為有別。刑法原則上不處罰預備行為，僅對情節重大之犯罪，特設處罰之規定。例如對殺人罪、內亂罪、外患罪，設有處罰預備犯的規定。

❹ 著手實行

指行為人於預備行為外，更實行犯罪構成要件之行為。實行行為之開始稱為「著手」，行為是否已達著手之程度，乃判斷行為僅在預備階段或已進入實行階段之標準。

❺ 行為完成

指行為人對法益的侵害已經結束。

❻ 犯罪既遂

指行為人對法益的侵害已經結束後，客觀構成要件的完全實現。如殺人，人已死。擄人，被害人一旦被抓，犯罪就既遂，卻未終了（要等到被害人被撕票或被放走）。

(二) 未遂犯

已著手於犯罪行為之實行而不遂者，為未遂犯。

❶ 普通未遂（障礙未遂）

普通未遂就是已經著手犯罪，但因為某種原因，而犯罪結果沒有發生。例如某甲舉槍殺某乙而未射中；又例如甲從美國寄一盒有毒的巧克力給住在台北的乙，乙恰巧出國，回國後，將已發霉的巧克力丟掉……等。未遂犯之處罰，以有特別規定者為限，並得按既遂犯之刑減輕之。

❷ 不能未遂

某人雖然著手犯罪，但根本不會讓結果發生，即行為不能發生犯罪之結果，又無危險者，不罰，稱為不能未遂（刑法第 26 條）。如甲與女友乙分手後，懷恨在心，乃調製並對乙潑灑腐蝕性極強之王水，企圖毀容，但甲不知因自己的疏忽，將王水調製成香水，乙毫髮未傷。由於潑灑的水根本無危險性，屬於不能未遂。

❸ 中止未遂

已著手於犯罪行為之實行，而因己意中止或防止其結果之發生，減輕或免除其刑。結果之不發生，非防止行為所致，而行為人已盡力為防止行為者，亦同（刑法第 27 條第 1 項）。上述情形稱為中止犯（中止未遂）。如甲持槍殺人，被害人倒臥血泊中，甲突然心生不忍，電召救護車，救護車未到，被害人由鄰居緊急送醫，保住一命，則甲成立殺人的中止犯，應減輕處罰或免除其刑。

犯罪行為階段

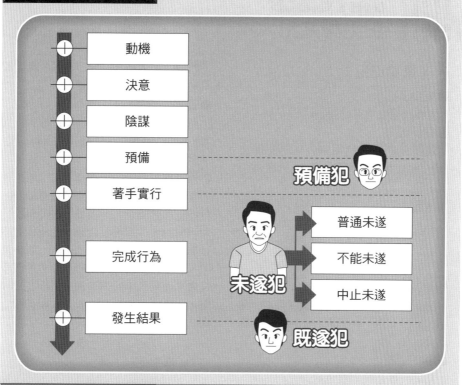

動機

決意

陰謀

預備 ……………………………… 預備犯

著手實行 ………………………

未遂犯 → 普通未遂
→ 不能未遂
→ 中止未遂

完成行為

發生結果 ……………………… 既遂犯

未遂犯之類型

類型		條號	內容	效果
普通未遂		第25條	已著手於犯罪行為之實行而不遂者，為未遂犯	減輕之
不能未遂		第26條	行為不能發生犯罪之結果，又無危險者	不罰
中止未遂	己意中止	第27條第1項前段	已著手於犯罪行為之實行，而因己意中止或防止其結果之發生者	減輕或免除其刑
	準中止犯	第27條第1項後段	結果之不發生，非防止行為所致，而行為人已盡力為防止行為者	減輕或免除其刑

UNIT 4-7 正犯與共犯

圖解法律

(一) 單獨正犯

❶ 直接正犯

直接正犯就是自己從事犯罪。

❷ 間接正犯

間接正犯係指利用他人作為犯罪工具。例如甲帶著 8 歲的兒子逛百貨公司，要兒子趁著店員不注意，將一隻泰迪熊玩具藏在衣服裡面。甲利用無罪責人之行為實行犯罪行為，係屬間接正犯。

(二) 共犯

由 2 人以上實現犯罪構成要件者，這些人即為共犯。共犯之成立可分為三種形式，如下：

❶ 共同正犯

指 2 人以上共同實施犯罪之行為者。其要件如下：①須 2 人以上具有共同犯罪的意思，又稱「意思之聯絡」；②須有共同實施犯罪行為，又稱「行為之分擔」。如甲、乙共同行竊，由甲負責把風，乙進入室內竊取財物，對乙而言，甲為共同正犯。如乙向丙恐嚇時，甲另在旁吆喝助勢，丙欲離去時，甲又阻其去路，則甲之行為已構成恐嚇行為之一部分，此時甲為恐嚇罪之共同正犯。甲、乙共同傷害丙，由甲緊抱住丙，乙動手毆打，甲屬於共同正犯。

❷ 教唆犯

教唆犯，即對本無犯意之人，使之決意實施某種犯罪行為，依其所教唆之罪處罰之，若被教唆人所實施之犯罪行為，越出教唆之範圍，則教唆人對被教唆人越出教唆範圍之行為，不負責任。被教唆人雖未至犯罪，教唆犯仍以未遂犯論，但以所教唆之罪有處罰未遂犯者為限（刑法第 29 條）。例如，甲教唆

乙行竊，乙卻去強盜，甲成立竊盜罪（未遂），乙成立強盜罪。

❸ 從犯

從犯，又稱幫助犯，指幫助他人犯罪者。從犯之處罰，得按正犯之刑減輕之（刑法第 30 條）。其成立要件如下：①須有被幫助者；②須有幫助之故意；③須有幫助之行為。特別要注意的是，幫助犯和共同正犯的差異，在於幫助犯和被幫助者，不需要認識，也不能有犯意聯絡。例如，甲知道乙企圖行竊某豪宅，於是暗助乙，預先破壞豪宅的保全設備，由於保全設備失靈，乙因此順利潛入，惟乙不知甲暗中幫助，甲仍成立幫助犯。

(三) 身分犯

❶ 純正與不純正身分犯

須具備某種身分或其他特定關係之人，始可能實施某種犯罪，稱之「純正身分犯」，如刑法第 121 條第 1 項之公務員收賄罪。又某些犯罪，雖任何人均可能實施，但對具備某種身分或其他特定關係之人成立之犯罪，另依規定加減或免除其刑，稱之「不純正身分犯」，如刑法第 280 條之規定，對於直系血親尊親屬犯傷害罪，加重其刑至二分之一。

❷ 身分犯的共犯之處罰

刑法第 31 條：因身分或其他特定關係成立之罪，其共同實施、教唆或幫助者，雖無特定關係之人，仍以共犯論。因身分或其他特定關係致刑有輕重或免除者，其無特定關係之人，科以通常之刑。乙教唆甲去業務侵占公款，甲依計而為，則甲為業務侵占的正犯，乙雖無業務上的身分，仍為業務侵占的教唆犯。

直接正犯與間接正犯

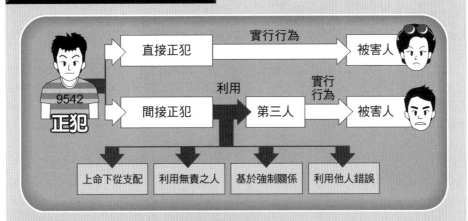

共同正犯與幫助犯之區分

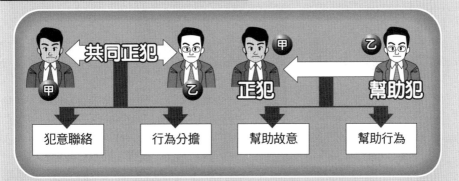

教唆犯

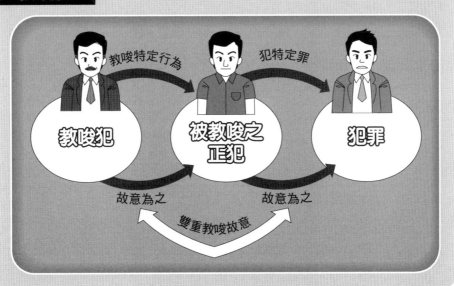

UNIT **4-8** 刑罰的種類

圖解法律

刑罰有哪些種類呢？台灣的刑罰大致可以分為四種類型，第一種是死刑，第二種是無期徒刑，第三種是自由刑，第四種是罰金。

(一) 死刑

死刑就是剝奪他人生命的刑罰。台灣到目前為止還沒有廢除死刑，許多人權團體一直想要推動廢除死刑，但是民意似乎是贊成保留死刑制度。目前歐洲許多國家已經廢除死刑，不過，美國和亞洲國家仍然保留死刑。

(二) 無期徒刑

無期徒刑就是終身監禁，關在監獄裡一輩子都不可以出來。不過，實際上許多被關無期徒刑的犯人，大約被關了25年之後，就可以申請假釋，如果表現良好就可以提早出獄。為什麼明明是無期徒刑還可以假釋呢？或許是考量到這些人真的被關無期徒刑會覺得人生沒有希望了，讓他們可以假釋是保留給他們一絲絲生存及向善的希望。

(三) 有期徒刑和拘役

自由刑包括有期徒刑和拘役。有期徒刑就是要抓去監獄裡關，並且服勞務，一般介於2個月到15年之間，但如果數罪併罰的話，最高可以判到30年。而拘役則比較短，介於1日到60日之間，也是要抓到監獄裡關，但因為犯的罪比較輕，所以關的時間比較短，且將來也不會有「累犯」的問題。

(四) 罰金

罰金就是罰錢，尤其很多財產犯罪者，被關對他們根本無關痛癢，要罰他們錢他們才會痛。另外，也有些輕微的犯罪，不需要用到自由刑這麼重的處罰，只要罰錢就好。罰金和罰鍰不一樣，很多行政規定，例如：我們違反交通規則被開罰單，也一樣要罰錢，但那只是行政上的罰鍰，和刑法上的罰金是不一樣的。最大的不同在於，罰金算是一種刑罰，會有前科紀錄的。

(五) 褫奪公權

除了以上四種「主刑」之外，還有一種「從刑」，就是「褫奪公權」。褫奪公權是在被判有期徒刑時，當你坐完牢出來，會規定某段期間限制你的「服公職權」，就是不得擔任公職或競選民意代表。過去的褫奪公權，還包括限制你不能夠享有投票權，但現在認為，人人都該享有投票權，既然犯罪者已經坐完牢出來了，應該還是可以享有這最基本的權利，只是犯罪者可能不適合擔任公職，所以現在只限制其擔任公職和競選民意代表，但不限制其投票權。

(六) 沒收

2016年修法後，將「沒收」從過去的「從刑」，改為具獨立之制裁手段。沒收的項目包括：❶違禁物；❷供犯罪所用之物；❸犯罪預備之物；❹犯罪所生之物；及❺犯罪所得。當犯罪所得一部或全部不能沒收或不能執行沒收時，徵收其價額。沒收不需要判決有罪，得單獨宣告沒收。

刑罰的類別

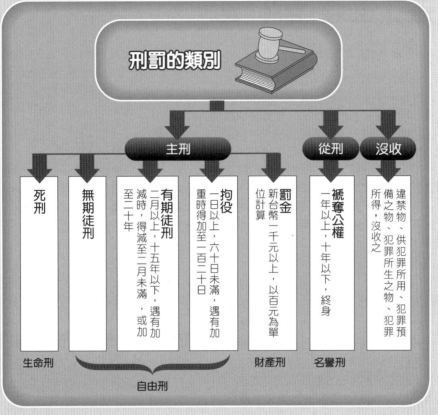

刑罰的類別

主刑　　　從刑　　沒收

死刑　生命刑

無期徒刑

有期徒刑
二月以上，十五年以下，遇有加減時，得減至二月未滿，或加至二十年

拘役
一日以上，六十日未滿，遇有加重時得加至一百二十日

自由刑

罰金
新台幣一千元以上，以百元為單位計算
財產刑

褫奪公權
一年以上，十年以下，終身
名譽刑

違禁物、供犯罪所用、犯罪預備之物、犯罪所生之物、犯罪所得，沒收之

陳進興殺人強姦無數，最後被判了五個死刑，請問應該如何執行？

如果同時觸犯好幾個罪名，法官會個別宣判科刑，但真正要執行的時候，則會綜合處理。當主刑不同時，只處罰最重的，例如同時被判死刑和無期徒刑，只執行死刑。但若是同時被判兩個有期徒刑，一個二十年，一個十五年，那麼可以加在一起，但最長不得超過三十年。至於同時被判多個死刑或多個無期徒刑，當然只執行一個就夠了。另外，從刑則是另外執行。陳進興被判五個死刑，只執行一次就好了。

UNIT **4-9**
死刑、宮刑、鞭刑

圖解法律

(一) 死刑該不該廢除？

　　台灣目前還沒有廢除死刑。歐洲許多國家已經明文規定禁止死刑，而國際人權公約也禁止死刑。不過，美國這個民主大國，卻仍然不肯廢除死刑。美國在憲法中雖然規定禁止「殘忍不道德」的刑罰，但是實際上美國最高法院還是認為死刑並不構成該條所謂的「殘忍不道德」的刑罰。值得一提的是，美國的判決不可以對未成年人或者某些精神疾病者施予死刑。那台灣呢？我們該不該跟隨國際人權潮流廢除死刑呢？

(二) 贊成死刑論

　　贊成死刑的人認為，這些犯人會被判死刑一定是犯了罪大惡極的事，這種人社會已經無法讓他存在，讓他繼續活下去關在監牢裡也是浪費國家的錢養他。雖然這些人可能會事後悔改而重新向善，但是對一般人來講，這些死刑犯就算重新向善，還是該為其所做的事情付出代價。而且在華人殺人償命的想法下，大多還是認為既然殺了人，就應該償命，不然，無法對死者的家屬交代。

(三) 反對死刑論

　　反對死刑的人主要是認為偶爾會有冤獄發生，如果死刑不廢除，就還是會發生冤獄，只要一百件死刑犯裡面有一件是冤獄，就是國家在違法殺人，況且因為被判處死刑，這些被冤枉的人也永遠無法平反。還有一些學者認為，如果刑罰是為了嚇阻人民不要犯法，那麼死刑其實沒有多餘的威嚇效果，因為對一個想犯罪的人來說，關無期徒刑就已經對他產生足夠的威嚇了。而且根據統計，

沒有死刑的國家，犯罪率並不會比有死刑國家的犯罪率高，也就是說，死刑並不能夠作為壓制犯罪率的一種有效工具。

(四) 台灣仍保留死刑

　　基本上在台灣雖然常常有人辯論是否該廢除死刑。實際上，立法院從來都沒有考慮過要廢除死刑，這是因為台灣多數人的主流價值觀還是認為死刑有存在的必要。而大法官在多號解釋中，也從來未宣告死刑違憲，頂多是說，在法律規定唯一死刑的情況下，法官可以透過減輕其刑的方式來彌補。

(五) 要不要引進宮刑和鞭刑？

　　除了前面講的四種刑罰以外，台灣並沒有其他的處罰方式。例如：對於性暴力犯罪者，常常會有人提議要採用「宮刑」，就是把性器官割掉；或是採用「鞭刑」，就是學新加坡，要拿鞭子抽打犯人，讓犯人留下深刻的痛苦回憶。每當台灣社會出現很大的暴力案件時，就會有人提議要加入這些不太文明的刑罰，不過，當那些重大案件隨著時間被人遺忘後，這些建議最後也會因為不人道而不被接納。

各國死刑呈現分布圖

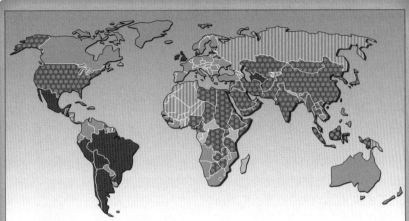

各
國
死
刑
圖
示

顏色註解
- ■：廢除一切死刑
- ■：廢除非特殊時期罪行的死刑（特殊時期包括戰時等）
- ▥：實際上（非法律上）已廢除
- ▨：法律規定死刑

依據國際特赦組織的統計及其他資料

88國、百慕達、香港、澳門、紐威島、土克斯及開科斯群島沒有死刑

10國和庫克群島只對於例外的犯罪有死刑，對普通的犯罪沒有死刑

24國對於一般的犯罪有死刑而10年內沒有處決，或是有做出不處決的國際承諾（如俄羅斯）

76國(地區)（包含台灣和巴勒斯坦）對於一般的犯罪有死刑

另據統計：

目前世界上有99個國家仍實行死刑

主要有槍決、絞刑、斬首、電刑、毒氣、石刑、注射等

採用槍決的國家有86個

採用絞刑的國家有77個

僅有中華人民共和國和美國正式採用注射死刑

死刑，廢？不廢？

支持 **死刑**

❶ 所犯的罪刑已到讓人無法接受

❷ 須為自己的行為負責

❸ 若將行為人關進監獄裡，國家還需用預算養他

反對 **死刑**

❶ 不夠人道，生命不可剝奪

❷ 避免發生枉死（冤獄）

❸ 死刑不能作為壓制犯罪率的手段

UNIT **4-10**
累犯、緩刑、假釋

圖解法律

(一) 累犯

我們常常說一個人再度犯罪，就是累犯，其實這樣並不精確。所謂的累犯，必須是原本就被判過「有期徒刑」以上之罪者，在執行完畢之後，5 年內又再度犯了「有期徒刑以上之罪」，這樣才是法律上所稱的累犯。

例如：如果我因為犯法被判拘役，放出來後沒多久又犯了拘役的罪，那麼這樣並不算是刑法上的累犯。刑法上的累犯有什麼後果？主要是被認定為累犯的人，法官在宣判徒刑時，可以加重原本的刑期 1/2。也就是如果說曾經因為竊盜被判 3 年，放出來後又再度竊盜，因為竊盜是 5 年以下有期徒刑的罪，就可以加重到判 7 年半以下有期徒刑。

(二) 緩刑

「緩刑」是什麼意思呢？有時候，如果你犯的罪很輕（2 年以下有期徒刑），法官念在你是初犯，怕你去監獄裡面之後，反而感染惡習學壞，所以讓你可以不用真的去監獄裡，宣告你緩刑，也就是「暫時不執行」。這個緩刑有一段期間（2 年至 5 年），在這段期間裡面，雖然你不用去監獄裡面服刑，但是在社會上你必須小心守法，不可以再有故意犯法的情況出現。

如果在判緩刑的這段期間又再度犯法，那麼緩刑就撤銷，而你還是必須回去監獄裡面服完原本被判決的徒刑。如果在緩刑的這段期間都表現良好，完全沒有再犯，那麼當緩刑結束之後，既然你沒有真的去監獄裡面服刑，你原本被判的有期徒刑也就當作沒有被判過一樣，以後也不會有前科紀錄。

(三) 假釋

「假釋」是什麼意思？當你被判有期徒刑或終身監禁，被關在監獄裡，如果表現良好，已有悔改，可以提早申請假釋出獄。犯人要關多久才能申請假釋呢？被判「終身監禁」的犯人，得關超過 25 年；一般「有期徒刑」的犯人，則必須關超過一半；至於「累犯」的犯人，則必須關超過三分之二的刑期，才能申請假釋。

不過，有些情況是不准假釋的，❶ 被關還沒超過 6 個月，不准假釋；❷ 累犯太多次，被「三振」了，也就是累犯第三次時，就算符合上面講的時間，也不准假釋。

所謂的「假」，就不是真的釋放，只是因為在獄中表現良好，先讓犯人出獄。但在出獄之後，在原本未服完的時間內（終身監禁的人假釋出獄的話，則是算 20 年），必須要乖乖地，不可以再犯法，如果再度故意犯罪被宣告有期徒刑以上的處罰，就會被撤銷假釋，抓回監獄裡服完原本沒服完的刑期。如果在假釋期間都乖乖地沒再犯罪，那麼等這段期間過了，也就算是服完原本的徒刑了。

給犯人改過自新的機會

9542 犯人 ➤ 短期的有期徒刑 ➤ 緩刑

犯人 ➤ 長期的有期徒刑或終身監禁 ➤ 假釋

緩刑與假釋的區別

	緩刑	假釋
目的	❶ 救濟短期自由刑之弊 ❷ 判決確定，在還沒有執行前，不執行行為人的刑期	❶ 救濟長期自由刑之弊 ❷ 執行部分刑後，讓行為人提前出獄
對象	受2年以下有期徒刑、拘役或罰金之本刑宣告者（較輕微之犯罪）	可對無期徒刑者施以假釋
決定者	由法院以裁判定之	屬於司法行政處分，由典獄長報請法務部，無須經裁判程序
期間	2年以上5年以下	❶ 無期徒刑為20年 ❷ 有期徒刑為所餘的刑期

知識補充站

9542

連續強暴犯「華岡之狼」楊姓受刑人犯下25起強暴案，被判處16年有期徒刑，請問他何時可以假釋？

根據刑法第 77 條假釋之要件，受徒刑之執行而有悛悔實據者，無期徒刑逾 25 年、有期徒刑逾二分之一、累犯逾三分之二，由監獄報請法務部，得許假釋出獄。由於楊姓受刑人已經服滿一半刑期，也已經受過強制治療，經評估不會再犯，而且還考上台大，雖然社會上很多人反彈，但最後終於獲得假釋。不過必須戴上電子監測器，以免其亂跑再犯。

UNIT **4-11**
易科處分與保安處分

圖解法律

刑罰在處罰上，還有一些輔助的特殊方式，包括以下要介紹的易科處分和保安處分。

(一) 易科罰金

所謂的「易刑」，就是可以「變換」刑罰的意思。對比較輕微的犯罪，亦即被判 6 個月以下有期徒刑的人，因為被判得很輕，如果把他送去監獄裡，反而會誤了這個人的一生，在監獄裡學壞或意志消沉。這時，我們就可以「轉換」刑罰方式，改成「易科罰金」，每一天換成 1,000 元、2,000 元或 3,000 元，用錢來換取不用進監獄。

(二) 易服勞役和易以訓誡

如果有的犯人太窮，被判罰金後無法如期繳罰金，那也可以反過來，將罰金「易服勞役」，1,000 元、2,000 元或 3,000 元折抵一日的勞役。假設一開始被罰太多錢，折抵為勞役之後居然超過一年，那麼可以讓他一天折抵比較多的錢，避免他服勞役超過一年。

最後，還有一種「易以訓誡」，就是如果犯的罪非常輕微，只會被處罰罰金或拘役，那麼乾脆不要處罰，改成用當面訓誡的方式。

(三) 保安處分

對於有罪的犯人，我們要處以刑罰之外，有的時候，我們還要改善某些有危險的人，而可以對他們施以「保安處分」。因為他們未來還可能會有一些危害社會的行為，所以要給其某些「保護社會安全的處分」。

保安處分一共有七類，第一種是對青少年的感化教育；第二種是無辨識能力者的監護處分；第三種是對吸毒或酗酒的禁戒處分；第四種是對懶惰者的強制工作處分；第五種是對患有傳染病者的強制治療處分；第六種是對假釋犯和緩刑犯的保護管束處分；第七種則是對外國人的驅逐出境處分。

(四) 吸毒與勒戒所

在台灣，吸毒是犯法的。在法律上，我們有「毒品危害防制條例」。雖然法條上說，吸食毒品的人，第一級的毒品，可以處 6 月以上 5 年以下有期徒刑；第二級的毒品，可以處 3 年以下有期徒刑。但是，實際上我們常常看到新聞中，很多藝人吸食毒品，並沒有抓去關，而是被送去「觀察勒戒」。

所謂的「觀察勒戒」，就是吸毒的人會先被抓去勒戒所關 2 個月以下，一方面觀察，一方面強制幫他們戒毒，看這些藝人會不會再犯。如果在觀察期間，這些藝人沒有繼續吸毒的傾向，那麼檢察官就不予起訴。但是，如果在觀察期間，這些藝人還有再吸食毒品的傾向，那麼法院就可能會裁定，把這些人送到戒治處所「強制戒治」，期間為 6 個月以上到 1 年之間。倘若在這段期間還是沒辦法把毒品戒掉，那麼法官就真的會依照法條，判他們入獄服刑。

保安處分類別

感化教育

目的：藉感化以改善其惡性
對象：未滿14歲而不罰者
　　　未滿18歲而減輕其刑者
期間：3年以下
處所：有家庭式、
　　　學校式、
　　　軍營式

監護

目的：藉監禁保護以防其危害社會
對象：心神喪失人
　　　精神耗弱人或瘖啞人
期間：5年以下
處所：受處分人的家庭、
　　　學校、精神醫院
　　　或其他處所

禁戒

目的：禁絕戒除不良嗜好，以根
　　　除犯罪的原因
對象：煙毒犯、酗酒犯
期間：1年以下
處所：相當處所，醫院
　　　或勒戒所為主

強制工作

目的：培育刻苦耐勞德行，以
　　　及一技之長
對象：習慣犯、遊蕩成習犯罪
　　　者、懶惰成習犯罪者
期間：3年
處所：公私營的農場、
　　　工場、習藝所、
　　　教養院或其他勞
　　　動處所

強制治療

目的：治療性衝動
對象：犯妨害性自主及妨害
　　　風化罪等
期間：到再犯危險顯著降低為止
處所：相當處所

驅逐出境

目的：預防犯罪
對象：受有期徒刑以上宣告的外
　　　國人
期間：不受限制

保護管束

目的：觀護保護其行為，使其過
　　　適法生活
對象：假釋人、受緩刑宣告人、
　　　代替其他保安處分
期間：3年以下
處所：警察機關、自治團體、慈
　　　善團體、本人的最近親屬
　　　或其他適當的人行之

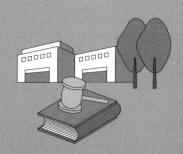

UNIT 4-12
刑法分則與法益

圖解法律

(一) 刑法分則

刑法分則會規定很多種犯罪行為，我國的刑法除了總則的共通規定外，分則大概有 250 條各種犯罪行為。這些犯罪規定看起來密密麻麻，不過，還是有一些規則可循，我們是依據想保護的「法益」來進行分類。

(二) 三種法益

刑法是為了維護社會秩序或者保護個人權利，透過刑法規定的形式和刑罰的制裁，來確保這些「利益」能夠受到保護，我們稱這種想要保護的利益為「法益」。刑法所想保護的法益，大約有三類，分別是國家法益、社會法益、個人法益。

❶ 國家法益

為了保護「國家法益」，我們有內亂罪、外患罪、妨害國交罪、瀆職罪、妨害公務罪、妨害投票罪、妨害秩序罪、脫逃罪、藏匿人犯及湮滅證據罪、偽證及誣告罪等規定。

❷ 社會法益

為了保護「社會法益」，我們有公共危險罪（包括酒後駕車）、偽造貨幣罪、偽造有價證券罪、偽造度量衡罪、偽造文書印文罪、妨害性自主罪（包括強制性交）、賭博罪、妨害風化罪、妨害婚姻及家庭罪、褻瀆祀典及侵害墳墓屍體罪、妨害農工商罪及鴉片罪等規定。

例如：就公共危險罪來說，我們處罰那些放火燒房子的人、破壞交通工具的人、在飲水裡面下毒的人、放置炸彈的人。因為這些行為，不只是會傷害到一個人而已，而是可能傷害到很多人，造成社會不安、財產傷亡等。所以，對於這種破壞社會法益的行為，我們通常都處罰得很重。

❸ 個人法益

為了保護「個人法益」，我們有殺人罪、傷害罪、墮胎罪、遺棄罪、竊盜罪、妨害自由罪、妨害名譽及信用罪、妨害秘密罪、侵占罪、詐欺背信及重利罪、恐嚇擄人勒贖罪、贓物罪、毀棄損壞罪、妨害電腦使用罪等規定。

(三) 告訴乃論與非告訴乃論

告訴乃論的意思是說，只有被害人願意提出告訴，國家才可以追究；而非告訴乃論的意思是說，不管被害人想不想提出告訴，國家都可以追究。一般而言，國家法益和社會法益比較嚴重，大多是採非告訴乃論。而在個人法益部分，例如：傷害罪、妨害名譽罪、毀損罪和妨害電腦使用罪，侵害的法益比較輕微，則採取告訴乃論。另外，有時候親戚之間也很容易為了財產而吵架，進而發生輕微的犯罪。若是在親戚之間發生竊盜罪、詐欺背信罪、侵占罪等，也是採取告訴乃論。

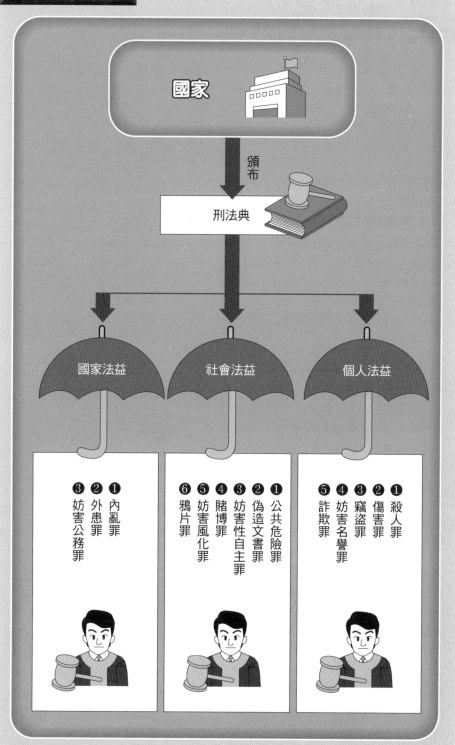

UNIT 4-13
國家法益的罪

侵害國家法益的犯罪包含很多，自刑法第 100 條至第 172 條，共有七十多個條文，包括內亂罪、外患罪、妨害國交罪、瀆職罪、妨害公務罪、妨害投票罪、妨害秩序罪、脫逃罪、藏匿人犯及湮滅證據罪、偽證及誣告罪等。這些罪名大概可以分成四大類。

(一) 危害國家存立的罪

為了保障國家能夠繼續安全存在，所以我們有內亂罪和外患罪的設計。內亂是怕內政動盪，而外患罪則是怕有人私通敵國，想推翻我國政府。

其中，刑法第 100 條的普通內亂罪，是頗有爭議的條文。其規定「意圖破壞國體、竊據國土，或以非法之方法變更國憲、顛覆政府，而以強暴或脅迫著手實行者」，要處罰。但不只是著手實行的人要處罰，第 2 項還說，「預備犯前項之罪者」，也需要處罰。所以只要有一點點的思想，就可能會被抓去關。如果照這條規定，是不是人民都不能夠走上街頭進行抗議，要求政府改革了呢？如果要求政府改革，會不會很輕易地就被扣上帽子，說是「以非法方式」變更國憲、顛覆政府？

在外患罪上，現在用的最多的，就是洩漏國家機密罪。現在網路發達，許多電腦高手可以透過駭客竊取他人電腦裡面的資料，一旦軍人不小心把公家資料帶回家裡電腦處理，就可能會被偷走，而構成過失洩漏機密罪。

(二) 危害國際關係的罪

為了維護我國與其他國家建立外交關係，因此，有一個妨害國家罪的設計，例如：禁止侵害友邦元首或外國代表、禁止侮辱外國旗章、禁止違背中立命令等。

(三) 危害行政公正的罪

為了讓政府官員能夠好好的為人民服務，而不會貪污瀆職，所以刑法裡面有瀆職罪的規定。尤其對於貪污的問題，我們還另外制定了一個貪污治罪條例，就是要嚴懲貪污罪刑。

此外，除了要求公務員能夠廉潔公正外，我們也希望人民配合政府，不要妨害公務，因此我們有一個妨害公務罪。為了選舉能夠公正公平的進行，避免出現買票賄賂的情形，我們有一個妨害投票罪。

(四) 危害司法公正的罪

當發生犯罪行為時，必須由司法機關依照法律程序來懲罰犯罪。但如果有人不配合司法機關的執法活動，那麼正義就無法落實。所以有一些罪名，是為了確保司法機關能夠順利運作。例如：我們有一個脫逃罪，避免嫌犯脫逃。也有一個藏匿人犯及湮滅證據罪，避免有人幫助嫌犯。還有，我們有偽證罪及誣告罪，希望人民在法庭上都能誠實作證，也不要隨意誣告他人，濫用司法資源。

國家法益

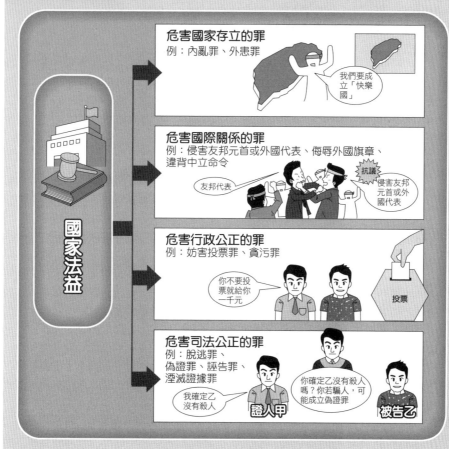

危害國家存立的罪
例：內亂罪、外患罪

我們要成立「快樂國」

危害國際關係的罪
例：侵害友邦元首或外國代表、侮辱外國旗章、違背中立命令

友邦代表

抗議

侵害友邦元首或外國代表

危害行政公正的罪
例：妨害投票罪、貪污罪

你不要投票就給你一千元

投票

危害司法公正的罪
例：脫逃罪、偽證罪、誣告罪、湮滅證據罪

我確定乙沒有殺人

證人甲

你確定乙沒有殺人嗎？你若騙人，可能成立偽證罪

被告乙

國家法益

知識補充站

全台灣的行政首長都有領特別費，可以用這些特別費去作公關，請別人吃飯或包紅包。但若隨便拿發票去報領特別費，算不算是貪污？

這個問題在台灣引起很大的爭議。由於全台灣大部分的行政首長都會拿奇奇怪怪的發票去報領特別費，好像把特別費當作自己的「加薪」，是一種「實質補貼」。如果現在要突然處罰這種行為，那麼很多人都會違法。根據罪刑法定原則，我們應該認為這是法律規定的不清楚，傾向認為不構成犯罪。

UNIT **4-14**
社會法益的罪

圖解法律

所謂的社會法益，就是要維持整個社會可以良好的運作，讓每個人都可以安心地在社會上生活。而破壞社會法益的罪，並不是針對個人，而是針對整個社會的秩序。社會法益可以大概分為以下三類。

(一) 公共秩序平穩的法益

為了讓社會秩序能夠平穩，我們禁止很多破壞社會秩序安危的罪，最主要的是公共危險罪。所謂的公共危險，就是不只會對個人造成損害，還會波及到其他大眾，包括了放火罪、決水罪、妨害救災罪、破壞大眾運輸工具罪、劫持交通工具罪、製造炸彈罪、使用炸彈罪、酒醉駕車罪、下毒罪等。

一般人最容易觸犯的，就是酒後駕車罪。只要服用毒品、麻醉藥物、酒類或其他相類之物，不能安全駕駛卻還駕駛，即使沒有撞傷人，一樣會構成犯罪。吐氣所含酒精濃度若超過每公升0.15毫克，就成立酒醉駕車，違反道路交通安全規則，會有行政責任與罰鍰，而超過 0.25 毫克時，則就構成刑法第185 條之 3 的公共危險罪（醉態駕駛罪）。

(二) 公共交易信用的法益

社會要能夠進行交易，就不能有詐騙、偽造的事情出現，否則就會造成交易秩序大亂。偽造貨幣罪，是怕有人不勞而獲，利用偽鈔破壞金融秩序；偽造有價證券罪，也是怕有人偽造有價證券、信用卡、金融卡、儲值卡等；偽造文書印文罪，是怕有人偽造公文書或私文書進行詐騙。一般來說我們比較擔心公文書的偽造，因為這涉及到國家公權力的運作，所以只要有偽造行為，不管是否造成損害，都要處罰。但偽造私文書，不一定會對誰造成傷害，只有在足以產生損害於公眾或他人，才會處罰。

(三) 社會道德法益

我們都有濃厚的傳統道德價值，尤其亞洲人較保守。所以有些行為不一定傷害到別人，卻因為違背了社會一般道德觀念，而不能接受，故會加以處罰。例如那些自願交易的犯罪：包括性交易犯罪、毒品交易犯罪、賭博犯罪等，這些行為沒有傷害到他人，頂多是傷害到自己。但因為社會觀念保守，所以會對這種行為加以處罰。類似這種自願交易的犯罪，在觀念開放的國家，可能就會合法化，而不處罰。例如：荷蘭就適度開放性交易和毒品交易。

另外，有些行為雖然有傷害到他人，但是其實沒那麼嚴重，其他國家不一定會用刑法，但我們卻認為是傷風敗俗，而仍然保留用刑法處罰。最典型的，就是通姦罪。我們為了維護婚姻一夫一妻制度，很嚴格地禁止通姦。其他歐美國家可能認為通姦，頂多就是離婚、請求賠償而已，但我們卻用刑法來處罰通姦行為。2020 年，大法官在釋字第 791號解釋，宣告通姦罪限制人民之性自主權，違反比例原則而違憲。

社會法益

社會法益

```
公共秩序平穩 ──► 公共交易信用 ──► 社會道德
```

公共秩序平穩

為了社會秩序能夠平穩，所以禁止了很多破壞社會秩序安危的罪

「醉」上道

「醉」不上道

酒 ✕

公共交易信用

社會要能夠進行交易，就不能有詐騙、偽造的事情出現，否則交易秩序會大亂

買賣偽票

發票人 ──► 執票人

社會道德

有些行為不一定會傷害到別人，卻因為違背了社會一般道德觀念，不被接受，因而被加以處罰（現已除罪）

夫 妻

通姦 ✕

夫妻一方與人通姦

知識補充站

9542

白米炸彈客在街頭放置白米做成的炸彈，但他並沒有炸傷人，請問是否觸犯了社會法益，構成公共危險罪？

白米炸彈客的炸彈雖然沒炸傷人，但卻還是有可能炸傷人。我們並不容許有人可以造成這樣的社會不安。刑法第186條規定，只要是未經許可製造炸彈，就已經算是犯罪了。如果又把炸彈拿去放置，根據刑法第187條，就算沒有炸傷人，一樣要受到處罰。如果真的炸傷人了，那就要受到更重的處罰。

UNIT **4-15**
強制性交與猥褻

圖解法律

(一) 強制性交罪

一般講的強暴，在法律用語上是「強制性交罪」。就「性交」的定義上，只要你用性器官，進入他人的性器、肛門或口腔，或者你用身體其他部位，進入對方的性器或肛門，就算是性交。而怎樣算是「強制」呢？只要是以強暴、脅迫、恐嚇、催眠術或其他違反意願的方法，都算是強制。

夫妻之間會不會構成強制性交罪呢？依刑法第 229 條之 1 規定，對配偶犯強制性交罪，須告訴乃論。這顯示夫妻間仍然可以構成強制性交罪。但有些學者認為婚姻制度本包含性的關係，當性行為發生爭執時，在舉證上恐怕有困難。

(二) 強制猥褻罪

如果沒有構成性交，就可能會構成強制猥褻罪。所謂的猥褻行為，包括在性交之前的其他「前戲」，也有說是「姦淫以外有關風化之一切色慾行為」。所以，如果有色狼在捷運裡面突然去摸女生的胸部或突然把女生衣服脫掉，就算是強制猥褻罪。

(三) 準強制性交罪

我們法律上對未成年人保護很周到。如果是和未滿 16 歲的人發生性交或猥褻行為，就算雙方是自願的，也認為小孩子不懂事，一定是被哄騙，所以構成「準強制性交罪」。若是對未滿 14 歲的人為性交或猥褻行為，一樣會受到處罰，而且處罰更重。

(四) 公然猥褻罪

而所謂的「公然猥褻」，是指在公開場合讓他人看到自己的身體，尤其是「露點」，就算是公然猥褻。例如：如果有變態在大街上對往來行人「露鳥」，就構成公然猥褻罪。又例如：在餐廳裡表演脫衣舞秀，也算是公然猥褻。所謂的「公然」，並不是說一定要在公開的場合，只要是多數人能夠共見共聞的地方，例如在餐廳裡把門關起來，但餐廳裡面有很多人，即使沒有對外公開，還是算公然。

(五) 散播猥褻物品罪

現在很多年輕人會在網路上下載「A片」或「A圖」，只要是有露第三點的照片，我們就認為已經構成這裡講的猥褻物品。一般若只有露兩點，還不構成猥褻物品，只能算是「限制級畫面」。由於台灣較保守，只要露到第三點，大概都會被認為構成猥褻畫面。

(六) 猥褻是動詞還是形容詞？

要注意的是，刑法中有「強制猥褻」、「公然猥褻」、「散播猥褻物品罪」的三種猥褻。這三種猥褻的程度並不相同，散播猥褻物品罪的猥褻，可以容忍比較大的尺度（露兩點可能還不夠），要客觀上引人性慾；公然猥褻罪的猥褻，可能尺度就要限縮一點（露兩點已經夠了）；而作為動詞的強制猥褻，是有人被摸被脫，尺度就更緊了（隔衣摸兩點應該綽綽有餘）。

色情的犯罪

強制性交罪

以強暴、脅迫、恐嚇等違反意願的方法，
將自己的性器官進入他人的性器、肛門或口腔

強制猥褻罪

猥褻行為，包含在性行為前的「前戲」，
只要有違背本人的意思，就會構成強制猥褻罪

色情的犯罪

準強制性交罪
和未滿16歲的人發生性關係或猥褻
行為，即使雙方自願，亦構成準強制性交罪

公然猥褻罪
在公開場合讓他人看到自己的身體，
尤其是「露點」，就算是公然猥褻罪

散播猥褻物品罪
在網路上，下載「A圖」或「A片」，
只要有露三點的照片，就會構成這裡所指的猥褻物品

第 **4** 章

刑法

知識補充站

越南妹在KTV包廂脫衣陪酒，構不構成公然猥褻罪？

過去我們認為就算在室內，只要是有多人可以一起看到，就
算是公然猥褻。在KTV包廂脫衣陪酒，客人若有兩人以上，
應該就構成公然猥褻。但最近檢察官認為KTV包廂已經上
鎖，不構成所謂的公然。

UNIT *4-16*
性交易與援助交際

圖解法律

(一) 罰娼不罰嫖

在台灣性交易到底有沒有違法？一般人實在搞不清楚。其實在刑法中，我們並沒有直接處罰性交易，根據刑法第231條「媒介性交猥褻罪」和第231條之1「圖利強制使人為性交猥褻罪」，我們刑法只處罰「開妓院的老闆」或「皮條客」而已。至於「妓女」和「嫖客」我們是不處罰的。

而在社會秩序維護法中，本來只會處罰「妓女」和「皮條客」，至於「嫖客」並不處罰。但2009年大法官釋字第666號解釋，認為「罰娼不罰嫖」違反男女平等。故修改社會秩序維護法，現在只有在性交易專區內的性交易行為不處罰，性交易專區外的行為，娼、嫖都要處罰，被抓到罰鍰3萬元。

(二) 與未成年援助交際

需注意，對未成年少女的「援助交際」是違法的。

根據刑法第227條規定，若性交易的對象未滿14歲，將處3年以上10年以下有期徒刑。若性交的對象為14歲以上16歲以下，則處7年以下有期徒刑。而兒童及少年性剝削防制條例第31條第2項規定，18歲以上之人與16歲以上未滿18歲之人為有對價之性交易者，處3年以下有期徒刑、拘役或新台幣10萬元以下罰金。

(三) 網路援交廣告

最近很熱門的一個爭議是：警察為了逮捕援助交際的人，對於在網路上散布、引誘他人為性交易資訊的人，也要處罰。其根據的是「兒童及少年性剝削防制條例」的第40條和第50條。根據第40條，在網路上刊登性交易邀約資訊的人，都會受到3年以下的有期徒刑。另外根據第50條，幫忙刊登性交易資訊的媒體，也要受到處罰。

有不少法律學者，認為本條文的法定刑過重，真的援交才關1年，刊登訊息卻要關3年，對於人民言論自由似乎有過度的妨礙，也不符合憲法第23條的比例原則。

(四) 隔離青少年接觸

因此，大法官作出釋字第623號解釋就說，雖然在網路上刊登性交易廣告，如果邀約的對象是成年人，而且已經透過一些網路的措施隔絕未成年人接觸這些資訊，那麼就不可以動用「兒童及性交易防治條例」（舊法）第29條來抓人。大法官所採取的解釋方法，是一種「合憲性解釋方法」，就是透過解釋限縮了原本第29條的打擊範圍。

從以上介紹，不難得知為何台灣的性交易無法根絕。原因就是：台灣的法律默默地容許性交易的存在，而這或許也符合大部分國民的道德情感。

性交易的處罰

性交易的處罰

處罰「妓院老闆」、「皮條客」

處罰「妓女」、「皮條客」、「嫖客」

刑法

刑法§231 媒介性交猥褻罪

I 意圖使男女與他人為性交或猥褻之行為，而引誘、容留或媒介以營利者，處五年以下有期徒刑，得併科十萬元以下罰金。以詐術犯之煮亦同。

II 公務員包庇他人犯前項之罪者，依前項之規定加重其刑至二分之一。

刑法§231-1 圖利強制使人性交猥褻罪

I 意圖營利，以強暴、脅迫、恐嚇、監控、藥劑、催眠術或其他違反本人意願之方法使男女與他人為性交或猥褻之行為者，處七年以上有期徒刑，得併科三十萬元以下罰金。

II 媒介、收受、藏匿前項之人或使之隱避者，處一年以上七年以下有期徒刑。

III 公務員包庇他人犯前二項之罪者，依各該項之規定加重其刑至二分之一。

IV 第一項之未遂犯罰之。

社會秩序維護法

社會秩序維護法§80

有下列各款行為之一者，處新台幣三萬元以下罰鍰：

① 從事性交易。但符合第九十一條之一第一項至第三項之自治條例規定者，不適用之。

② 在公共場所或公眾得出入之場所，意圖與人性交易而拉客。

知識補充站

小興好奇上網找年輕妹妹小曼援交，小曼已經滿 18 歲，請問小興是否構成犯罪？

社會秩序維護法修改後，性交易中的娼妓與嫖客都要受處罰。小曼已經 18 歲，小興與小曼會因為違反社會秩序維護法第 80 條，處 3 萬元罰鍰。

UNIT **4-17**
個人法益的犯罪

圖解法律

　　個人法益，就是侵犯的是個人的權益。這類犯罪很多，包括最常見的殺人、傷害、恐嚇、脅迫、詐欺、竊盜等等。我們大致上可以分為五種類型，分別是生命、身體傷害的罪、妨害自由罪、妨害秘密罪、破壞名譽信用的罪及有關財產的罪。

(一) 生命、身體傷害的罪

　　最容易引起社會關注的，就是殺人罪。倘若是不小心開車撞死人，則會構成過失致人於死罪。另外還有傷害罪，若是傷害自己的親屬，還要加重。此外，為了保護胎兒的生命，我們有墮胎罪。不過台灣有一個優生保健法，在某些情況下允許墮胎，所以現在比較少會用墮胎罪來處罰人。另外，為了保護老人或垂危者的生命，我們有規定一個遺棄罪，只要是對「無自救能力」的人加以遺棄，不管法律上你是否有義務幫他，就會構成犯罪。例如，如果開車不小心撞傷人，卻見死不救，加速逃逸，則會構成遺棄罪。

(二) 妨害自由罪

　　妨害自由罪有很多種，比較常見的就是強制罪，就是以強暴、脅迫方式逼迫他人行無義務之事。另外還有恐嚇罪，以加害生命、身體、自由、名譽、財產的事情，恐嚇他人致生危害等。

　　比較嚴重的，則是人口犯罪，包括使人為奴隸罪，買賣、質押人口罪，拐騙結婚、拐騙賣淫、拐騙出國、收藏被拐騙的人、限制他人行動自由，這些都是與人口買賣有關的犯罪。這類的犯罪，在台灣多半都是因為色情行業所連帶引起的。為了保障居家生活，有侵入住宅罪、違法搜索罪等。

(三) 妨害秘密罪

　　為了保護私人隱私，有妨害書信秘密罪、妨害秘密罪，還有利用先進科技妨害秘密。現在很多人會用偷拍工具進行偷拍，只要偷拍的是他人非公開的言行，都已經構成妨害秘密罪。

(四) 破壞名譽、信用的罪

　　妨害名譽，可以分為誹謗罪和公然侮辱罪。侮辱就是單純罵人，誹謗則是散播一個關於他人不實的消息。但我國的誹謗罪，就算散播的是真實的消息，可是與公益無關，也一樣會構成犯罪。

(五) 財產犯罪

　　跟財產有關的犯罪很多，有的涉及暴力，有的不涉及暴力。不涉及暴力的，例如竊盜、詐欺、侵占等。涉及暴力的，例如搶奪、強盜、海盜、恐嚇、擄人勒贖等。另外，也有一種是不要他人財產，而是去破壞他人財產，包括毀損罪、妨害電腦使用罪等。

個人法益

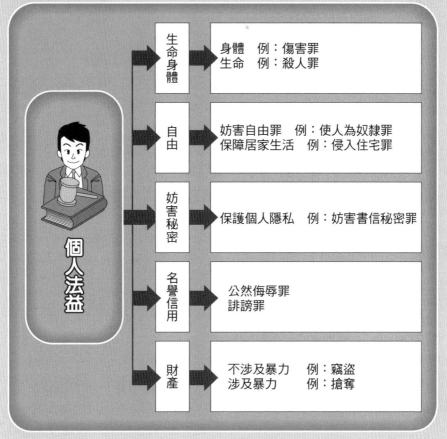

個人法益

生命身體	身體　例：傷害罪 生命　例：殺人罪
自由	妨害自由罪　例：使人為奴隸罪 保障居家生活　例：侵入住宅罪
妨害秘密	保護個人隱私　例：妨害書信秘密罪
名譽信用	公然侮辱罪 誹謗罪
財產	不涉及暴力　例：竊盜 涉及暴力　例：搶奪

知識補充站

許純美說蕭大陸和他同居過，蕭大陸告她誹謗，但他們真的同居過，請問誹謗是否成立？

雖然他們兩人真的同居過，但同居的事情與公益無關，根據我們刑法第310條第3項規定，散播的消息「涉於私德而與公共利益無關」，仍然構成誹謗罪。

UNIT 4-18
網路犯罪

圖解法律

現在很多年輕人都會上網，但卻不知道網路上的行為也可能會構成犯罪。以下簡單介紹一些網路上最常發生的犯罪行為。

(一) 盜版

很多人會在網路上下載免費的電影或音樂來看，也會有人很熱心地將一些電影或音樂放到網路上和別人分享。不管是上傳到網路上還是下載，只要沒有得到電影公司或唱片公司的正式授權，這些行為都會觸犯著作權法，而有刑事責任。

網路上除了電影或音樂之外，其實還有很多資訊，如果沒有經過授權，最好不要任意下載，或者轉寄給別人與人分享。

(二) 色情和誹謗

前面說過，法律對色情的界定，只要女生露兩點，男生露第三點，就算是色情。若在網路上散播色情圖片或者色情電影，這都會構成散播猥褻物品罪。另外，很多年輕人血氣方剛，以為在網路上對方看不到，就可以任意地批評或侮辱對方。但網路是一個任何人都可以上去瀏覽的公開場所，只要這個批評人的資訊是開放的，那麼還是可能會構成公然侮辱或誹謗罪。

(三) 網路詐欺

很多人會利用網路這個媒介，進行一些詐騙行為。在網路上由於看不到對方，很容易被網路上所呈現的資訊所欺騙。這時候如果在網路上進行詐欺行為，仍然會構成一般刑法上的詐欺罪。

(四) 竊聽網路通訊

憲法保障人民有秘密通訊自由。利用電腦網路竊聽他人在網路上的通訊，也會構成犯罪。就連警方在辦案時，想竊聽嫌犯在網路上的通訊，也必須依法聲請監聽票，才能夠開始進行監聽。

(五) 非法入侵駭客

有些駭客會偷偷竊取網友的一些帳號密碼，或者自己破解密碼，然後用他們的帳號密碼登入網路或電腦，去竊取他人的資料或更動他人的一些資料。不管登入之後有沒有做什麼行為（有可能登入之後只是到處看看），只要是非法利用他人帳號密碼登入，就已經構成犯罪。

(六) 資料干擾、非法擷取

如果進入他人電腦或網路帳號之後，亂更動裡面的資訊，或竊取裡面的資訊，這也會構成犯罪。例如：有些駭客會偷進入他人電腦裡面竊取商業機密，就是違法的行為。另外，有些網路遊戲玩家會偷用他人帳號去竊取他人帳號裡面的寶物等，由於遊戲裡面的寶物並不是真的物品，不會構成竊盜罪，但卻會構成無故變更他人電磁紀錄罪。

(七) 病毒

很多電腦高手會寫一些病毒程式，去攻擊別人的網路或電腦，影響其運作。這種行為也會構成犯罪。例如：如果利用垃圾郵件大量地攻擊某個人的信箱，讓他的信箱塞爆，這種行為也是違法的。

電腦網路犯罪體系

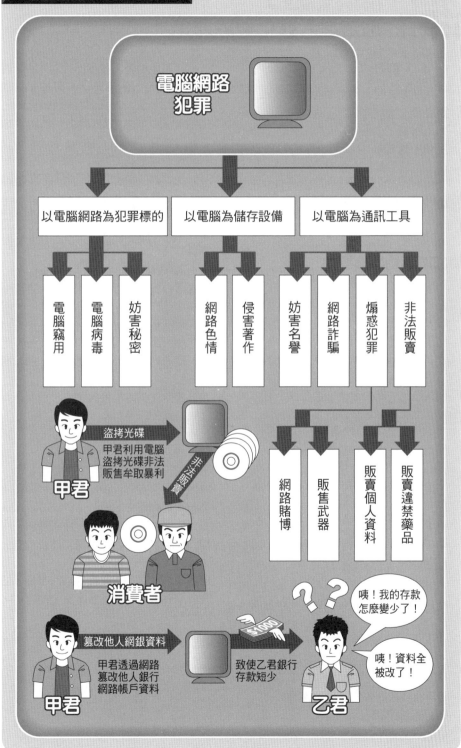

UNIT 4-19
刑法之入罪化與除罪化

圖解法律

(一) 入罪化

在歷史發展中，世界各國最早並沒有國家介入審判的觀念，人民受到他人犯罪的傷害，對付的方法，便是用暴力反擊，採取自力救濟，亦即「私刑報復」。但因為自力救濟容易造成失衡，報復手段可能太過激烈，因此國家介入審判，制定比較公允的處罰標準，並由法官以第三者的立場來判斷比較妥當。

(二) 刑罰的必要性

刑法相較於其他法律，處罰得非常嚴重，會剝奪人民的生命和自由。所以，如果不需要用到刑罰手段，就儘量不去使用，故有所謂的「刑法的最後手段性」或「刑法的謙抑思想」的概念。

對於違反社會秩序的行為，若國家想要禁止此一行為，大多數時候，可以用行政上的罰鍰，來達到嚇阻的效果，而不需要採用刑罰的嚴厲法律手段。在此思維之下，刑法應該「謙虛」、「謙抑」，不要過度使用刑罰手段。另外，「刑法乃是最後的手段」的說法認為，只有在不得已時，刑法才可以作為「最後手段」出現。

(三) 不法行為除罪化

隨著社會觀念改變，有些行為若仍用刑罰來處罰，會讓人們覺得太過嚴厲，而政府或法院也不願嚴厲執法，反而破壞人民對法律的信賴。因此會有人呼籲，是不是該將這種不法行為「除罪化」，不再用刑罰處罰。以下列舉二項近年來我國討論的除罪化議題。

❶ 通姦除罪化

刑法第 239 條原規定，只要有配偶的人，就不能與他人發生性行為，否則就構成所謂的「通姦罪」。通姦罪的規定，是用刑罰來強迫維持婚姻忠誠，並限制人民的性行為自由。但近年來法官對通姦罪的認定傾向放寬，若是沒有掌握確實通姦的證據，通常不會判定有罪。因此，很多人就主張應該學習歐美，讓通姦罪除罪化，僅用離婚和民事賠償手段即已足夠。2020 年大法官作出釋字第 791 號解釋，正式宣告通姦罪違憲。

❷ 性交易除罪化

我國目前是用行政法性質的社會秩序維護法，來處罰「性交易工作者」。但是在相關規定中，均不處罰嫖客，這就是一般所謂的「罰娼不罰嫖」政策。此外，刑法則對性交易的媒介者，課有刑事責任。

自願性交易沒有傷害別人，是成年人之間自願的交易行為。性交易傷害的，是所謂的「社會風化」。所以有人認為，應該完全的廢除性交易的法律責任，連行政法上的罰鍰、拘留都廢除，讓性交易完全的合法化。大法官在釋字第 666 號解釋中，認為社會秩序維護法的「罰娼不罰嫖」政策，違反憲法平等權的保護，而宣告相關條文違憲。立法院修改社會秩序維護法，規定在性交易專區內之性交易，屬於合法性交易，但性交易專區外的性交易仍要受處罰。

刑罰最後手段

性交易除罪化贊成與反對理由

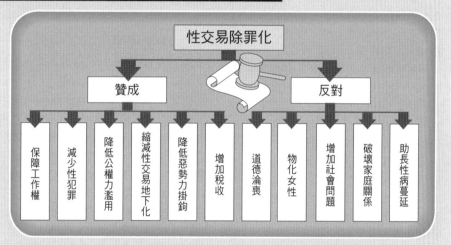

性交易除罪化

贊成 | 反對

保障工作權
減少性犯罪
降低公權力濫用
縮減性交易地下化
降低惡勢力掛鉤
增加稅收
道德淪喪
物化女性
增加社會問題
破壞家庭關係
助長性病蔓延

知識補充站 ★釋字第666號解釋認為罰娼不罰嫖違憲

解釋理由書：「按性交易行為如何管制及應否處罰，固屬立法裁量之範圍，社會秩序維護法係以處行政罰之方式為管制手段，而系爭規定明文禁止性交易行為，則其對於從事性交易之行為人，僅處罰意圖得利之一方，而不處罰支付對價之相對人，並以主觀上有無意圖得利作為是否處罰之標準，法律上已形成差別待遇，系爭規定之立法目的既在維護國民健康與善良風俗，且性交易乃由意圖得利之一方與支付對價之相對人共同完成，雖意圖得利而為性交易之一方可能連續為之，致其性行為對象與範圍廣泛且不確定，固與支付對價之相對人有別，然此等事實及經驗上之差異並不影響其共同完成性交易行為之本質，自不足以作為是否處罰之差別待遇之正當理由，其雙方在法律上之評價應屬一致。再者，系爭規定既不認性交易中支付對價之一方有可非難，卻處罰性交易圖利之一方，鑑諸性交易圖利之一方多為女性之現況，此無異幾僅針對參與性交易之女性而為管制處罰，尤以部分迫於社會經濟弱勢而從事性交易之女性，往往因系爭規定受處罰，致其業已窮困之處境更為不利。系爭規定以主觀上有無意圖得利，作為是否處罰之差別待遇標準，與上述立法目的間顯然欠缺實質關聯，自與憲法第七條之平等原則有違。」

UNIT **4-20**
社會秩序維護法

我國對於社會秩序之維護，除了以刑法規範情節較重的危害社會秩序行為之外，針對情節較為輕微的擾亂社會秩序行為，則另以社會秩序維護法加以規範。該法不只是規範人民的行為，同時也規範警察機關的權力行使範圍。

(一) 社會秩序維護法處罰的行為

社會秩序維護法的立法目的，在於維護公共秩序及社會安寧。依據該法，主要的違反社會秩序行為，包括：

❶ 妨害安寧秩序

例如，小強在自家屋外主動餵食兩隻流浪犬，使該二犬在屋外固定徘徊，並容任該二犬自由活動，而未作任何防止該二犬侵擾路人之措施，致使路過的小鵬某日行經該址屋前時，遭該二犬追逐。小強違反了社會秩序維護法第 70 條第 3 款的「驅使或縱容動物嚇人者」，可處三日以下拘留或新台幣 12,000 元以下罰鍰。

❷ 妨害善良風俗

例如，小羅涉嫌於某日進入新北市一處公共廁所女廁，偷窺小慧如廁，經小慧發現用力拍門，發出巨大聲響後，小羅始逃逸。小羅違反社會秩序維護法第 83 條第 1 款「故意窺視他人臥室、浴室、廁所、更衣室，足以妨害其隱私者」，可處 6,000 元以下罰鍰。

❸ 妨害公務

例如，小鄭未經許可擺設攤位販售飲料，經警員依法執行舉發職務，小鄭不予配合並咆哮，要求警員不要開單，同行另一警員以數位相機蒐證違規攤販行為時，亦遭小鄭強行取走。小鄭違反了社會秩序維護法第 85 條第 1 款的「於公務員依法執行職務時，以顯然不當之言詞或行動相加，尚未達強暴脅迫或侮辱之程度者」，可處拘留或新台幣 12,000 元以下罰鍰。

❹ 妨害他人身體財產

例如，小李某晚與朋友在 KTV 唱歌並喝酒助興，因走錯門而與隔壁包廂的小蔡等人發生衝突，在 KTV 店內相互鬥毆。雙方的行為已經違反社會秩序維護法第 87 條第 2 款「互相鬥毆者」，可處新台幣 18,000 元以下罰鍰。

(二) 正當程序

社會秩序維護法的前身是「違警罰法」，當時規定，拘留、罰役、移送處所矯正學習等處罰，授權警察可以自己開罰。但憲法第 8 條卻明文規定，人身自由應受保障，只能由法院進行審問處罰。由警察自己處罰人民拘留、罰役等，嚴重傷害人權，因而大法官兩度宣告違警罰法違憲。後來立法院廢止違警罰法，改制定社會秩序維護法。現行社會秩序維護法所規定的處罰種類，分為拘留、勒令歇業、停止營業、罰鍰、沒入與申誡。警察對於罰鍰、申誡、沒入等處罰，可自行處分。至於警察機關審酌的事實，認有涉案情節需要處罰拘留、勒令歇業、停止營業等較重處罰等，警察應立即移送地方法院簡易庭裁定。

社會秩序維護法處罰行為類型

社會秩序維護法處罰行為類型

妨害安寧秩序
包括公共場所聚眾滋事、酗酒滋事、謾罵喧鬧有妨害秩序而不聽禁止者、販賣黃牛票牟利、無正當理由攜帶類似真槍之玩具槍而有危害安全之虞者、吸食迷幻藥、畜養危險動物影響鄰居安全

妨害善良風俗
包括偷窺他人生活居所、於公共場所任意裸體、意圖牟利而與人姦宿（如援助交際）等

妨害公務
包括以顯然不當的言詞或行為加諸於執行職務之公務員、聚眾喧嘩妨礙公務進行等

妨害他人身體財產
包括對人施以暴行、互相鬥毆、意圖鬥毆而聚眾、無正當理由跟蹤他人等

社會秩序維護法處罰程序

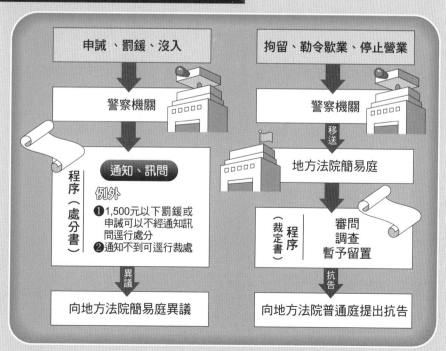

申誡、罰鍰、沒入　　　　　　　拘留、勒令歇業、停止營業

警察機關　　　　　　　　　　　警察機關

移送

地方法院簡易庭

程序（處分書）

通知、訊問

例外
❶1,500元以下罰鍰或申誡可以不經通知訊問逕行處分
❷通知不到可逕行裁處

程序（裁定書）
審問
調查
暫予留置

異議
向地方法院簡易庭異議

抗告
向地方法院普通庭提出抗告

第 **5** 章

行政法

●●●●●●●●●●●●●●●●●●●●●●●●● 章節體系架構

UNIT **5-1**
行政法的範圍

圖解法律

　　所謂行政法，是指跟行政機關有關的法律，都叫作行政法。行政法規規定的內容包括行政的組織、職權、任務與程序，以及行政機關與人民之間的權利義務關係。因此，行政法規不像刑法、民法那樣有一部統一的法典，只要與行政權有關的各項法規都稱為行政法。例如：行政程序法、訴願法、行政訴訟法、行政罰法、行政執行法等。

(一) 行政組織

　　行政法，可以分為行政組織法和行政作用法兩大類。前者規定行政機關的組織和權限，即某行政機關的組織如何、有何權限、在國家整個政治體制上居於何種地位、行政機關的編制和各單位的主管事項如何。例如：行政院組織法、法院組織法就是組織法。一般會把公務員的相關法令，也算是行政組織的一塊；行政作用法是指國家或公共團體的機關，在從事一切行動作用時，所應遵守的法律。例如：行政命令、行政處分、行政契約、行政計畫等。

(二) 行政行為

　　行政行為，則是規定行政機關和人民的關係，意即行政機關在何種情形之下乃能授與人民權利、使人民負擔義務或為其他行政行為，例如：兵役法、所得稅法。行政行為有很多種，最常見的就是行政處分，還包括行政契約、行政指導、行政計畫、行政命令等等。法治國家思想發達以後，依法行政的原則跟著建立，行政機關在何種情形之下，可以限制人民的權利、賦課人民的負擔，或授與人民的權利，均由法規規定其應遵守的準則。

(三) 行政制裁

　　當人民違反行政法規時，政府可以對人民施加的制裁有很多種，包括罰鍰、停止營業、勒令歇業、吊銷執照等，我們統稱為「行政罰」。此外，若行政法上的處罰用到刑法（有期徒刑、罰金等），則稱為「行政刑罰」。人民若被處以行政處分，例如：被罰錢，卻不肯去繳納，這時候還有「行政執行法」，來直接執行相關的處罰。

(四) 行政程序

　　行政程序法，是規定行政機關為各種行政行為時，所應遵循的法規。雖然我們對各行政機關，都已經有各類的行政實體法（如兵役法），但如果行政機關在施行權力時，沒有按照一個公平公開的程序，人民可能還是會不服氣。在行政程序法中，會規定各種行政行為所必須遵行的程序，例如：程序公開、聽證、書面紀錄、送達、資訊公開等。

(五) 行政救濟

　　行政機關違反各種行政法規而為行政行為時，不但它的上級機關可以將它撤銷變更，監察機關可以對相關公務員提出彈劾，人民也可以其違法為理由，向行政機關提起訴願，或向行政法院提起行政訴訟，請求撤銷變更。

行政法總論

行政法總論

行政權之法
除了立法、司法、監察之外，其他行政行為屬之，包括考試機關

行政組織之法
包括各行政機關，都必須有組織法。也包括公務員相關法令

行政作用之法
行政處分、行政契約、行政命令、行政計畫、行政指導、陳情

行政制裁
包括行政刑罰、行政罰、行政執行

行政程序
程序公開、聽證、書面紀錄、送達、資訊公開等

行政救濟法
請願、訴願、行政訴訟、國家賠償、損失補償

行政法各論

行政法各論

環境行政法
空氣污染防制法、水污染防治法、毒性化學物質管理法、國家公園法、森林法、山坡地保育利用條例、公害糾紛處理法

警察行政法
社會秩序維護法、集會遊行法、國家安全法、警察職權行使法

稅務行政法
稅捐稽徵法、所得稅法、土地稅法、遺產及贈與稅法

經濟行政法
銀行法、證券交易法、公平交易法、專利法、商標法、著作權法

傳播行政法
廣播電視法、有線廣播電視法、衛星廣播電視法

社會福利行政法
全民健康保險法、兒童及少年福利與權益保障法

UNIT **5-2** 行政法基本原則

行政法有許多基本原則,規定在行政程序法的前面,約有以下幾項。

圖解法律

(一) 依法行政原則

❶行政權的行使不得和法規相牴觸;❷行政權非有法規依據,不得侵害人民的權利或不得使人民負擔義務;❸行政權非有法規依據,不得免除特定人在法規上所應負擔的義務,或為特定人創設權利。

(二) 內容明確原則

行政行為的內容應該明確。所謂的行政行為要明確,包括一般的行政處分的內容必須很明確,甚至一些法規命令,也必須很明確,才能讓當事人有所適從。例如:假設教育部要對各大學進行評鑑,但評鑑的依據、標準很不明確,評鑑完的結果,到底會受到怎樣的不利益處分,相關的行政命令都很模糊,一點都不明確,讓各大學無所適從,無從準備,這樣就可能違反內容明確原則。

(三) 平等原則

行政行為,沒有正當理由,不得為差別待遇。怎樣才是平等呢?相同的事情要為相同的對待,不同的事情,才能為不同的對待。而且,不得將與「事物本質」不相關的因素納入考慮,而作為差別對待的標準,這又可稱為「不當連結禁止原則」。例如:公務員考試、公立或學校之考試,以應考人的「身家清白」為錄取要件,就屬於非本質要素的考量。

(四) 比例原則

行政機關實施公權力時,手段和目的之間,須符合一定的比例關係。也就是一般常講的「不可用大砲打小鳥」,亦即,對人民不利的處分,要選擇和緩的手段,侵害人民權利最小的方式。

(五) 誠信原則

行政行為,應該以誠實信用的方法為之,並應保護人民正當合理的信賴(信賴保護原則)。例如:如果公務員信賴政府會發給高額退休金,而政府突然決定將退休金縮水,就可能違反信賴保護原則。但有下列情形的話,其信賴不值得保護:❶以詐欺、脅迫或賄賂方法,使行政機關作成行政處分者;❷對重要事項提供不正確資料或為不完全陳述,導致行政機關依據該資料或陳述而作成行政處分者;❸明知行政處分違法或因重大過失而不知者。

(六) 行政機關注意義務

公務人員並不是故意要與人民為敵,所以,對於人民有利和不利的事項,都要留意,不可以只刻意追查不利於人民的事證,而忽略有利於人民的事證。例如:警察常常為了業績,對人民交通違規大量舉發,但卻沒去注意人民是否有其他阻卻違法的原因。

(七) 行政裁量界限

行政權的行使,行政機關雖然可以自由裁量,但其裁量權的界限,仍受法規的限制。

行政法
基本原則

依法行政原則	內容明確原則	平等原則	比例原則	誠信原則	行政機關注意義務	行政裁量界限
❷❶ 法律保留原則（授權明確性原則） 法律優位原則	❷❶ 行政命令內容要明確 行政處分內容要明確	❷❶ 不能為不合理的差別待遇 相同案件相同處理	❸❷❶ 狹義比例原則（侵害權益與追求利益衡量） 必要性原則（侵害最小的手段） 適當性原則（手段可達成目的） 例：不可用大砲打小鳥	❷❶ 不可欺騙人民 信賴保護原則（但信賴需值得保護，人民不可欺騙政府）	❷❶ 對人民不利情形 對人民有利情形

UNIT 5-3
依法行政原則

圖解法律

(一) 干預行政

在 18、19 世紀 —— 學者稱為「夜警國家」的時代，就是說國家的行政機關大部分就是警察、軍人，對內維持秩序，對外抵禦強敵，對人民的各種生活進行干涉、管制。所以當時只有警察、外政、軍政、財政這類干預性質的行政。

(二) 給付行政

20 世紀福利國家成立之後，因為團體生活的發達，人和人間的關係極為密切，又因為公共事務的增加，使政府的職責益加繁重。保健是否適當？求學是否得所？生活是否充裕？都是政府職責上應該注意的問題。於是，給付行政大見發達，有關給付行政的法規，也日漸增加，有凌駕警察、軍事等行政而上的趨勢。

(三) 依法行政原則

國家行政機關這麼多，權力那麼大，若沒有以法律約束行政機關的權力，人民的生活就可能隨時被行政機關騷擾。所以我們很強調依法行政原則，任何行政機關的行為，都必須有法律依據，也都不可以違法。

(四) 消極：法律優位原則

依法行政原則又有兩個次原則，一個是法律優位原則，一個是法律保留原則。法律優位原則很簡單，就是法律不得牴觸憲法，命令不得牴觸法律或憲法。

(五) 積極：法律保留原則

至於，法律保留原則則是說，如果侵害限制人民的權利，必須由立法院來制定相關法律，約束行政機關的權力。但立法院不可能事事都自己規定，有的時候還是會授權行政機關制定行政命令。

(六) 授權明確性原則

但此時必須遵守「授權明確性原則」。所謂明確授權，就是該立法在制定法律授權給行政機關時，其授權的目的、內容、範圍都要規定得很具體明確，這樣行政機關在制定相關的行政命令時，才會有所依循，不至於自己隨便制定，以免發生過度侵害人權的事情。

過去台灣的行政機關不太重視授權明確性原則，行政機關往往說有法律的概括授權，就隨意制定法律侵害人權。自從開始強調授權明確性原則之後，行政機關就比較會控制在法律授權的範圍內來制定相關的命令。

(七) 各種保留強度

如果是剝奪人民生命身體自由之可罰條件、各種時效制度等比較嚴重的事項，必須以法律規定，不得委由行政命令補充，例如：罪刑法定主義就是最明顯的一例。至於有關其他人民自由權利限制之重要事項，亦即干涉行政，得以法律或具體明確之法律授權之法律授權條款，委由命令規定。至於執行法律之技術性、細節性及對人民影響輕微之事項，或者比較偏給付行政的事項，此時行政機關就有較大制定行政命令的空間。

依法行政原則

對人民的生活
進行干涉、管制

| 干預行政 | ➡ | 依法行政原則 | ➡ | 消極：法律優位原則 |

積極：法律保留原則
（包含授權明確性原則）

| 給付行政 | ➡ |

有關社會保險、社會救助
生活必需品的供給，舉辦
職業訓練等措施

法律的內容、範圍、
目的需具體明確

層級化法律保留

憲法保留
例如憲法第8條

絕對的法律保留
在限制人民生命、身體、自由的可罰要
件、時效制度，例如規定怎樣會構成強
制性交罪，就必須由刑法直接規定

相對的法律保留
限制自由的其他規定，可以授權給行政機關制定「法規命
令」，例如對於關在監獄的人犯要如何生活管理，就可以
授權給法務部制定相關行政命令

非屬法律保留範圍的次要事項
執行法律之技術性、細節性及對人民影響輕微之事項，就是「行政
規則」

層級化法律保留

UNIT 5-4
公務員法

圖解法律

(一) 公務員之意義

　　公務員的界定，一般可以分為四種，最廣義、廣義、狹義、最狹義。最廣義的公務員，是指依法令從事公務的人員，包括私人受委託行使公權力，在國家賠償的時候，也算是公務員；廣義的公務員，乃指文、武職公務員，和公營事業人員；狹義的公務員，乃指文職政務官（特任）與事務官（簡任、委任、薦任）；最狹義的公務員，就是單純指文職事務官（簡任、委任、薦任）。

(二) 公務員的分類

　　公務員的主要分類為政務官與事務官、任命人員與聘僱人員、文官與武官、行政官與司法官。任命人員即官吏，係指經任命或派用之公務員；聘僱人員，大都只是任職專門學術或機械性質的事務，而不參與國家權力的行使，非如官吏對國家負有忠勤之義務，民法上的僱傭關係及允許兼職之顧問、參議、委員等，均包括在內。武官，係指從事於戰鬥行為為目的或其他法定軍務的公務員；文官則係指武官以外的公務員；司法官，係指從事審判職務的公務員；而行政官為行使行政權的公務員。

(三) 政務官與事務官

　　政務官，係指決定國家政策方面的公務員，例如：各部部長、政務次長；事務官，則係指依據既定的方針執行的公務員，例如：各部的常務次長及司長、科長、科員等。政務官與事務官的法律上地位亦不同，即事務官的任用，必須經考試及格，累積一定的年資才能升等，法律對於事務官有嚴密的保障，非有一定的原因，依法定程序，不得將事務官免職，退休時另有退休制度的保障。至於政務官的任用，則不須經考試及格，也沒有身分的保障，政務官應隨政策而進退，因此有不適任時，得將政務官免職。

(四) 公務員的權利

　　主要有身分保障上的權利與財產上的權利。身分保障上的權利係指公務員保持身分或地位的權利，即公務員對於國家有主張非依法定理由，不受免官、免職、休職或降職、降調、減俸的權利。公務員財產上的權利，係指公務員有領受俸給、退休金及撫卹金的權利。

(五) 公務員的義務

　　為公務員關係的核心，關於公務員的義務主要規定於公務員服務法。依據公務員服務法的規定，公務員的義務主要有忠誠執行職務、服從上級長官命令、嚴守公務上秘密、保持品格及不為損失名譽的行為、切實執行職務、堅守崗位及依法定時間辦公、不經營商業或投機事業、不兼任他項公職或業務、不推薦人員及關說或請託、不受贈財物、不接受招待餽贈、不任意動用公款、善盡保管文書財物等義務。

政務官和事務官比較

	政務官		事務官
職權	決定國家政策		依據既定的方針執行
例如	原政務官	❶ 部長、政委、政次	各部的常務次長及司長、科長、科員
	政務人員退職撫恤條例	❷ 院長、委員 ❸ 地方首長 ❹ 特任、特派 ❺ 特命全權大使及特命全權公使 ❻ 比照薦任12職等	
任用	首長直接挑選、不用考試及格		必須經考試及格,累積一定的年資才能升等
免職	❶ 選舉成敗進退 ❷ 首長可直接換人		❶ 永業性公務員 ❷ 非有一定的原因,依法定程序,不得將事務官免職
退休	無退休金,但有離職儲金		有退休金

公務員權利義務

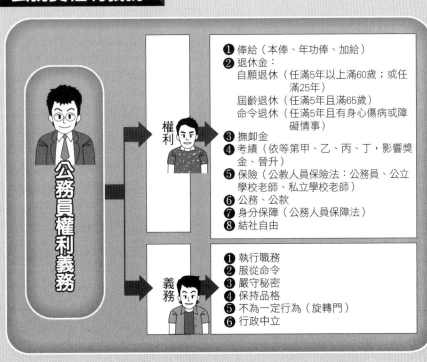

公務員權利義務

權利

❶ 俸給(本俸、年功俸、加給)
❷ 退休金:
　自願退休(任滿5年以上滿60歲;或任滿25年)
　屆齡退休(任滿5年且滿65歲)
　命令退休(任滿5年且有身心傷病或障礙情事)
❸ 撫卹金
❹ 考績(依等第甲、乙、丙、丁,影響獎金、晉升)
❺ 保險(公教人員保險法:公務員、公立學校老師、私立學校老師)
❻ 公務、公款
❼ 身分保障(公務人員保障法)
❽ 結社自由

義務

❶ 執行職務
❷ 服從命令
❸ 嚴守秘密
❹ 保持品格
❺ 不為一定行為(旋轉門)
❻ 行政中立

UNIT **5-5**
公務員的監督

圖解法律

公務員違反其義務時，在法律上應受一定的制裁，是為公務員之責任。公務員的責任主要有懲戒責任、刑事責任及民事責任三種。

(一) 公務員懲戒

公務員服務法第 22 條規定：「公務員有違反本法者，應按情節輕重分別予以懲處；其觸犯刑事法令者，並依各該法令處罰。」即公務員的懲戒責任，為公務員服務法上的責任，公務員有違法或廢弛職務或其他失職行為，依公務員懲戒法的規定，由國家予以下列六種懲戒處分：撤職、休職、降級、減俸、記過、申誡（撤休降減記申）。但政務官由於身分特殊，所以只能受撤職和申誡兩種處分。

(二) 懲戒程序

如何懲戒公務員呢？原則上能夠懲戒公務員的，只有懲戒法院。在設計上，若是比較低階的公務員（九職等以下），針對比較輕微的疏失，只要記過或申誡的，主管機關可以自己處理。但若是比較嚴重，主管長官就要將案子送給懲戒法院處理。

但若是高階的公務員（十職等以上），則主管長官必須先將事由及相關證據交給監察院，由監察院決定是否做出「彈劾」，彈劾類似對公務員起訴，最後還是要由懲戒法院做出決定。當然，監察院自己也可以接受人民的陳情，主動調查，若發現公務員有違法或廢弛職務，也可以主動提出彈劾。

(三) 公務員懲處

我們對公務員的監督，採取雙軌制，在外部，有監察院和司法院的監督，而在內部，公務員的長官也可以對公務員的平時操守與能力打考績，然後決定其年終獎金。長官在對下屬考核時，若表現不佳，可以懲處，懲處分為申誡、記過、記大過、免職。

(四) 刑事責任

刑法分則專設瀆職罪一章，對於公務員有委棄守地、貪贓枉法及枉法裁判等行為時，均加以嚴厲的處罰。公務員假借職務上之權力機會或方法，以故意犯刑法他項罪名者，加重其刑至二分之一（參看刑法第 120 條至第 134 條）。

(五) 民事責任與國家賠償

此外，我們有一個國家賠償法，若是因為公務員故意或過失不法侵害他人權利，或者因為怠於執行職務，造成人民損失，人民都可以請求國家賠償。另外，若是政府有某些公共設施的設置或管理有欠缺，例如：馬路有個大破洞，致使人民騎機車摔傷，人民就可以依據國家賠償法向國家求償。而倘若公務員是因為故意或重大過失，害國家必須賠償人民時，那麼國家在賠錢給人民之後，也可以反過來向公務員求償。

懲處與懲戒的比較表

	懲處	懲戒
決定者	上級主管長官	懲戒法院
事由	違法、廢弛職務或其他失職行為	
種類	一次記兩大過免職、記大過、記過、申誡	撤職、休職、降級、減俸、記過、申誡
先行停職	受免職之懲處處分者，無停職規定	受撤職之懲戒處分者，有停止任用之期間
功過相抵	可以相抵	不能相抵
救濟	❶ 免職：向保訓會提起復審，如仍有不服，可提起行政訴訟 ❷ 記大過、記過、申誡：向原處分機關提起申訴；不服時向保訓會提起再申訴	再審議

彈劾流程圖

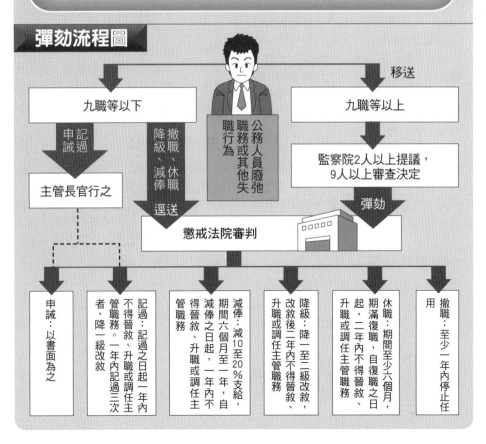

九職等以下

申誡 記過

降級、減俸 撤職、休職

逐送

懲戒法院審判

公務人員廢弛職務或其他失職行為

移送

九職等以上

監察院2人以上提議，9人以上審查決定

彈劾

主管長官行之

申誡：以書面為之

記過：記過之日起一年內不得晉敘、升職或調任主管職務。一年內記過三次者，降一級改敘

減俸：減10至20％支給，期間六個月至一年，自減俸之日起，一年內不得晉敘、升職或調任主管職務

降級：降一至二級改敘，改敘後二年內不得晉敘、升職或調任主管職務

休職：期間至少六個月，自復職之日起，二年內不得晉敘、升職或調任主管職務

撤職：至少一年內停止任用

UNIT **5-6**
行政程序法

圖解法律

(一) 行政程序的目的

行政程序法的立法目的，是為了保障人民權益、增進行政效能、擴大民眾參與，以及提升人民對行政的信任，並以公正、公開與民主之程序，確保依法行政作為目標。

(二) 行政程序的適用範圍

照理說，行政程序只適用於行政機關，所以司法院、立法院、監察院，原則上都不適用。而考試院則比較偏向行政機關，所以也適用於行政程序法。此外，由於過去一些特別權力關係下的人，行政機關享有比較高的權力，在對這些人民作成各種行為時，就不需要採用這麼正式的程序。所以行政程序法也排除這些特別權力關係的適用，包括：❶外交、軍事或國家安全保障事項；❷外國人出入境、難民認定及國籍變更之行為；❸刑事案件犯罪偵查程序；❹犯罪矯正機關或其他收容處所為達成收容目的所為之行為；❺有關私權爭執之行政裁決程序；❻學校或其他教育機構為達成教育目的之內部程序；❼對公務員所為之人事行政行為；❽考試院有關考選命題及評分行為。

(三) 資訊公開

所謂資訊公開，就是人民有獲得政府紀錄或資料的權利，政府必須將人民所要求的資訊予以公開，建立一套制度。行政機關所持有或保管之各類文書資訊，應該要主動公開。為了主動公開這些資料，各個行政機關都必須建立公報制度，將相關資訊登載於公報或網站上。

(四) 申請閱覽卷宗

除了行政機關主動公開的資訊之外，人民為了維護自己的權益，也需要得知與自己有關的相關資訊。這時候，人民可以向政府申請閱覽、抄寫、複印或攝影有關資料或卷宗，但是僅以了主張或維護自己法律上利益有必要者為限。若發現政府所持有的個人資料上有錯誤，也可以要求政府更正。

雖然人民可以向政府申請相關資料，但是政府為了維護國家公益或他人權益，有的時候可以不予公開：❶行政決定前之擬稿或其他準備作業文件；❷涉及國防、軍事、外交及一般公務機密而有保密必要；❸個人隱私、職業秘密、營業秘密而有保密必要；❹有侵害第三人權利之虞；❺有嚴重妨礙有關社會治安、公共安全或其他公共利益之職務正常進行之虞。但除了保密的部分，無保密的部分，仍應准許閱覽。

(五) 關說限制

為求行政程序公平、透明，避免行政機關受到不當干擾，故禁止公務員於作成行政決定前，片面與當事人接觸，也就是避免關說。但如果真有關說，則必須將相關往來的對話和文件記錄下來，並對其他當事人公開。

行政程序法不適用範圍

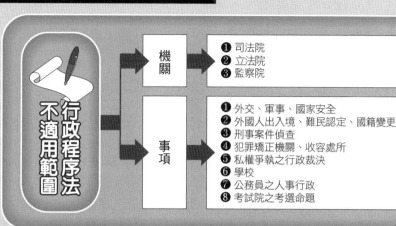

機關	❶ 司法院 ❷ 立法院 ❸ 監察院
事項	❶ 外交、軍事、國家安全 ❷ 外國人出入境、難民認定、國籍變更 ❸ 刑事案件偵查 ❹ 犯罪矯正機關、收容處所 ❺ 私權爭執之行政裁決 ❻ 學校 ❼ 公務員之人事行政 ❽ 考試院之考選命題

資訊公開

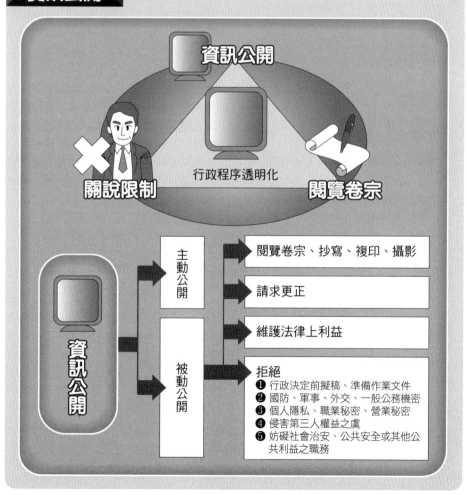

資訊公開

關說限制 　行政程序透明化　 閱覽卷宗

資訊公開	主動公開	閱覽卷宗、抄寫、複印、攝影
		請求更正
	被動公開	維護法律上利益
		拒絕 ❶ 行政決定前擬稿、準備作業文件 ❷ 國防、軍事、外交、一般公務機密 ❸ 個人隱私、職業秘密、營業秘密 ❹ 侵害第三人權益之虞 ❺ 妨礙社會治安、公共安全或其他公共利益之職務

UNIT **5-7**
聽證程序與送達

圖解法律

(一) 聽證

聽證，是行政程序法中的核心制度，類似法庭所進行的一個公開審理的程序，是指行政機關作成行政行為之前，讓當事人知道該行政行為的內容與理由，並可以在該公開程序中，徵詢聽取當事人的意見及主張，以確保行政行為的合法與妥當。

(二) 須進行聽證的行為

依行政程序法第54條規定：「依本法或其他法規舉行聽證時，適用本節規定。」而整部行政程序法，規定要舉行聽證的，有行政處分、法規命令、行政計畫三種。至於其他法規，目前需要舉行聽證比較少見。

(三) 聽證程序

聽證，有一套完整的程序。一開始先要以書面通知或公告相關當事人和利害關係人，並寫明聽證開庭的日期與場所。若有需要變更聽證日期，必須有相當理由，並且還需要重新通知或公開。聽證中，由機關首長或其制定的人員，擔任主持人，必要時得由律師、相關專業人員在場協助。

為了讓聽證順利進行，在聽證正式開始之前，可以先進行預備聽證，整理相關的爭議，提出相關的文書及證據，讓各方當事人都能夠先知道對方的主張及證據。聽證程序原則上公開，除非公開有危害公益或對當事人有嚴重影響，才允許不公開。聽證開始，先由主持人說明案由，並說明整件事情的內容要旨。

然後，當事人可陳述表達意見、提出證據，若經主持人同意後，也可以對相關的公務員、證人、鑑定人、其他當事人發問。

(四) 聽證主持

主持人在整個聽證程序中，有點類似法官的角色，負責主持整個程序，必須中立公正。主持人對問題有不清楚，也可以主動就事實或法律問題，詢問當事人，或要求其提出證據。主持人也可以委託相關機關為必要的調查，並通知證人或鑑定人到場，也可允許其他利害關係人參加。在聽證中，誰能發言、誰不能發言，都由主持人決定。

若當事人對主持人主持的程序有意見，可以聲明異議，主持人當場作出裁決。聽證最後必須作成紀錄，讓當事人核對。等到各方都把法律、事實澄清之後，案件夠成熟可以決定了，主持人就可以終結聽證，然後由行政機關作成決定。

(五) 送達

所謂送達就是說相關的行政文件，一定要送到當事人手上，才會開始發生效力。尤其是行政處分，一定要送達到被處分人的手上，才有效力。送達的方法，可以行政機關自行送達，也可以透過郵局送達，若受送達者拒絕領受，可以將文件留置在送達處所。若不知道當事人的地址，可以用「公示送達」的方式，也就是登報公告，亦算是送達。

聽證程序流程圖

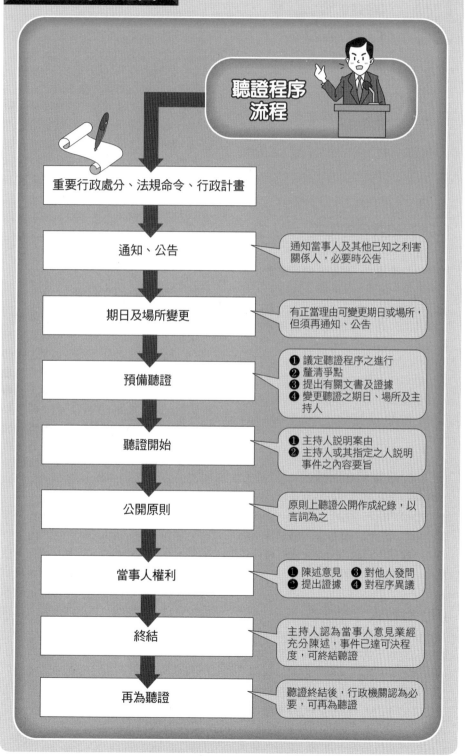

聽證程序
流程

重要行政處分、法規命令、行政計畫

通知、公告 ——→ 通知當事人及其他已知之利害關係人，必要時公告

期日及場所變更 ——→ 有正當理由可變更期日或場所，但須再通知、公告

預備聽證 ——→
❶ 議定聽證程序之進行
❷ 釐清爭點
❸ 提出有關文書及證據
❹ 變更聽證之期日、場所及主持人

聽證開始 ——→
❶ 主持人說明案由
❷ 主持人或其指定之人說明事件之內容要旨

公開原則 ——→ 原則上聽證公開作成紀錄，以言詞為之

當事人權利 ——→
❶ 陳述意見　❸ 對他人發問
❷ 提出證據　❹ 對程序異議

終結 ——→ 主持人認為當事人意見業經充分陳述，事件已達可決程度，可終結聽證

再為聽證 ——→ 聽證終結後，行政機關認為必要，可再為聽證

UNIT **5-8**
行政處分

圖解法律

(一) 行政處分

人民常常會跑行政機關申請各種執照,而行政機關也常常會向人民開罰單,在法律上,只要是這些政府針對個人所做的具體決定,影響到個人的權利義務,不管名稱如何,都可以算是「行政處分」。

(二) 行政處分的定義

行政程序法第92條規定,行政處分可以分為兩種,一種是具體行政處分,一種則是一般處分。具體行政處分,係指行政機關就公法上具體事件所為之決定或其他公權力措施,對外直接發生法律效果之單方行政行為。

而一般處分,則是其決定或措施之相對人雖非特定,而依一般性特徵可得確定其範圍者,為一般處分。有關公物之設定、變更、廢止或其一般使用者,亦同。

(三) 行政處分的附款

行政機關作成行政處分時,可以設定某些附帶的條件,稱為「附款」。其附款的類型有五種:❶期限;❷條件;❸負擔;❹保留行政處分廢止權;❺保留負擔之事後附加或變更。

(四) 行政處分的方式

由於行政機關每天都在作成許多行政處分,故除了法律有特別規定要求特別的方式,若無特別規定,則可以書面、言詞或其他方式為之。不過,行政處分一定要給理由,一方面讓行政機關不至於濫權,另一方面這樣當事人才知道自己為何得到該結果,而加以信服。如果

是太小的行政處分,例外可以不用附上理由,包括以下六種:❶未限制人民之權益者;❷處分相對人或利害關係人無待處分機關之說明已知悉作成處分之理由者;❸大量作成之同種類行政處分或以自動機器作成之行政處分依其狀況無須說明理由者;❹一般處分經公告或刊登政府公報或新聞紙者;❺有關專門知識、技能或資格所為之考試、檢定或鑑定等程序;❻依法律規定無須記名理由者。

(五) 行政處分的瑕疵

違法行政處分,依瑕疵的輕重程度,可以導致行政處分無效,或得撤銷。無效的行政處分,包括下述幾種情形:❶不能由書面處分中得知處分機關者;❷應以證書方式作成而未給予證書者;❸內容對任何人均屬不能實現者;❹所要求或許可之行為構成犯罪者;❺內容違背公共秩序、善良風俗者;❻未經授權而違背法規有關專屬管轄之規定或缺乏事務權限者;❼其他具有重大明顯之瑕疵者。

違法的行政處分,當事人提出救濟,最後予以撤銷。若當事人沒有提出救濟,原處分機關也可以依職權撤銷,但若撤銷對公益有重大危害,或當事人有信賴利益,則不得撤銷。合法的行政處分,經過一定期間,情況改變後行政機關也可以廢止。

具體行政處分

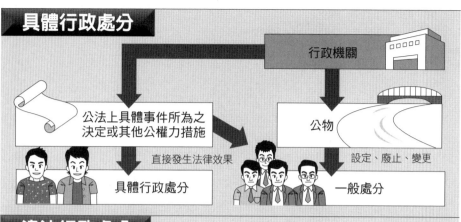

行政機關

公法上具體事件所為之決定或其他公權力措施

公物

直接發生法律效果

設定、廢止、變更

具體行政處分

一般處分

違法行政處分

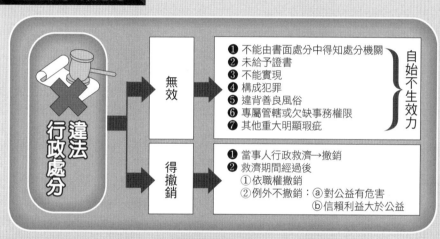

違法行政處分

無效

❶ 不能由書面處分中得知處分機關
❷ 未給予證書
❸ 不能實現
❹ 構成犯罪
❺ 違背善良風俗
❻ 專屬管轄或欠缺事務權限
❼ 其他重大明顯瑕疵

自始不生效力

得撤銷

❶ 當事人行政救濟→撤銷
❷ 救濟期間經過後
　①依職權撤銷
　②例外不撤銷：ⓐ對公益有危害
　　　　　　　　ⓑ信賴利益大於公益

合法行政處分得廢止的條件

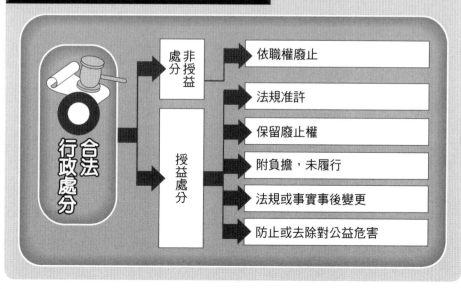

合法行政處分

處分非授益

依職權廢止

授益處分

法規准許

保留廢止權

附負擔，未履行

法規或事實事後變更

防止或去除對公益危害

UNIT 5-9
行政契約

圖解法律

所謂行政契約,是指兩個以上的當事人,就公法上權利、義務,設定、變更或廢止所訂立之契約,又稱「行政法上契約」或「公法契約」。例如,台北市政府交通局與民間拖吊業者簽約,委託拖吊業者從事違規車輛之拖吊業務,其性質就是屬於行政契約。

(一) 行政契約的類型

一般公家機關向外採買公物、公用設備,仍然屬於一般的私法契約,只有涉及公權力的設立、變更,才算是行政契約。按照行政程序法的規定,行政契約可分成兩種,一種是「代替行政處分之行政契約」,為和解契約;另一種則是雙務契約,政府和人民個別負擔義務。

(二) 和解契約

和解契約算是隸屬契約的一種,通常是在行政機關對事實或法律關係不能確定時,也不敢貿然對人民作出處分,乾脆和人民和解,訂定和解契約,雙方各退一步,要求人民負擔一點義務,而行政機關也就不予處分。此時,必須是事實或法律關係,依職權調查無法確定的,才可以締結和解契約,代替行政處分。例如:有人檢舉微軟公司的視窗軟體販售太貴,違背公平交易法,公平交易委員會認為到底微軟有沒有違法,調查困難,不如和微軟公司和解,要求微軟降價,就不對微軟進行處分。

(三) 雙務契約

所謂雙務契約,就是雙方站在對等地位,兩者互相簽約,互相負擔義務。行政程序法第 137 條第 1 項規定:「行政機關與人民締結行政契約,互負給付義務者,應符合下列各款規定:❶契約中應約定人民給付之特定用途;❷人民之給付有助於行政機關執行其職務;❸人民之給付與行政機關之給付應相當,並具有正當合理之關聯。」例如:過去考大學有一些公費生,就是公立學校和學生之間締結契約,約定學生在學期間學費都由學校出,但學生畢業之後必須接受分發公家機關服務。

(四) 行政契約的效力

行政契約與一般的民事契約,最特別的地方在於,由於國家是拿公權力與人民締結契約,為了公共目的的履行,若當事人沒辦法確實履行契約條件時,國家為了維持公益,則具有強勢的地位。例如:在契約履行上,行政機關可以對人民作出指導與協助,甚至,行政契約為防止或除去對公益的重大危害,得於必要範圍內調整契約內容或終止契約,不過需補償相對人因此所受之財產上損失。或者,在行政契約締結後,因為情事變更,原契約條件不公平,當事人可以要求調整契約內容,但行政機關為維護公益,得補償相對人的損失,命其繼續履行原約定之義務。

和解契約

行政機關

隸屬關係

人民

❶ 原本應該作出行政處分
❷ 但事實或法律關係不明確
❸ 以和解契約代替行政處分
例 公平會與微軟和解

雙務契約

行政機關 ←對等關係→ **人民**

❶ 特定用途
❷ 有助於機關執行職務
❸ 給付相當有正當合理關聯
例 公費學生，釋字第348號解釋

對等契約與隸屬契約比較表

	對等契約		隸屬契約
	（有單務與雙務契約的可能，但一般以雙務契約為多）	和解契約	雙務契約（交換契約、互易契約）
設定	公權力行使委託契約：行政院陸委會委託海基會處理大陸與台灣間人民之仲介事務；委託檢驗契約；汽車定期檢驗；公辦民營學校契約；鄰接縣（市）政府共同成立垃圾焚化爐或垃圾掩埋場契約；醫療院所與藥局或健保局成立之全民健保契約		市政府與有線電視業者成立「不得斷訊」契約、即時強制之補償事宜、參選總統之提供保證金、公害防止協定、捐地協議、違建自動拆除獎勵金、「鎮長稅」契約、公費契約（公費醫學系學生領受契約、公費訓練公務員之繼續服務契約）
變更		稅法上欠稅額之推估契約	罰鍰分期給付契約 違章建築自行拆除契約 刑事具保責付契約 國賠法之賠償協議 容積率移轉契約 停車場总金契約 損失補償協議 公立醫院醫師不開業獎金契約
廢止			抵銷契約（徵收補償費和工程受益費相抵）

UNIT **5-10**
行政計畫、行政指導、陳情

圖解法律

(一) 行政計畫

所謂的行政計畫,是指行政機關為將來一定期限內達成特定之目的或實現一定之構想,事前就達成該目的或實現該構想有關的方法、步驟或措施等,所為之設計或規劃。例如,各級政府的年度預算計畫或公債發行計畫,中小企業輔導計畫、產業升級計畫,都算是行政計畫。

(二) 行政計畫確定程序

並不是所有的行政計畫的擬定,都需要開放給民眾參與。但若涉及重大公共建設或土地開發,則必須召開聽證會,允許人民參與發表意見。行政程序法第 164 條規定,行政計畫有關一定地區土地之特定利用,或重大公共設施之設置,涉及多數不同利益之人,及多數不同行政機關權限者,確定其計畫之裁決,應經公開及聽證程序,並得有集中事權之效果。不過,這類行政計畫的擬定、確定、修訂及廢棄的程序,另由行政院制定之。

(三) 行政指導

所謂的行政指導,是指行政機關在職權或所掌事務範圍內,為實現特定行政目的,以輔導、協助、勸告、建議或其他不具法律上強制力的方法,促請特定人為一定作為或不作為的行為。例如:在腸病毒流行時,衛福部呼籲國人注重清潔衛生,以免感染,或農委會提供漁民外國領海資訊等。要注意的是,這類的行政指導,必須是不具制裁性的,如果是公布特定廠商產品檢驗不合格名單,這樣已經有對特定廠商造成不名譽

的效果,已經算是一種行政罰了。

(四) 行政指導的原則

行政機關在做行政指導時,必須注意有關法規的目的,不得濫用。若相對人明確拒絕其指導時,行政機關應立即停止,並不得據此對相對人為不利之處理。行政機關在對人民為指導時,要「明示」行政指導的目的、內容,及負責指導者等事項。由於指導的用意,是在輔導人民,具有應急性、簡便性、隱密性,沒有一定要求書面資料。但又怕若沒有書面資料,導致人民權益受害,所以當人民要求交付時,就必須提供書面資料。

(五) 陳情

人民對行政機關的各種作為,例如行政興革的建議、行政法令的查詢、行政違失的舉發,或行政上權益的維護,可以向主管機關陳情。陳情可以用書面或口頭方式,用口頭陳情的話,行政機關要作成紀錄,讓當事人簽名,表示行政機關確實有收到人民陳情。行政機關對人民的陳情,應該訂定作業規定,指派人員迅速、確實處理。若陳情有保密必要,行政機關處理時不可公開。陳情不管有無理由,都應該通知陳情人,若有理由,則應該採取適當的措施。

陳情的流程表

人民陳情
（抱怨）

書面陳情（抱怨）　　　電話陳情（抱怨）　　　到所陳情（抱怨）

製作紀錄

研考列管　→　總收文

處理情況1
（承辦人員可直接處理者）
❶ 本所直接處理
❷ 陳閱後存查

處理情況2
（涉其他主管機關者）
❶ 函轉主管機關處理
❷ 協調相關機關處理

結案並通知陳情（抱怨）人　　　登錄

列管處理

稽催　←　30日內　　　辦理妥適

結案並通知陳情（抱怨）人

UNIT **5-11**
行政罰

圖解法律

　　行政罰，是行政機關或法院，基於國家的一般統治權，對於違反行政法上的義務者，所科的制裁，以達行政的目的。行政罰，以違反行政法上的義務為前提，即因為違反行政法上義務的結果而受制裁，和刑罰係因為觸犯刑法法規而受制裁者不同。

(一) 行政刑罰

　　行政刑罰，是對於違反行政法上的義務，科以刑法上所定刑名的制裁。例如：妨害國家總動員懲罰暫行條例（已廢除），對於違反國家總動員法令者，所科的死刑、無期徒刑、拘役、罰金等刑罰均是。

(二) 行政上秩序罰

　　行政上秩序罰，是對於違反行政法上的義務者，科以刑法上刑名以外的制裁，例如：社會秩序維護法上的拘留、罰鍰、申誡。行政刑罰的制裁，多半甚重；行政上的秩序罰則較輕。前者的處罰權，屬於法院；後者的處罰權，則屬於行政機關。

(三) 行政秩序罰的類型

　　行政秩序罰的處罰手段有很多種，主要的有罰鍰、沒入以及其他裁罰性的不利處分。罰鍰就是罰錢，沒入就是沒收，至於其他裁罰性的不利處分，則又可以分為下述四類：❶**限制或禁止行為之處分**：限制或停止營業、吊扣證照、命令停工或停止使用、停止行駛、禁止出入港口、機場或特定場所、禁止製造、販賣、輸出入、禁止申請或其他限制或禁止為一定行為之處分；❷**剝奪**或消滅資格、權利之處分：命令歇業、命令解散、撤銷或廢止許可或登記、吊銷證照、強制拆除或其他剝奪或消滅一定資格或權利之處分；❸**影響名譽之處分**：公布姓名或名稱、公布照片或其他相類似之處分；❹**警告性處分**：敬告、告誡、記點、記次、講習、輔導教育或其他相類似之處分。

(四) 行政罰的基本原則

　　行政機關在對人民做出行政罰時，必須遵守下述幾項原則：
❶ **處罰法定原則**
　　違反行政法上義務之處罰，以行為時之法律或自治條例有明文規定者為限。
❷ **明確性原則**
　　從處罰法定原則，可以推論出，處罰相關法規必須明確。
❸ **從新從輕原則**
　　行為後法律或自治條例有變更者，適用行政機關最初裁處時之法律或自治條例。但裁處前之法律或自治條例有利於受處罰者，適用最有利於受處罰者之規定。
❹ **有責性原則**
　　行為人如果不具備責任能力（年齡太小或精神喪失），且沒有故意或過失，就不應課以責任。
❺ **一事不二罰原則**
　　一個行為，不應該受兩次處罰，若同一個行為違反數個規定，則挑選最重的處罰就好。若同一個行為同時違反刑法和行政法上義務，則依照刑法處罰即可。

罰金與罰鍰的比較

	罰金	罰鍰
性質	刑罰	行政罰
處罰主體	法院裁判	原則上行政機關 例外由法院
對象	犯罪行為	行政法上義務
依據	刑法或行政法	行政法規
執行方式	兩個月繳納，不繳納得強制 執行，無力繳納得易服勞役	不繳納可移送行政執行署行 政執行

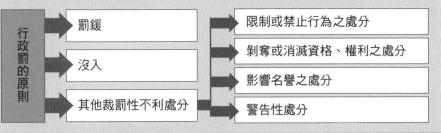

行政罰的類型

```
行政罰的原則 ──→ 罰鍰          ──→ 限制或禁止行為之處分
            ──→ 沒入          ──→ 剝奪或消滅資格、權利之處分
                              ──→ 影響名譽之處分
            ──→ 其他裁罰性不利處分 ──→ 警告性處分
```

行政罰的原則

行政罰的原則

❶ 處罰法定原則
❷ 明確性原則
❸ 從新從輕原則
❹ 有責性原則
❺ 一事不二罰原則

一行為不兩罰

行政罰：道路交通管理處罰條例
刑　法：公共危險罪

呃！老兄
再乾一杯

「醉」上道

酒

處理：只處罰刑法即可，
若法院判決無罪，才可以
另處罰鍰

UNIT **5-12**
行政執行

圖解法律

行政上的強制執行，是在人民不履行行政法上的義務時，行政機關以強制手段，使他履行義務，或使他實現和履行義務相同狀態的手段。它的要點有三：❶它以特定的公法上義務，已經成立，而義務人不履行其義務為前提，如果不負擔公法上義務，自無所謂強制執行；❷它是行政權的作用，所以和司法上的強制執行不同（如犯罪人經判決確定，送入監獄執行，即為司法上的強制執行）；❸它是以強制力促使義務人履行義務，所以和上述的行政罰——係對於義務人過去違反義務的處罰，亦有差異。

依照我國行政執行法規定，行政上的強制執行，可以分為間接強制、直接強制和即時強制。間接強制又可分為代履行和怠金。

(一) 代履行

代履行的意思，就是義務人不肯履行義務時，行政機關替他代為應為的行為，或命第三人代為，而向他徵收費用的手段。

(二) 怠金

怠金，也稱為執行罰，是以強制公法上義務的履行為目的。對於人民不履行義務時，而且無法由行政機關或第三人代為履行，這時只好科以一定罰款的告誡，來敦促其實現義務。所以怠金只施於無代替性的義務，例如：種痘的義務、健康診斷的義務、受行政機關召喚的義務等是。要課怠金之前，必須先以書面告誡，而且課處之後若還是不肯履行，那麼可以連續處罰。

(三) 直接強制

當依法規規定或行政處分，命人民為某種義務，義務人不肯履行其義務時，無法經由代履行或怠金達成執行目的，或因情況急迫，如果不及時執行，顯難達成執行目的時，執行機關可以自己著手實現該義務，這就稱為「直接強制」。例如：有物堵塞水路妨礙航行，航政機關命其所有人將該物移置，於其不為移置時，若航政機關不將該物移置，而將它爆炸粉碎時，則為直接強制。

(四) 即時強制

行政機關（通常是警察）為阻止犯罪、危害之發生或避免急迫危險，而有即時處置之必要時，得為即時強制。即時強制方法如下：

❶ **人之管束**

對於人之管束，以合於下列情形之一者為限，並不得超過 24 小時：①瘋狂或酗酒泥醉；②意圖自殺；③暴行或鬥毆；④其他認為必須救護或有害公共安全之虞。

❷ **對物之扣留、使用、處置或限制其使用**

①軍器、凶器及其他危險物；②遇有天災、事變或交通、衛生或公共安全上有危害情形，非使用或處置其土地、住宅、建築物、物品或限制其使用，不能達防護之目的時，得使用、處置或限制其使用。

行政執行

依法令或依法令作成行政處分，使人民有義務

行政執行

```
金錢給付義務                    人民行為或不行為
                              義務（抱怨）
```

人民不肯　　　情況急迫

```
送給行政執行處執行    行政機關或第三人代履行  怠金（可連續處罰）  行政機關自己直接強制
```

阻止犯罪、危害之發生避免急迫危險

有即時處置必要

```
查封、拍賣資產等    請求人民支付代履行費用  為到人民肯作為止
```

即時強制

```
必要時可向地方法院
聲請拘提、管收
義務人
```

不歸責於人民時，
給予人民損失補償

行政上的強制執行

行政上的強制執行

間接強制

❶ **代履行**
有行為義務而不肯做，找第三人幫忙他做
❷ **怠金**
有行為或不行為義務而不肯做且不能由他人
代履行處以5,000至3萬元，得連續處罰

直接強制

❶ 扣留、收取交付、解除占有、處置、使用
　或限制使用動產、不動產
❷ 進入、封閉、拆除住宅、建築物或其他處所
❸ 收繳、註銷證照
❹ 斷絕營業所必須之自來水、電力或其他能源
❺ 其他以實力直接實現履行義務
　※必須無法間接強制，且情況急迫

即時強制

❶ 人之管束
❷ 物之扣留、使用、處置或限制其使用
❸ 對於住宅、建築物或其他處所之進入
❹ 其他依法定職權必要處置
　※若人民因此受損，請求補償，行政機關
　　必須補償

UNIT 5-13
訴願

圖解法律

(一) 訴願

所謂的訴願，就是針對行政機關所作的行政處分有所不服，因此開始尋求法律救濟，這個法律救濟的第一步，不是先到法院去告官，而是先對原本那個行政機關的上級單位，提出「訴願」。如果訴願結果還是輸了，才可以到「行政法院」去控告那個行政機關，進行「行政訴訟」。

(二) 哪些行政處分可以訴願

對於哪些行政機關的行為可以訴願呢？基本上，只要是法律所謂的「行政處分」，都可以對之提出訴願。何謂行政處分？一個抽象的定義是說：「中央或地方機關就公法上具體事件所為之決定或其他公權力措施而對外發生直接法律效果之單方行政行為」。舉例來說，如果你今天沒繳稅，被開了一張漏稅罰單，這就是一個行政處分。又或者，你今天想申請一張建築執照，但政府卻不發給你，這也算是一個行政處分。基本上，只要是這些政府對你所做的罰單、或針對你所做的具體的決定，不管名稱是什麼，都可以算是行政處分。

有的時候，政府可以取巧，對你的申請不加理會，也不做出任何決定，看起來好像沒有任何處分，其實就是在拒絕你的申請。根據這種該做而沒做的，我們也可以當作已經有了一個拒絕的處分，而提出訴願。

(三) 訴願的程序

訴願原則上是由對你處分的單位的上級機關去審理，例如：如果是市政府的環保局給你開了一張罰單，那就是由它的上級機關市政府來審理；如果是新聞局給你開了一張罰單，那就是由其上級機關行政院來審理。不過一般民眾可能會搞不清楚到底該向哪一個機關提出訴願，別擔心，你只要對開給你處分的那個單位提出就好，他們也有義務幫你轉交。

但是訴願有時間上的限制，必須在行政處分下達之後的 30 天內趕緊提出，要不然就喪失了訴願的權利。有時候，你可能不知道自己被下了一個行政處分，等到你知道後，早就已經超過 30 天，但法律保障你必須確實收到「處分書」或「知悉」這個處分才開始起算。

訴願必須撰寫一個簡單的「訴願書」，按照訴願法的基本要求撰寫，主要就是寫一些你是誰、行政處分的經過和你想訴願的理由等。訴願審查原則上只審查這個訴願書，所以必須寫得很清楚，只有在少數必要的時候，受理訴願的機關才會給你去現場陳述意見的機會。最後，訴願會有一個訴願決定，就是訴願的結果，告訴你贏了還是輸了。如果你贏了，他們就會更正原本的處分，如果你輸了（被駁回），只好繼續到行政法院提出行政訴訟了。

訴願的流程表

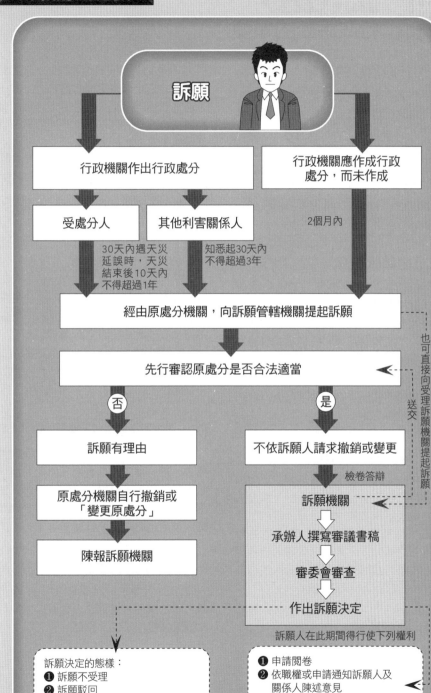

訴願

| 行政機關作出行政處分 | 行政機關應作成行政處分，而未作成 |

受處分人　其他利害關係人

2個月內

30天內遇天災延誤時，天災結束後10天內不得超過1年

知悉起30天內不得超過3年

經由原處分機關，向訴願管轄機關提起訴願

也可直接向受理訴願機關提起訴願

先行審認原處分是否合法適當

送交

否　　　是

訴願有理由

不依訴願人請求撤銷或變更

檢卷答辯

原處分機關自行撤銷或「變更原處分」

訴願機關

承辦人撰寫審議書稿

陳報訴願機關

審委會審查

作出訴願決定

訴願人在此期間得行使下列權利

訴願決定的態樣：
❶ 訴願不受理
❷ 訴願駁回
❸ 撤銷（含單撤、撤另處、撤改處）

❶ 申請閱卷
❷ 依職權或申請通知訴願人及關係人陳述意見
❸ 依職權或申請進行言詞辯論

UNIT **5-14**
行政訴訟的類型

圖解法律

(一) 行政訴訟的種類

原則上，任何民眾想要「告官」的，都可以到行政法院去，以某行政機關為被告，提出行政訴訟。一般的行政救濟，通常是先向行政機關提出訴願，讓行政機關自己檢討改正，但若是行政機關一意孤行不肯改正，為了給人民一個救濟機會，那麼人民就可以去行政法院控告該行政機關違法。

(二) 撤銷訴訟

行政訴訟的種類很多，不過最大宗的，是民眾針對不利的行政處分提出訴願被駁回後，以原行政機關當作被告所提出的「撤銷訴訟」，但必須在訴願被駁後 2 個月內，或者訴願機關超過 3 個月還不做出答覆，或者是訴願延長 2 個月了還是不做出決定，就可以去行政法院告官（行訴 §4）。

(三) 課予義務之訴

人民向行政機關申請某些利益或證照的案件，倘若被行政機關拒絕，那麼人民在提起訴願被駁回後，可以提起行政訴訟，這種訴訟就叫做「請求應為行政處分之訴訟」。人民可以透過這種訴訟，要求行政機關為行政處分，或應為特定的行政行為（行訴 §5）。

(四) 確認訴訟

另外，有時候法律關係不明確，也可以提起「確認訴訟」，包括確認行政處分無效之訴訟、確認公法上法律關係成立或不成立之訴訟，以及確認已執行完畢或因其他事由而消滅之行政處分為違法的訴訟。但是，由於擔心人民原本該提起「撤銷訴訟」，卻提起「確認訴訟」，故規定若應該提起撤銷訴訟者，不能提起確認訴訟，若是還未經過訴願程序，行政法院可以幫忙改送給訴願管轄機關先處理（行訴 §6）。

(五) 一般給付訴訟

如果因為人民和政府之間有財產上的糾紛，則可以提起給付訴訟，請求因為「公法上原因所發生的財產上給付」或「可請求行政處分以外之其他非財產上之給付」。由於這類案件，並不是因為行政處分而引起的，所以不必先經過訴願，可以直接提起行政訴訟（行訴 §8）。但若是一般因為撤銷訴訟而可以向行政機關請求賠錢時，則是在撤銷訴訟中附帶請求財產賠償，並不是這類的一般給付訴訟（行訴 §7）。

(六) 維護公益之特種訴訟

人民為了維護公益，發現行政機關有違法行為，跟自己權利或法律上利益無關的事情，也可以提起訴訟，稱為「維護公益之特種訴訟」。但這必須法律有特別規定才能提起（行訴 §9）。

(七) 選舉罷免訴訟

公法上所發生的選舉罷免事件的爭議，除法律另有規定外，也可以依照行政訴訟法提起訴訟，作為解決之道（行訴 §10）。

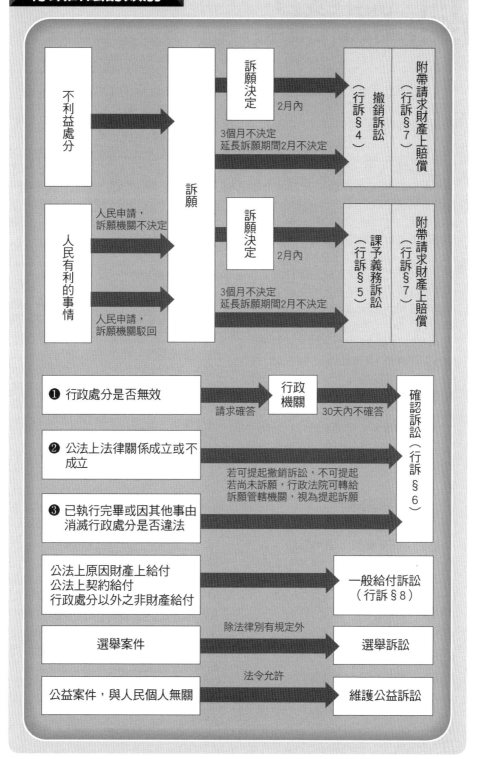

UNIT **5-15**
行政訴訟程序

圖解法律

　　行政訴訟是一種真的訴訟，就跟一般的民刑事訴訟一樣，採取法庭的正式審理程序，由公正的法官來審判，所以比較有機會推翻政府做的錯誤決定。

(一) 三級二審

　　過去原本訴願有兩級，但 2000 年修法後，訴願只剩一級，而行政訴訟改成兩級，採二級二審，第一審是到高等行政法院（高雄高等行政法院、台中高等行政法院、台北高等行政法院），如果第一審敗訴之後，可以在 20 日內上訴到最高行政法院。最高行政法院的判決就是最終判決，除非有重新審理的理由或再審的事由，否則就確定了。

　　2011 年 11 月 23 日立法院正式通過行政訴訟法修正，行政訴訟改採三級二審制，在地方法院設行政訴訟庭，「簡易案件」及「交通裁決案件」的一審，先至地方法院行政訴訟庭，再上訴至高等行政法院二審。「通常案件」則直接至高等行政法院一審，可上訴至最高行政法院二審。

(二) 檢查訴訟要件

　　行政法院收到案件後，先檢查一些基本的要件是否齊備，如果訴訟要件欠缺，而且不可補正的話，就直接裁定駁回。如果可補正，就允許其補正。如果收到案子之後，發現該案顯無理由，也可以判決直接駁回。

(三) 訴訟前程序

　　若所有基本的訴訟要件都具備，那麼法院就可以將原告的訴訟狀送達給對方，並要求被告提出答辯狀。如果雙方的意見都已經很清楚了，法官就可以指定一個開庭日，正式開庭，讓原告、被告在法庭上進行言詞辯論。

(四) 審理方式

　　行政法院的審理，和一般的民事案件的審理差不多，原則上就是由雙方提出意見、證據，並可以請求法院聲請證人、鑑定人等。但是，若法官認為雙方似乎沒辦法把法律問題或事實問題釐清，這時候法官可以主動跳下來，依職權調查事實及證據。

(五) 判決

　　但在整個過程中，法官也可以嘗試為雙方進行和解，不一定要作出判決。倘若和解成立，案子就結束，但若和解不成，最後審理完畢，法官只好自己作出判決。而訴訟程序進行中，雙方就程序上的爭議有所質疑時，法官也會立即作出裁定。若法官認為原告有理由，就判決他勝訴，若認為他無理由，就判決他敗訴。

　　不過，就算原告無理由，但法官的判決結果，也不能夠比原來原告的情況更慘，此稱為「不利益變更之禁止」。

　　若法院判決撤銷某個行政處分，但該行政處分已經執行完畢，這時候法院也可以附帶要求行政機關回復原狀。法院審理結果，若認為行政機關真的違法了，原告應該勝訴，但是若允許撤銷原處分對公共利益造成重大損害，則可以允許「情況判決」，雖然在判決中說明原告是有理由的，可是卻駁回原告之訴。不過，在這種情況下，行政機關應該補償原告的損失。至於若是課予義務訴訟，法院可以自己作出某一新的行政處分，或是發回交由原行政機關另行處分。

行政訴訟程序

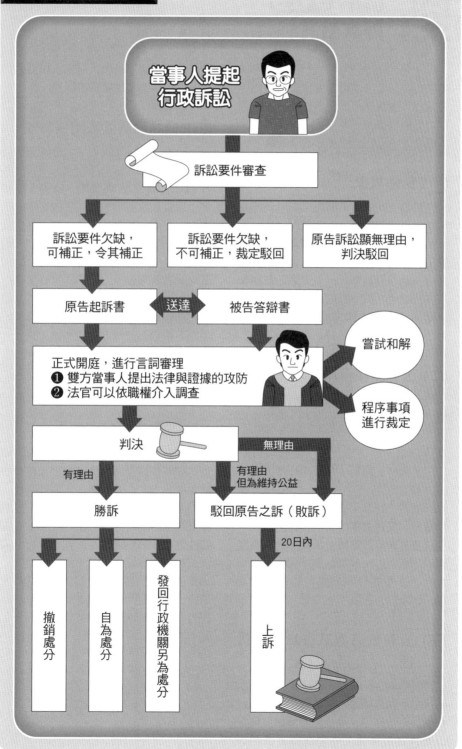

當事人提起
行政訴訟

訴訟要件審查

訴訟要件欠缺，
可補正，令其補正

訴訟要件欠缺，
不可補正，裁定駁回

原告訴訟顯無理由，
判決駁回

原告起訴書　　送達　　被告答辯書

嘗試和解

正式開庭，進行言詞審理
❶ 雙方當事人提出法律與證據的攻防
❷ 法官可以依職權介入調查

程序事項
進行裁定

判決

有理由

無理由

有理由
但為維持公益

勝訴

駁回原告之訴（敗訴）

20日內

撤銷處分

自為處分

發回行政機關另為處分

上訴

UNIT *5-16*
國家賠償

圖解法律

憲法第 24 條規定：「凡公務員違法侵害人民之自由或權利者，除依法律受懲戒外，應負刑事及民事責任。被害人民就其所受損害，並得依法律向國家請求賠償。」這就是國家賠償的依據。

(一) 民法規定

民法第 186 條第 1 項規定：「公務員因故意違背對於第三人應執行之職務，致第三人受損害者，負賠償責任。其因過失者，以被害人不能依他項方法受賠償時為限，負其責任。」不過，在國家賠償法制定之後，原則上若要向國家請求賠償，直接依國家賠償法的條文即可。

(二) 公務員積極作為賠償責任

國家賠償法第 2 條第 2 項前段：「公務員於執行職務行使公權力，因故意或過失不法侵害人民之自由或權利者，國家應負損害賠償責任。」這條可以看出，必須是公務員，在行使公權力時，因為❶無法律或法規命令之依據；❷違背職務的行為，例如：逾越權限或濫用權力，違背對第三人應執行的職務，且該公務員有故意過失，人民的自由或權利受到損害，就可以請求國家賠償。此外，受委託行使公權力的人民或團體，也視同公務員。

(三) 公務員消極不作為賠償責任

國家賠償法第 2 條第 2 項後段：「公務員怠於執行職務，致人民自由或權利遭受損害者亦同。」法條的意思，是說公務員在其職務上本來應該有義務去做一些事，卻沒有做，而對人民造成損害，這時候國家也要負賠償責任。

(四) 公共設施國家賠償責任

一般若是馬路鋪設不平，造成騎士摔倒受傷或死亡，這也該怪國家沒有保養好馬路。國家賠償法第 3 條第 1 項規定：「公共設施因設置或管理有欠缺，致人民生命、身體、人身自由或財產受損害者，國家應負賠償責任。」公共設施管理有欠缺，這個時候不必在意到底誰有沒有故意過失，反正就是有欠缺，所以只要造成人民損害，就可以請求賠償，亦即，這是採取「無過失責任」。不過，此時由於採取的是無過失責任，對人民損害的範圍必須限制，必須是人民的「生命、身體、人身自由或財產」損害才可請求。

(五) 求償程序與賠償方法

要請求國家賠償，有消滅時效的限制，知有損害發生起 2 年內，或自損害發生 5 年內，必須求償。求償的時候，要以書面方式為之，先向負責的行政機關求償，若行政機關願意理賠，就達成協議，該協議書可以作為執行名義（直接可以執行）；若不能達成協議，人民就要向民事法院提起訴訟。賠償方法上，以金錢賠償為原則，回復原狀為例外，賠償範圍包括所受損害與所失利益。

國家賠償的要件

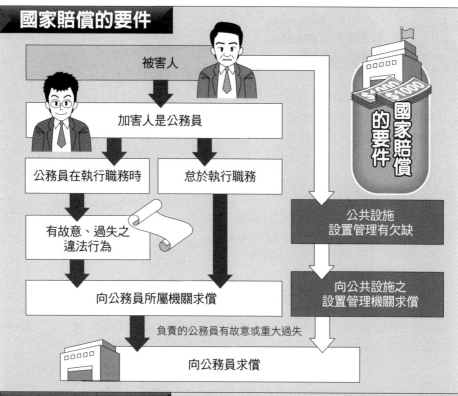

被害人

加害人是公務員

公務員在執行職務時　　怠於執行職務

有故意、過失之
違法行為

公共設施
設置管理有欠缺

向公務員所屬機關求償

向公共設施之
設置管理機關求償

負責的公務員有故意或重大過失

向公務員求償

國家賠償的要件

國家賠償的規定

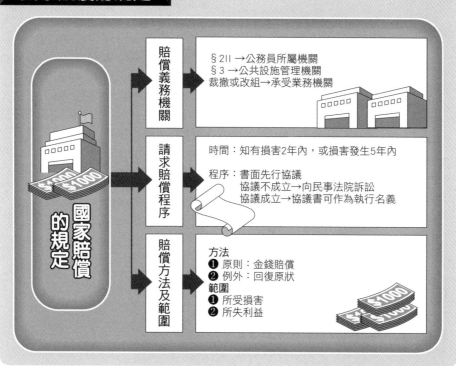

賠償義務機關
§2II →公務員所屬機關
§3 →公共設施管理機關
裁撤或改組→承受業務機關

請求賠償程序
時間：知有損害2年內，或損害發生5年內

程序：書面先行協議
協議不成立→向民事法院訴訟
協議成立→協議書可作為執行名義

賠償方法及範圍
方法
❶ 原則：金錢賠償
❷ 例外：回復原狀
範圍
❶ 所受損害
❷ 所失利益

國家賠償的規定

UNIT *5-17*
損失補償

賠償和補償的不同在於，賠償是有故意或過失而違法，所以要賠償；而補償並沒有故意或過失，是合法的行為，只是補償一下受損害的人，作為平衡。

(一) 行政上損失補償

行政上的損失補償，指國家因公務員合法的行使公權力，致人民在經濟上遭受特別犧牲，從整體公平負擔的觀點，由國家補償其損失。憲法第 15 條：「人民之……財產權，應予保障。」一般認為，若國家為了公益需要，而向人民徵收，或特別管制某些人的財產，造成某一小部分人民的「特別犧牲」，那麼國家就需要給予補償。

(二) 特別犧牲

人民的財產權，並不是沒有限制，我們有很多法律都會限制人民的財產行使。但若是國家為了公共利益，只針對某一小部分人，限制他們的財產，甚至剝奪他們的財產，這時就要給予補償。例如：在機場周圍，國家會規定建築物不能太高，因此，對機場周圍特定小部分人的限制，這時候國家就會給予補償。另外，若國家為了蓋鐵路而要徵收某些人的土地，這時候國家也應該按照公告地價給予補償。國家要徵收人民土地，有幾個要件：❶徵收必須有法律依據；❷徵收是基於公益上必要；❸徵收須給予相當的補償。

(三) 信賴利益的補償

行政程序法第 120 條第 1 項：「授予利益之違法行政處分經撤銷後，如受益人無前條所列信賴不值得保護之情形，其因信賴該處分致遭受財產上之損失者，為撤銷之機關應給予合理之補償。」合法的受益處分，若事後被廢止，第 126 條第 1 項：「……廢止授予利益之合法行政處分者，對受益人因信賴該處分致遭受財產上之損失，應給予合理之補償。」此外，行政契約若因為公益而需要調整內容，若因情事變更契約顯失公平，行政機關也必須給予相對人合理補償。

(四) 犯罪被害人補償

犯罪被害人，除了用刑法對犯罪者制裁外，也可以用民法，對加害人請求損害賠償。但有時因為不知道加害者是誰，或者加害者沒錢，這時候，國家就會給予一些補償。補償的種類有：❶**遺屬補償金**：支付因犯罪行為被害而死亡者之遺屬；❷**重傷補償金**：支付因犯罪行為被害而重傷者。

可以申請補償的項目及其最高金額如下：❶因被害人受傷所支出之醫療費，最高金額不得超過 40 萬；❷因被害人死亡所支出之殯葬費，最高金額不得超出 30 萬；❸因被害人死亡無法履行之法定扶養義務，最高金額不得超過 100 萬；❹受重傷或性侵害犯罪行為之被害人所喪失或減少之勞動能力或增加之生活需要，最高金額不得超過 100 萬。

損害賠償的要件

第 **6** 章

財經法

●●●●●●●●●●●●●●●●●●●●●●●● 章節體系架構 ▼

UNIT **6-1**
公司法（一）

什麼是公司？公司是指以營利為目的，從事商業經營活動或某些目的而成立的組織。而公司的種類又有哪些呢？依據我國公司法第 2 條規定，可以分為無限公司、有限公司、兩合公司和股份有限公司四種。

(一) 無限公司

無限公司是指股東對於公司的債務，不管股東的資本額或者公司是否賺錢，均須對公司的債權人負責。也就是說，如果公司所負的債務遠大於當初股東所投資的成本額，股東仍須就公司的債務負責。

例如：A 為甲無限公司的股東，甲公司對外負債 200 萬元，雖然 A 僅出資 100 萬元，若甲公司的資產不足夠清償債務，A 則必須對公司債務負責。

因此，以投資者的角度來探究，有可能一夕之間將自己的個人財產全部化為泡影，或者讓自己突然間有了龐大的負債，風險很大，所以現在很少人以無限公司來成立公司了。

(二) 有限公司

有限公司是指股東僅就出資額，對公司的債務負有限責任。也就是說，有限公司對外所負的經濟責任，以出資者所投入的資金為限。倘若有限公司被債權人清盤，債權人不可以從股東個人財產中索償。因此，有限公司是以負間接、有限責任（以出資額為限）的股東所組成的公司。

例如：B 是乙有限公司的股東，B 僅出資 100 萬元，而乙公司對外負債 200 萬元，即使乙公司出現資產不足，無法清償全部債務的情況，B 不須就 100 萬以外的債務負責。

(三) 兩合公司

兩合公司是指一人以上的無限責任股東，與一人以上的有限責任股東所組成，無限責任股東對於公司債務負連帶無限責任，而有限責任股東僅就以出資額為限，對公司債務負責。因此，兩合公司是由負直接、無限責任股東和負間接、有限責任股東所組成的公司。例如：C 為丙公司有限股東，D 為丙公司無限股東，丙公司對外負債 300 萬元，C 出資 100 萬元，D 出資 100 萬元，因此，即使丙公司資產不足清償債務的情況，C 則不須就 100 萬元外的債務負清償責任，而 D 則須對公司債務負連帶清償責任。

(四) 股份有限公司

股份有限公司是指將公司的全部資本分為股份，股東就自己所認的股份，對公司負責，並且對於公司的債權人不負直接責任的公司。因此，股份有限公司是由負間接、有限責任的股東所組成的公司。

例如：E 為丁股份有限公司的股東，丁公司的資本為 500 萬元，每股以 10 元計算，則丁股份有限公司總共有 50 萬股，E 出資 100 萬元，相當於丁公司的 10 萬股，則 E 對於公司的債務，僅須就 E 所認的 10 萬股內負有限責任。

公司分類圖解

公司分類	無限公司	股東對於公司的債務，不管股東的資本額或者公司是否賺錢，都必須對公司的債務人負責
	有限公司	股東只要就出資範圍內，對公司的債務負有限的責任
	兩合公司	一人以上的無限責任股東，與一人以上的有限責任股東所組成，無限股東對公司的債務負連帶清償責任，而有限股東僅就出資額範圍內，對公司債務負責
	股份有限公司	將公司的全部資本分為股份，股東就自己所認的股份負責

有限公司、無限公司、兩合公司及股份有限公司比較表

	無限公司	有限公司	兩合公司	股份有限公司
股東人數	二人以上	一人以上	無限股東一人以上；有限股東一人以上	二人或政府、法人股東一人以上
股東責任	負連帶無限清償責任	僅就股東出資額為限	**無限股東：** 負連帶無限清償責任 **有限股東：** 僅就股東出資額為限	僅就股東所認股份負責
業務執行機關	原則為各股東，例外為章程另訂	董事（無董事會設置）	無限股東	董事會
監察機關	不執行業務的股東	不執行業務的股東	有限股東	監察人、檢察人，此外董事會業務執行也有監督權
對外代表機關	原則各股東，例外為章程另訂	董事、董事長	無限股東	原則董事長，例外為監察人

UNIT 6-2
公司法（二）

圖解法律

股份有限公司是營利的社團法人，依據公司法規定，在通常營運狀況下，由機關來運作，公司的機關有股東會、董事及董事會、監察人、經理人等。依據性質來探討，股東會為意思機關，董事及董事會和經理人為執行機關，而監察人為監督機關。

(一) 股東會

股東會是全體股東的組織，替公司內部決定公司意思的法定最高機關，可以分為股東常會和股東臨時會。

股東常會與股東臨時會是以召集時期不同所做的分類，最大的區別實益在股東會召集權人與召集程序的不同。

(二) 董事及董事會

依據公司法規定，董事是董事會的成員，董事不可以少於 3 人，是法定的最低額限制，董事的任期不可以超過 3 年，可以連選連任。

董事會是由全體董事所組成的會議體，是股份有限公司法定、必備、常設的集體業務執行機關，董事會的權限有：❶就公司業務的決定和執行權限；❷有代表公司的權限；❸公司法列舉的權限及章程訂定的權限。

(三) 經理人

依據公司法的規定，經理人是屬於公司任意的業務執行機關，經理人的設置必須依據章程的規定，並且只要設置了經理人，就屬於公司的常務業務執行機關，而經理人的職稱，由公司自己決定。

經理人的職權是替公司管理事務和簽名，但是實務上，一般公司章程對於經理人的授權範圍，大都未加以詳細的規定，因此，對於交易的相對人，如何判斷經理人的權限在哪裡，有很大的困難。就經理人替公司對外所做的法律行為，而該法律行為的效力如何歸屬公司，與民法的代理關係有關，所以解釋上要回歸民法的規範。

(四) 監察人

設立股份有限公司的監察人最主要的目的在於監督公司業務的執行，產生的方式是由股東會遴選，監察人當中必須至少有一個人在國內有住所。

依據公司法規定，監察人可以藉由下列方式行使監察權：❶監察人可以隨時調查公司的業務及財務狀況，查核簿冊文件，並要求董事會或經理人提出報告；❷監察人可以列席董事會表達意見，假若董事會或者是董事執行業務時，有違背法令、章程或股東會決議的行為，監察人則會通知董事會或董事停止其行為；❸監察人對於董事會編造提出股東會的各種表冊，應該予以查核，並且在股東會提出報告的意見；❹監察人為了公司的利益，在必要的時候，可以召開股東會；❺董事替自己或他人與公司有法律的行為時，這時，監察人是公司的代表。

公司內部運作圖

股市的投資大眾

股東常會：每年至少召集一次，在每年會計年度終結後六個月內召開

臨時會：必要時召集

意思機關

股東會
① 聽取報告權
② 同意權
③ 表決權
④ 與董事會共享的權利

選舉

遴選

監督機關

董事會

任期不可超過三年，可連選連任（至少三人）

① 公司業務的執行
② 代表公司
③ 臨時管理人的代行職權
④ 與股東會共享的權利

董事　互選　董事長

監督

監察人

任期不可超過三年，可連選連任（至少一人）

① 可隨時調查公司業務、財務
② 可列席股東會表達意見
③ 對於董事會提出的表冊予以查核
④ 為了公司利益可召開股東會
⑤ 公司的代表

執行

監督

執行機關

高階主管：經理人
替公司管理事務和簽名，實務上，一般公司章程對於經理人的授權範圍內，大都未詳細規定，所以要回歸民法規範
部屬：員工

經理人

員工

UNIT **6-3**
票據法（一）

圖解法律

什麼是票據？票據是指發票人記載特定的時間和地點，並且在票據上簽名，無條件約定由自己或者是委託他人、金融業者，以支付一定的金額為目的的有價證券。

(一) 票據的種類

依據我國票據法上規定，票據可以分為三種，分別是匯票、本票及支票。

❶ 匯票

所謂的匯票，是指使發票人簽發一定的金額，委託付款人在指定的到期日，無條件支付給受款人或者執票人的票據。

匯票有二個特色：①匯票必須委託他人支付票據上的金額。匯票的付款人，沒有資格的限制，所以任何人都可以成為付款人；②因為匯票原則上是遠期付款，所以屬於信用證券，在指定的到期日，必須無條件的支付。

❷ 本票

所謂的本票，是指發票人簽發一定的金額，在指定的到期日，由自己無條件的支付給受款人或者執票人的票據。

本票有三個特色：①本票是由發票人自己負責兌現的責任，因為本票只有發票人和受款人兩種當事人，所以本票是由發票人自己付款；②因為本票原則上是遠期付款，所以屬於信用證券，在指定的到期日，必須無條件的支付；③因為本票是由發票人自己付款，所以執票人不用做承兌的提示。

❸ 支票

所謂的支票，是指發票人簽發一定的金額，委託給金融業者在見票的時候，無條件支付給受款人或者執票人的票據。

票據法對於保付支票和平行線支票情形，有另外的規定。所謂的保付支票，是指付款人在支票上所記載「照付」、「保付」或者是其他同義的字樣，並且簽上自己的名字，就必須負付款責任的支票；所謂的平行線支票，是指在支票正面畫上平行線二道，付款人只能對金融業者支付票據的金額，金融業者為受領人。平行線支票目在是為了防止票據遺失或者是被竊的時候，被人冒名領錢，雖然會造成支票的受款人的不便，但相對來說，也比較安全。

支票有三個特色：①支票的付款人，必須以金融業者為限，依據票據法規定，金融業者是指經財政部核准辦理支票存款業務的銀行、信用合作社、農會及漁會；②支票是支付證券，有見票即付的性質，因為沒有到期日，所以執票人不用做承兌的提示；③支票不能以分期的方式付款，所以也不會發生約定利息的問題。

匯票

郵政匯票

匯票號碼： 11 45 671633-4

憑票支付.. NT $................

新台幣 _____

備註：
(一) 本匯票可於各地郵局兌領。
(二) 匯款於十萬元者，需主管機關蓋章方為有效。
(三) 本匯票務請用掛號向窗口交寄。
(四) 請查對匯款金額是否相符及詳閱背面注意事項。
(五) 本郵政匯票可由全國票據交換所交換。

禁止背書轉讓

發票員蓋章

主管員蓋章   兌款局戳記

‖˝5671633˝‖˙˙017010011˙˙41 ‖˝700000000˝‖

本票

TS No 137528   **本　　票**   字第   號

憑票准於　　年　　月　　日無條件擔任兌付
或其指定人
　　　　　　　　　　　　　　　　NT$ _____

新台幣 _____

本票

此致
付款地

付款人
地址

中華民國　　　年　　　月　　　日

支票

支　票   No _____ 中華民國____年____月____日帳號_____ 12/3

憑票支付_____

新台幣_____

NT$ _____   此致

上海商業儲蓄銀行   三重分行　台照

付款地 台北縣三重市自強路一段一○三號

_____
（發票人簽章）

‖˝2589050˝‖˙˙010110130˙˙01 ‖˝010022588˝‖

UNIT **6-4**
票據法（二）

圖解法律

(二) 票據的特性

票據的特性有要式性、無因性、文義性及獨立性四種。

❶ 要式性

票據的要式性是指票據的行為應該具備了法定的要件才會發生效力，換句話說，如果票據的行為沒有具備法定的方式，也就沒有效力了。而票據的要式性可以就簽名、書面和款式這三方面來探究。

在簽名部分，不論是發票、背書、承兌、參加承兌還是保證，都必須有行為人簽名，才會發生效力；在書面部分，發票、背書、承兌、參加承兌和保證等行為，都必須以書面製作而成；在款式部分，則必須具備票據法所規定的款式，如果票據行為因為欠缺法定款式而無效，也會導致其他附屬的票據行為，即使具備了法定的款式，也會無效。

❷ 無因性

票據行為的無因性，亦稱為票據行為的「抽象性」。票據權利的行使，不以原因關係存在為前提，因此，不論票據原因不存在或者是無效，執票人仍然可以依據票據的文義行使權利，並且不必負證明給付原因的責任。舉例來說：甲向乙購買物品，以簽發本票一紙給乙，嗣後，乙背書給丙，當丙向甲請求付款時，甲不能以乙沒有依照約定交付給甲所購的貨物，而拒絕付款。

票據行為的無因性有例外情形，是專指在直接當事人間，假若票據關係的發生，沒有真實的合法原因，票據的債務人便可依據這個理由，拒絕履行票據的債務。舉例來說：A 向 B 購買物品，以簽發本票一紙給 B，當 B 向 A 請求付款時，則 A 可以就 B 沒有依約交付 A

所購的貨物，而拒絕付款。

❸ 文義性

票據文義性的特性，最主要是要保護善意的執票人，幫助票據在交易市場上更加的流通。因此，票據行為的內容應該就票據所記載的文義來決定，即使所記載的文義與當事人的真意或情形不符合，也不容許當事人以票據以外的方式，讓票據有所變更或補充。我國票據法有規定，在票據上簽名的人，就要依票據所記載的文義負責。

舉例來說：A 把給 B 的票據日期寫錯，因而，與 A 的真意不符，但發票仍為有效，且 A 須依據該記載負責，而 B 也可以依該記載行使權利。

❹ 獨立性

票據行為的獨立性是指在同一票據上，各個的票據行為，各依票據上所載的文義效力各自獨立，一個行為的無效，並不會影響其他的行為。例如：票據法第 8 條規定，票據上雖然有無行為能力人或限制行為能力人的簽名，並不會影響到其他真正簽名的效力。票據法第 15 條規定，票據的偽造或者票據上的簽名偽造，都不會影響真正簽名的效力。

票據的特性

票據的特性

要式性	簽名：須行為人簽名，才生效力 書面：票據行為，均以書面為必要 款式：須符合票據法規定的款式 　　→票據的行為應該具備法定的要件， 　　　　才會發生效力
無因性	不論票據原因不存在或者無效時，執票人可以依據票據文義行使權利，並且不須負證明給付原因的責任
文義性	是指票據行為的內容應該就票據所記載的文義而決定，即使所記載的文義與當事人的真意或情形不符合，也不容許當事人以票據以外的方式，讓票據有所變更或補充
獨立性	是指在同一票據上各個的票據行為，各依票據上所載的文義效力各自獨立，一個行為的無效，並不會影響其他的行為

票據的特性呈現圖

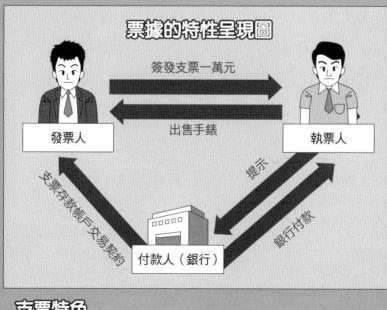

簽發支票一萬元

出售手錶

發票人　　　　　執票人

支票存款帳戶交易契約

提示

銀行付款

付款人（銀行）

支票特色

支票付款人必須以金融業者為限，金融業者是指經財政部核准辦理支票存款業務的銀行、信用合作社、農會及漁會

UNIT 6-5
票據法（三）

圖解法律

❶ 發票

所謂的發票，是指票據上須由發票人簽名、記載一定的事項，並將票據付給受款人或是執票人的行為，對於匯票、本票及支票在票據法上都有詳細的規定。

❷ 背書

所謂的背書，是指執票人將票據上的權利，移轉給他人，並且對票據上的權利做承諾，表示會負責的一種附屬票據行為。

背書必須經過背書人的簽名或者是蓋章，在票據上背書的文字或者是簽名，必須與抬頭一致才行。依據票據法規定，背書，除了須由背書人在票據的背面或黏單上做成，另在匯票的複本或謄本所做的背書，也會有相同的效力。

❸ 承兌

所謂的承兌，是指匯票的付款人對於發票人的委託，表示承諾，並且願意負擔付款的義務，在票據上所做的一種附屬票據行為。

承兌是匯票的特有制度，但是並不是所有的匯票都需要承兌，只有應該請求承兌記載的匯票或者是見票後定期付款的匯款，才需要請求承兌。

依據票據法規定，承兌必須在匯票的正面做成，由承兌人簽名，並且應載明一定的事項。

❹ 參加承兌

所謂的參加承兌，是指匯票無法獲得承兌的時候，為了保護票據債務人的利益和防止期前追索的行使，由第三人加入票據的關係，所做的一種附屬的票據行為。

❺ 保證

所謂的保證，是指票據債務以外的第三人，為了擔保票據債務的履行，在票據上所做的附屬票據行為。保證人的資格，除了票據債務人以外，任何人都可以成為保證人。

❺ 到期日

所謂的到期日，是指票據債務人依據票據文義的記載，必須履行付款義務的日期，與民法上對於清償日的性質雷同。

❼ 付款

所謂的付款，是指付款人向執票人支付票據上的金額，讓票據的權利義務關係消滅。

❽ 參加付款

所謂的參加付款，是指付款人或承兌人拒絕付款者拒絕承兌的時候，由付款人擔當付款人以外的人，為了特定票據債務人的利益，對執票人付款，以防止執票人行使追索權的行為。

❾ 追索權

所謂的追索權，是指執票人在票據到期日無法獲得付款、承兌或者是說有其他的法定原因，執票人可以向前手，請求票據上的金額、利息和其他費用的權利。

❿ 拒絕證書

所謂的拒絕證書，是用來證明執票人已經在法定或者約定的時間內，依法行使或保全票據上的權利而被拒絕，由法定機關所做成的一種要式公證書。

票據行為關係圖（以支票為例）

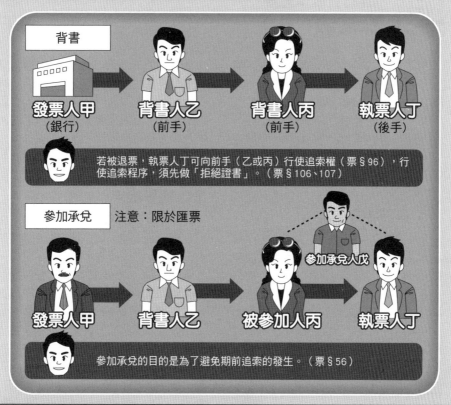

背書

發票人甲（銀行） → 背書人乙（前手） → 背書人丙（前手） → 執票人丁（後手）

若被退票，執票人丁可向前手（乙或丙）行使追索權（票§96），行使追索程序，須先做「拒絕證書」。（票§106、107）

參加承兌　注意：限於匯票

發票人甲 → 背書人乙 → 被參加人丙　參加承兌人戊 → 執票人丁

參加承兌的目的是為了避免期前追索的發生。（票§56）

匯票、本票、支票的比較表

	匯票	本票	支票
發票	○	○	○
背書	○	○	○
承兌	○	X	X
參加承兌	○	X	X
保證	○	○	X
到期日	○	○	X
付款	○	○	○
參加付款	○	○	X
追索權	○	○	○
拒絕證書	○	X	○

UNIT **6-6**
保險法（一）

圖解法律

什麼是保險法？保險法是規定保險關係和保險組織為對象的一種商事法，保險法有規定，所謂的保險，是指當事人相互約定，一方將保險費給付他方，他方對於就不可以預料或者是不可抗力的事件，所導致的損害，負擔賠償的責任。

(一) 保險法的主體

保險的主體包含了保險當事人和保險關係人。所謂保險當事人，是指直接參與訂定保險契約的人，有保險人和要保人兩種。所謂的保險關係人，是指雖然沒有直接參與保險契約的訂定，但是和保險契約有間接的利益關係存在，有被保險人與受益人兩種。

(二) 保險人

保險人，又稱為承保人，保險人是指經營保險事業的組織，在保險契約成立的時候，有向要保人請求保險費的權利，在承保危險、意外事故發生的時候，依據要保人承保事項的範圍，負擔賠償的義務。

保險人是以法人為限，並且非保險業不可以兼營保險或者是執行保險的業務，如果違反這項規定，即使有訂定保險契約，也會歸於無效。

(三) 要保人

要保人，又稱為投保人、保戶，要保人是指對於保險標的具有保險利益，向保險人申請訂立保險契約，並且負有交付保險費義務的人。

保險法有規定，保險契約是由代理人訂立的情形下，應該載明代定的意旨。

未滿 7 歲的未成年或者是受監護宣告人，所簽定的保險契約應該由法定代理人代理訂定。限制行為能力人所訂立的保險契約，必須經過法定代理人的事前同意或者是事後承認，保險契約才會生效。

(四) 被保險人

被保險人，是指保險事故發生的時候，所遭受損害，享有賠償請求權的人。要保人可以是被保險人。

無論是財產保險或者是人身保險契約，要保人與被保險人可以是同一個人，也可以是不同的人。保險法有規定，假若人壽保險，要保人與被保險人是不同人的時候，由第三人訂立死亡保險契約，沒有經過被保險人的書面同意，並且約定保險金額，則會使契約無效。這是為了避免發生為了領取保險金，而使被保險人有被謀害的危險。

(五) 受益人

受益人，又稱為保險金受領人，受益人是指被保險人或要保人約定享有賠償請求權的人，要保人或被保險人均可以是受益人。

「受益人」只適用在人身保險，因為發生保險事故而可以請求保險金的人，不一定是遭受到損失的人，所以有受益人的概念。舉例來說：人壽保險的死亡保險，被保險人死亡，須由「他人」，即受益人，享受賠償的請求權。

保險關係圖

要保人＝受益人

 支付保險費

對不可以預料或不可抗力的事件，
所導致的損害，負擔賠償的責任

要保人
（受益人）

保險人

要保人是指對於保險標的具有
保險利益，向保險人申請訂立
保險契約的人，負有：

 權利

在承保危險、意外事故發生時，
可依保險範圍內請求賠償的權
利

 義務

負有支付保險費的義務

保險人是指經營保險事業的組
織，負有：

 權利

向要保人請求給付保險費的權
利

 義務

在承保危險、意外事故發生時，
依要保人承保範圍內負賠償責
任

要保人≒受益人 　【只適用在人身保險】

受益人

對不可以預料或不可
抗力的事件，所導致
的損害，負擔賠償的
責任

保險人

 支付保險費

要保人

受益人是指被保險人或
要保人約定享有賠償請
求權的人

保險人：同上

要保人：同上

185

UNIT **6-7**
保險法（二）

圖解法律

保險法依據保險標的的不同，而將保險分為財產保險與人身保險兩種。

(一) 財產保險

財產保險是以財產或者責任為保險標的，也就是說，因為財產發生毀損滅失，或是要保人對第三人依法應該負責賠償的情況發生時，由保險人以金錢或是實物賠償的保險。財產保險包括了火災保險、海上保險、陸空保險、責任保險、保證保險及經過主管機關核准的其他保險。

❶ 火災保險

所謂的火災保險，是指火災保險人，對於由火災所導致保險標的的毀損或滅失，負賠償責任的保險。

❷ 海上保險

海上保險，又稱為水上保險、水險。海上保險，是指海上保險人，對於保險標的物，因為海上的一切事變和災害所造成的毀損滅失及費用，負賠償責任的保險。

❸ 陸空保險

所謂的陸空保險，是指陸上、內河及航空保險人，對於保險標的物，除契約另有訂定外，因陸上、內河及航空的一切事變及災害所造成的毀損滅失及費用，負賠償責任的保險。

❹ 責任保險

所謂的責任保險，是指責任保險人在被保險人對於第三人，依法應該負賠償責任，而受賠償的請求時候，負賠償責任的保險。

❺ 保證保險

所謂的保證保險，是指保險人在被保險人因為受僱人的不誠實行為或債務人的履行債務所導致的損失，負賠償責任的保險。

❻ 其他財產保險

所謂的其他財產保險，是指不屬於火災保險、海上保險、陸空保險、責任保險及保證保險的範圍，而以物或無形利益作為保險標的的各種保險。

(二) 人身保險

所謂的人身保險，是指被保險人生存、死亡、疾病導致殘廢或死亡、傷害或傷害導致殘廢或死亡保險事故的保險，也就是說，人身保險所保護的內容是被保險人的生命、身體的完整或不受侵害。保險法有規定，人身保險包括了人壽保險、健康保險、傷害保險及年金保險。❶ **人壽保險**：所謂的人壽保險，是指被保險人在契約規定年限內死亡，或契約規定年限到期，而仍然繼續生存時，依照契約約定負給付保險金額責任的契約；❷ **健康保險**：所謂的健康保險，是指健康保險人在被保險人疾病、分娩及其他原因導致殘廢或死亡的時候，負給付保險金額責任的契約；❸ **傷害保險**：所謂的傷害保險，是指傷害保險人在被保險人遭受意外傷害及其他原因導致殘廢或死亡的時候，負給付保險金額責任的契約；❹ **年金保險**：所謂的年金保險，是指年金保險人在被保險人的生存期間或者特定期間內，依照契約負一次或分期給付一定金額責任的契約。

保險法分類圖解

保險

財產保險

（以財產或責任為保險標的的契約）

火災保險
因火災導致保險標的的毀損或滅失，保險人員負賠償責任的保險

海上保險
因海上的事變或災害，導致保險標的的毀損或滅失，保險人負賠償責任的保險

陸空保險
因陸上、內河及航空的事變或災害，導致保險標的的毀損或滅失，保險人負賠償責任的保險

責任保險
被保險人對於第三人，依法應負賠償責任，而受賠償請求的時候，保險人負賠償責任的保險

保證保險
因受僱人的不誠實行為或債務人的履行債務所導致的損失，保險人負賠償責任的保險

其他財產保險
不屬於上述介紹的保險範圍，是以財物或無形利益作為保險標的的保險

人身保險

（被保險人生存、死亡、傷害或疾病導致殘廢或死亡、傷害導致殘廢或死亡保險事故的保險）

人壽保險
被保險人在契約規定年限死亡或契約規定年限到期，而繼續生存時，依照契約約定給付保險金額責任的契約

健康保險
被保險人在疾病、分娩及其他原因，導致殘廢或死亡的時候，保險人給付保險金額責任的契約

傷害保險
被保險人遭受意外傷害及其他原因，導致殘廢或死亡的時候，保險人給付保險金額責任的契約

年金保險
被保險人的生存期間或特定期間內，保險人依照契約負一次或分期給付一定金額責任的契約

UNIT **6-8**
海商法

圖解法律

什麼是海商法？海商法是來規範利用船舶在海上從事相關行為所產生的私法上權利義務關係的法律。主要的規範有：運送、船舶碰撞、海難救助、共同海損及海上保險。

(一) 運送

運送可以分為貨物運送及旅客運送。所謂的海上貨物運送契約，是指以運送貨物為目的，一方支付運費，他方則利用船舶將貨物由甲地運送至乙地，因此，是由運送人和託運人所訂立的契約。根據海商法的規定，海上貨物運送契約可以分為以件貨運送契約和傭船契約。

所謂的旅客運送，就是將旅客從甲地運送至乙地的契約，在性質來看，與運送貨物契約相同，只是運送標的是人，而不是貨物。在旅客運送契約中，受貨人的概念不存在，而裝卸貨物的概念，在這裡就轉變成旅客的上船與下船的問題了。

(二) 船舶碰撞

所謂的船舶碰撞，是指兩艘或者是兩艘以上的船舶，在海上或與海相通的水面或水中相互接觸，導致一方或是雙方發生損害的情形。

依據海商法規定，因為船舶碰撞所產生的請求權，從碰撞日開始起算，經過2年不行使的話，就會歸於消滅。請求權的範圍廣泛，包含了船舶損害賠償請求權、船員及旅客的物品損害賠償請求權、人身傷亡損害賠償請求權等。

(三) 海難救助

所謂的海難救助，是指對於在海上或與海相通的水面或水中處於危險的船舶、船舶上的貨物及其他海上的財務或人命，給予救助的行為。

海上救助可以分為對人救助和對物救助兩種，所謂的對人救助，是指對於淹沒或者其他陷於危難的人施予救助行為，因為這是基於人道的行為，所以，原則上沒有報酬請求權的基礎。所謂的對物救助，則是指對於船舶或是貨物所施予的救助行為，就這個部分而言，有報酬請求權的基礎。

(四) 共同海損

所謂的共同海損，依據海商法規定，是指在船舶航行期間，為了在共同危險中全體財產安全，所做的故意和合理處分，而直接造成的犧牲和發生的費用。

依據海商法規定，如果共同海損是由利害關係人的過失所導致情形下，各個關係人仍然應該分擔，但是不影響其他關係人對有過失的負責人請求賠償的權利。

(五) 海上保險

海上保險，又稱為水上保險、水險。所謂的海上保險，是指海上保險人，對於保險標的物，因為海上的一切事變和災害所造成的毀損滅失及費用，負賠償責任的保險。

海商法有規定，保險人的金額返還請求權，以給付日後開始計算，經過1年不行使，請求權就會消滅。

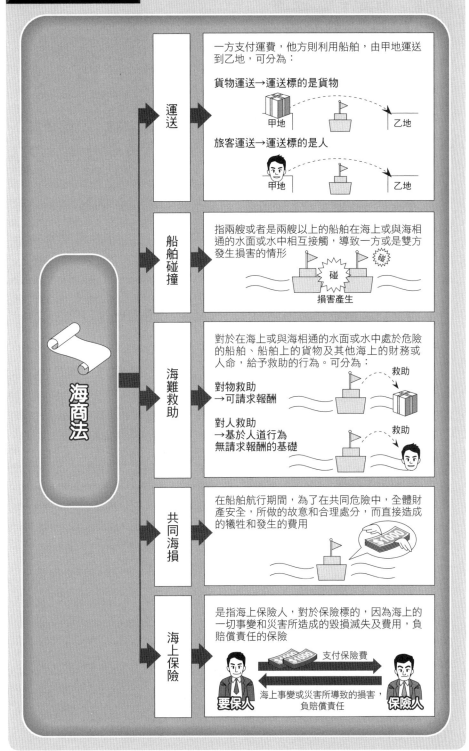

一方支付運費，他方則利用船舶，由甲地運送到乙地，可分為：

貨物運送→運送標的是貨物

甲地　　　　　　　　　　乙地

旅客運送→運送標的是人

甲地　　　　　　　　　　乙地

運送

指兩艘或者是兩艘以上的船舶在海上或與海相通的水面或水中相互接觸，導致一方或是雙方發生損害的情形

碰　碰

損害產生

船舶碰撞

對於在海上或與海相通的水面或水中處於危險的船舶、船舶上的貨物及其他海上的財務或人命，給予救助的行為。可分為：

對物救助
→可請求報酬

救助

對人救助
→基於人道行為
無請求報酬的基礎

救助

海難救助

在船舶航行期間，為了在共同危險中，全體財產安全，所做的故意和合理處分，而直接造成的犧牲和發生的費用

共同海損

是指海上保險人，對於保險標的，因為海上的一切事變和災害所造成的毀損滅失及費用，負賠償責任的保險

支付保險費

海上事變或災害所導致的損害，
負賠償責任

要保人　　　　　　　　保險人

海上保險

海商法

UNIT **6-9**
智慧財產權

所謂的智慧財產權是什麼呢？一般的智慧財產權，可以分為四種，分別是著作權、專利權、商標權和營業秘密。

(一) 無體性

智慧財產權的概念，就是要用法律保護人民的智慧。智慧財產權的特性，就是創作要投入很高的成本，投入很多的時間，才能夠創作或發明出知識。可是一旦發明出知識，由於這種知識是無形的，是無體的，很容易被他人盜用，所以要用法律特別予以保障。

(二) 促進科學與文化的進步

基本上，我們可以把智慧財產權看作是一種人民和國家之間的交易，國家用一定期間的法律保障，去鼓勵人民進行智慧創作。而這個鼓勵，就是給予一段期間的專屬權利，在這段期間中，只有智財權人可以使用、利用、販賣他的知識，其他的人未經過授權，都不可以使用這個知識。國家之所以要做這樣的鼓勵，就是希望國人願意花更多時間投入專利研發或著作創作活動，最終的目的，則是在促進整個科學與文化的進步。

(三) 一定期間的專屬權

智慧財產權通常是給予權利人一定期間的專屬權。例如，著作權是給予50年的保障，在這段期間，只有著作權人可以使用其著作，或者其可授權其他人使用其著作。而發明專利則是給予20年的保障。商標也有期間的限制，不過商標的目的是要區別商品，所以商標權人可以申請延長保護。一旦這些期間結束後，這些智慧就落入「公共所有」，成為全民共享。

(四) 交換的代價：公開知識

政府制定智慧財產權制度，並用了很多官員、警察、司法制度，幫忙維持創作或發明人的知識，花了這麼多錢，是有代價的。其代價，就是希望創作人早一點把知識公諸於世，跟世人分享。例如，專利權人在申請專利時，就必須將專利知識交出來，並登在專利公報上，作為換取保護的代價。雖然其知識登出來，其他人就知道了，但是至少在一段期間內，他人是不可以盜用的。

(五) 授權

取得智慧財產權的人，不一定都會自己使用那項權利，而可以授權給他人使用。通常都是其他人想使用某人的著作權、專利權，甚至商標權，自己會跟智財權人聯繫，約定授權金，然後取得特定範圍內的授權。授權可以分為專屬授權和非專屬授權，所謂專屬授權就是只授權給你一人，非專屬授權就是會授權給很多人。而授權有時候也會對地域範圍作限制，例如只在台灣區授權，而沒有授權到中國區。

智慧財產權的基本概念

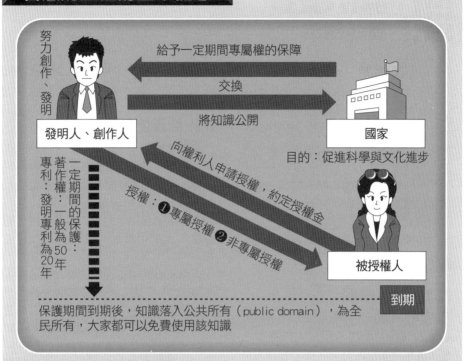

努力創作、發明

發明人、創作人

給予一定間專屬權的保障

交換

將知識公開

國家

目的：促進科學與文化進步

專利：發明專利為20年　著作權：一般為50年　一定期間的保護：

向權利人申請授權，約定授權金

授權：❶專屬授權 ❷非專屬授權

被授權人

到期

保護期間到期後，知識落入公共所有（public domain），為全民所有，大家都可以免費使用該知識

智慧財產權體系

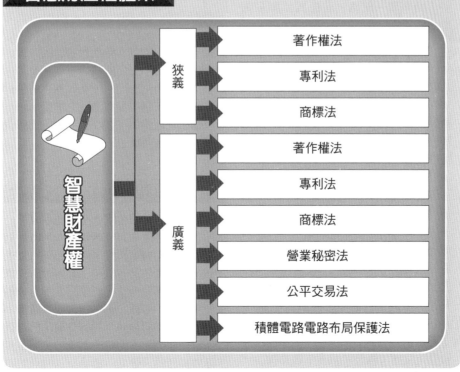

智慧財產權

狹義
- 著作權法
- 專利法
- 商標法

廣義
- 著作權法
- 專利法
- 商標法
- 營業秘密法
- 公平交易法
- 積體電路電路布局保護法

UNIT 6-10 著作權法

圖解法律

(一) 保護期間

著作權法採取「創作完成主義」，亦即只要創作完成，就受到保護，不需要向政府申請或審查。因而，只要是著作權法保護的著作種類（文學、電影、音樂、電腦程式等），幾乎都受到著作權保護。著作權有保護期間的限制。就著作人格權而言，受永久保護，但若是著作財產權，一般保護至著作人死後 50 年，如果著作人不是自然人，則保護至著作公開發表後 50 年。

(二) 著作人格權

著作權的體系，大概可以分為著作人格權和著作財產權。著作人格權有三種，著作財產權則有十一種。著作人格權不涉及財產，但是乃是保障著作人的個人的名譽、風格。其包括公開發表權、姓名表示權和同一性保持權。

(三) 著作財產權

我國著作權法中有十一種著作財產權。這十一種著作財產權，簡單地說，就是十一種賺錢的方式。例如，一部電影，一開始一定是在電影院上映，為了保護電影院上映的權利，我們就規定了「公開上映權」；在電影院上映完後，一定是變成到出租店出租，因而我們也規定了「出租權」；在出租店出租一陣子後，就可能在電視台上播放，因而我們也規定了「公開播送權」；將來，電影也可能在網路上直接收費播放，因而，也需要網路上的「公開傳輸權」；最後，電影也可能製造成盒裝的 DVD 直接在商店中販售，因而我們也需要「重製權」來保護這片 DVD 不會任意被他人盜拷；而且，還有「散布權」，誰能夠散布這些 DVD，也是受到限制的。

(四) 合理使用

雖然著作權法規定了這麼多種的財產權，想要盡量保護著作人的所有賺錢的機會。不過，著作權法為了調和公益，在某些情況下，規定為了達到公共利益的目的，可以不需要取得著作權人的授權，而直接使用，我們叫做「合理使用」。

合理使用的規定在我國著作權法在第 44 條到第 66 條。其將具體的公益大於私利的情況寫出來，而規定不需取得著作權人的授權。例如，著作權法第 52 條就規定：「為報導、評論、教學、研究或其他正當目的之必要，在合理範圍內，得引用已公開發表之著作。」而第 65 條則是一個概括規定，講出抽象的標準：「一、利用之目的及性質，包括係為商業目的或非營利教育目的。二、著作之性質。三、所利用之質量及其在整個著作所占之比例。四、利用結果對著作潛在市場與現在價值之影響。」是否構成合理使用，需要上述列出的四個標準，綜合判斷。

🙂 小博士解說

假設當初美國發明大王愛迪生寫了一本書，描述他如何發明電燈，那麼他對這本書就擁有著作權，任何人不可以未經他同意就出版、盜印，甚至改編成電視、電影等。但是，如果有人照著他書裡所描述的步驟，也一樣發明了電燈，這並沒有侵犯愛迪生的著作權，因為著作權只保障這本書的「表達」，卻不保障書裡面的「概念」。

著作權分類表

著作權

著作人格權

- 公開發表權
- 姓名表示權
- 同一性保持權

著作財產權

- 重製權
- 公開口述權
- 公開播送權
- 公開上映權
- 公開演出權
- 公開傳輸權
- 公開展示權
- 改作權
- 編輯權
- 出租權
- 散布權

著作權種類

著作權種類

- 語文著作
- 音樂著作
- 戲劇、舞蹈著作
- 美術著作
- 攝影著作
- 圖形著作
- 錄音著作
- 視聽著作
- 建築著作
- 電腦程式著作

 知識補充站 ★著作物的標示方法

中文標示法：著作權、版權所有請勿翻印
英文標示法：copyright、©

使用須知
❶ 著作財產權得全部或部分讓與他人或與他人共有
❷ 著作財產權人得授權他人利用著作，其授權利用之地域、時間、內容、利用方法或其他事項，依當事人之約定
❸ 著作人就其著作享有公開發表之權利
❹ 共有之著作財產權，非經著作財產權人全體同意，不得行使之；各著作財產權人非經其他共有著作財產權人之同意，不得以其應有部分讓與他人或為他人設定質權

UNIT **6-11** 專利法

圖解法律

什麼是專利法？專利法是指透過人類的發明、科學上的發現和產業上的新型與新設計，由政府在文書上載明某個特定的發明，所制定的法律，產生該發明僅能在文件所記載的發明人授權下，才能利用的效果。我國專利法將專利分為發明專利、新型專利及設計專利三種。

(一) 專利的性質

專利有專有性、排他性、單一性和獨立性的性質。❶**專有性**：是指專利權專屬於專利權人所擁有，沒有經過專利權人的合法授權或讓與，他人不可以利用該著作；❷**排他性**：是指專利權人在法定的保護期間內，可以禁止他人未經自己的許可利用該著作；❸**單一性**：是指「一發明一申請」的原則，專利法的規定，申請發明專利，應該就每一個發明，個別申請；❹**獨立性**：是指每個發明創作的著作，都是各自獨立，即使新發明是因為既有的發明，而創作出新的發明，仍屬於獨立的發明。

(二) 各種專利

所謂的發明專利，是指利用自然法則的技術思想的創作；所謂的新型專利，是指對於物品形狀的創作、構造或裝置的創作或改良的創作；所謂的設計專利，是指對物品的形狀、花紋、色彩或其結合，透過視覺訴求的創作。

(三) 申請專利的條件

發明必須符合以下條件才能受到專利保護：❶**新穎性**：在現有技術領域有不為人知的特性；❷**產業利用性**：是指不違背公共秩序及善良風俗，且對社會有益，可以在產業上有所利用的情形；❸**進步性**：要獲得專利權的發明或創作，必須比現有的技術更加新穎及先進，且該新技術是屬於不明顯容易得知的。

(四) 專利權的受理程序

❶ 提交專利申請文件

依據專利法規定，在發明專利的專利申請文件必須包括申請書、說明書及必要圖式，在說明書中，應該記載發明名稱、發明說明、摘要及申請專利範圍；在設計專利的專利申請文件必須包括申請書、說明書及圖說，在圖說中，應該記載設計物品名稱、創作說明、圖面說明及圖面。圖說應該明確的充分揭露，使具備該設計通常知識的人，能夠了解內容，並且可以依據該專利實施。

❷ 專利授予機構對專利申請進行審查

新型專利是採形式審查，符合專利申請文件形式要求的申請即可獲得授權；發明專利及設計專利是採實體審查，除符合專利申請文件，形式要求的申請需要首先公開外，且須由申請人提出實體審查請求進行審查。

❸ 授予專利

申請人的專利獲得通過以後，專利管理機構發放證書，並進行專利註冊。

小博士解說

如果愛迪生想要禁止別人生產他發明的電燈，那麼他就必須去向國家申請專利，等專利審查通過後，他把他如何發明電燈的方法登在專利公報上，就取得專利權，可以禁止別人用他專利裡面提到的方法生產電燈。甚至，如果有人只是改良他的方法而生產更好用的電燈，還是必須取得愛迪生的授權。

專利法特性

專利法特性

專有性
是指專屬於專利權人所擁有的權利

排他性
是指專利權人在法定的保護期間內，可以禁止他人沒有經過自己的許可，利用該著作

單一性
基於「一發明一申請」原則，每一個發明，應個別申請

獨立性
每個發明創作的著作，都是各自獨立

發明專利案審查及行政救濟流程圖

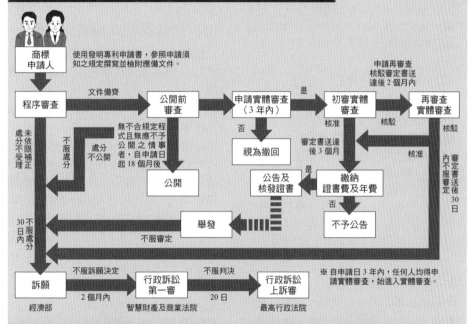

發明專利、新型專利及設計專利比較表

	發明專利	新型專利	設計專利
意義	利用自然法則的技術思想創作	對物品形狀、構造或裝置的創作	對物品的形狀、花紋、色彩或其結合，透過視覺訴求的創作
審查時間	約 18～36 個月	約 4～8 個月	約 10～12 個月
專用期限	20 年	10 年	15 年
審查制度	實體審查	程序審查	實體審查

UNIT *6-12*
商標法

什麼是商標法？商標法是指保障一種表彰自己營業範圍內生產、製造、加工、經銷產品等的圖案，而圖案的呈現方式，能夠讓消費者輕易地分辨的法規。

(一) 保護商標的目的

商標與專利和著作比較不一樣，並不是重視他的知識創作。當然，設計出一個有創意的商標，也需要一些知識，但是不像專利和著作那樣需要更多的知識。保護商標的目的在於區分商品，維護個別廠商的商譽，並維護交易秩序。

(二) 商標權的特性

商標權的特性有財產性、專屬性及排他性，現將商標權的特性，分述如下：**❶財產性**：商標本身就具有財產中無體財產權的性質，因此，商標權也有這個特性；**❷專屬性**：商標權具有專屬性，所以，除了經過商標權人的授權外，任何人都不可以使用該商標；**❸排他性**：原則上只可以由商標權人自由使用、收益及處分權利，不容許他人的侵害。

(三) 商標權的種類

我國商標專用權的種類，依其保護的性質，主要可分為下列四種：**❶商標**：在指定商品的項目上，使用請准註冊的標記，保護年限是由註冊日起算10年，期滿前半年內，可以申請延展，每次延展以10年為限；**❷服務標章**：在指定服務的項目上，使用請准註冊的標記，保護年限是由註冊日起算10年，期滿前半年內，得申請延展，每次延展以10年為限；**❸聯合商標**：同一人以同一商標（或服務標章）圖樣，指定使用於類似商品（或服務）項目上，或以近似的商標（或服務標章）圖樣，指定使用於同一商品（或服務）或類似商品（或服務）項目上，應申請註冊為聯合商標，保護年限係以其正商標為準；**❹防護商標**：同一人以同一商標（或服務標章）圖樣，指定使用於非同一或非類似而性質相關聯的商品（或服務）項目上，得申請註冊為防護商標，保護年限係以其正商標為準。但著名商標不受商品（或服務）性質相關聯的限制。

(四) 特殊團體或組織的商標

我國商標法針對特殊團體或組織，規範有下列兩種商標專用權：**❶證明標章**：提供知識或技術，以標章證明他人的商品或服務的特性、品質、精密度或其他事項，欲專用其標章的人，應該申請註冊為證明標章。保護年限是由註冊日起算10年，期滿前半年內，可以申請延展，每次延展以10年為限；**❷團體標章**：公會、協會或其他團體為表彰組織或會籍，欲專用標章的人，應該申請註冊為團體標章。保護年限是由註冊日起算10年，期滿前半年內，可以申請延展，每次延展以10年為限。

😊 小博士解說

如果愛迪生向國家申請了一個「愛迪生日光」的商標，那麼就只有他能使用這個商標，來販售他的電燈產品。當其他工廠沒利用愛迪生的專利，而是用了其他的方法，也發明了電燈，那麼，其他的工廠就可以不用向愛迪生取授權，一樣可以生產電燈。但是，這些工廠卻不可以用愛迪生的商標「愛迪生日光」這個牌子，必須另外用其他的牌子。

商標審查及行政救濟流程

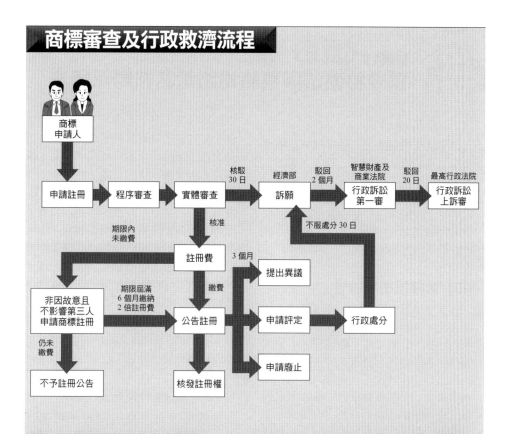

商標、證明標章、團體標章及團體商標的比較表

	商標	證明標章	團體標章	團體商標
意義	凡因表彰自己的商品或服務，欲取得商標權者	凡以標章證明他人商品或服務的特性、品質、精密度、產地或其他事項，欲專用其標章者	凡具有法人資格的公會、協會或其他團體為表彰其組織或會籍，欲專用標章者	凡具法人資格的公會、協會或其他團體，欲表彰該團體的成員所提供商品或服務，並得藉以與他人所提供的商品或服務相區別，欲專用標章者
審查時間	約12個月	約12個月	約12個月	約12個月
專用期限	一次10年，可無限次展延	一次10年，可無限次展延	一次10年，可無限次展延	一次10年，可無限次展延

UNIT 6-13
營業秘密法與積體電路電路布局保護法

圖解法律

(一) 營業秘密法

什麼是營業秘密法？依據營業秘密法規定，是指方法、技術、製程、配方、程式、設計或其他可用於生產、銷售或經營之資訊，須符合：❶非一般涉及該類資訊之人所知者；❷因其秘密性而具有實際或潛在之經濟價值者；❸所有人已採取合理之保密措施者。

(二) 營業秘密的特性

營業秘密具有秘密性、經濟價值性、新穎性、具體性及難獲性，現將營業秘密的特性，分述如下：❶秘密性：營業秘密，本身即具有秘密，而這個地方是指相對的秘密，雖然有少數人知道，但就判斷上，仍然屬於秘密；❷經濟價值性：營業秘密必須要有經濟的價值，才有保護的必要，只要秘密具有潛在的經濟價值，就應該受到保護；❸新穎性：這裡所指的新穎性，是只要隱含一些新穎性，用來證明不是一般大眾所知道的話就可以了。與專利法的新穎性相較下，條件較為寬鬆；❹具體性：營業秘密，不論是用什麼方式呈現或者藉由什麼媒介，都需要由抽象的概念轉變成具體的資訊存在；❺難獲性：營業秘密必須是一般人難以獲得該類的資訊，相反地，如果大眾容易獲得這類的資訊，則無法稱為是秘密了。

(三) 積體電路電路布局保護法

什麼是積體電路電路布局保護法？積體電路電路布局保護法是指為保障積體電路布局，並且調和社會公共利益，以促進國家科技和經濟健全的發展。

(四) 專有名詞解釋

❶積體電路：將電晶體、電容器、電阻器或其他電子元件及其間的連接線路，集積在半導體材料上或材料中，而具有電子電路功能的成品或半成品；❷電路布局：指在積體電路上的電子元件及接續此元件的導線平面或立體設計；❸散布：指買賣、授權、轉讓或買賣、授權、轉讓而陳列；❹商業利用：指商業目的公開散布電路布局或含該電路布局的積體電路；❺複製：以光學、電子或其他方式，重複製作電路布局或含該電路布局的積體電路；❻還原工程：經分析、評估積體電路，得知原電子電路圖或功能圖，並據以設計相容的積體電路的電路布局。

(五) 保護期間和保護內容

積體電路布局權的保護期間為 10 年，但電路布局登記的申請日，及第一次商業利用日以較早發生的時間起算。積體電路布局權的保護內容，是指積體電路布局權人專有排除他人未經其同意而使用的情形下，有複製電路布局的一部或全部，及為了商業目的輸入、散布電路布局或含該電路布局積體電路的權利。

🙂 小博士解說

如果愛迪生不想公開他是如何發明電燈的，他可以不去申請專利，自己生產電燈，也可獲得營業秘密的保護。但因為愛迪生不肯公開他的知識，所以冒了一個風險，如果其他發明家沒有竊取他的機密，而自己在實驗室用一樣的方法生產出電燈，此時他也不能夠禁止他們。畢竟是他不願意申請專利，而只用營業秘密的保護，那麼保障也會較少。

營業秘密的特性

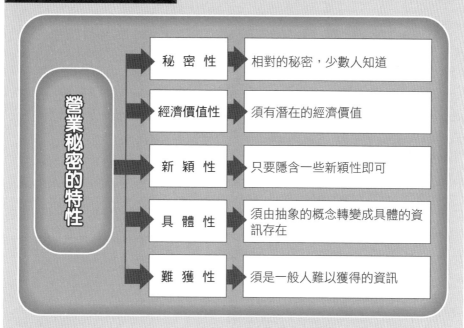

營業秘密的特性		
	秘 密 性	相對的秘密,少數人知道
	經濟價值性	須有潛在的經濟價值
	新 穎 性	只要隱含一些新穎性即可
	具 體 性	須由抽象的概念轉變成具體的資訊存在
	難 獲 性	須是一般人難以獲得的資訊

★Serenex控訴員工竊取癌症新藥商業機密資料

美國公司Serenex,指控兩位離職的舊員工,竊取實驗用癌症藥物,並賣給中國公司。Serenex控訴先前聘僱的化學家黃雲生是國際商業間諜,黃雲生偷竊Serenex的商業機密,並用偷來的資料來提供給海外尋找專利的公司。員工竊取機密已經是個日趨嚴重的問題,尤其是對全球型的企業,以及智慧財產為主的公司。

Serenex擁有30個員工,目前正進行實驗性癌症藥物的人體測試。根據報告Serenex自2001年設立後,所募得的風險資本已從2,600萬美元提升至8,100萬美元。為此,Serenex在威克高等法院提起訴訟,同時也將北京國藥龍立科技公司、基爾生物科技公司以及負責人Tongxiang Zhang列為被告。

Serenex的律師Jonathan Sasser表示,Serenex以提出訴訟的方式來保護他們的產品,並且希望調查是被百分之百確信,沒有人會去提出偽造的主張,並在起訴書上陳述,黃雲生在竊取機密後,Serenex於2月時將他解僱,但是黃雲生的律師Walter Schmidlin抗辯說明黃雲生自願離職,並且否認有做任何不法情事。Schmidlin同時表示Serenex並不能提出任何證據證明黃雲生拿了商業機密資料。

資料來源:http://stlc.iii.org.tw/ContentPage.aspx?i=2323
資策會科法中心,2007年07月30日 陳依婷 編譯整理

第 **7** 章

法院制度概說

●●●●●●●●●●●●●●●●●●●●●●●● 章節體系架構 ▼

UNIT **7-1**
法官與陪審團

圖解法律

(一) 審判長、受命法官、陪席法官

法庭上會有幾位法官呢？很簡單的案件，是由一位法官單獨審理；一般的案件，都是合議庭，由三個法官審理；最高法院則會有 5 位法官共同審理。假設現在有 3 位法官，我們稱那位最大的法官為審判長，所有審判的程序，都是由審判長做決定。其中，會有一位是受命法官，因為審判往往會浪費很多時間，我們就先設計了一個非正式的「準備程序」，由受命法官主持，主要是讓雙方去釐清一些爭議，大家都同意的事情，就不再爭執，不同意的部分，就在審判程序中，各自提出證據項目。至於，另一位沒事做的法官，我們稱為陪席法官。在審判最後，3 位法官會進行投票，決定如何判決。判決結果決定後，由負責該案的受命法官撰寫判決書。

(二) 要不要引進陪審團？

什麼是陪審團？為什麼我們不引進陪審團？近來，學者倒是有一些修法及建議，打算讓部分的專業民眾幫忙審判。

(三) 美國陪審團制度

美國陪審團的任務，主要是在認定被告有罪還是無罪。至於，適用法律及科處刑罰，則是交由法官來指導陪審員。美國的公民有義務接受法院徵召，成為陪審員，然後領取微薄車馬費，不可以拒絕。陪審員挑選需要經過兩方律師的同意。除了 12 位正式陪審員外，會有三個候補陪審員，以備不時之需。陪審員互選出一位主席，主持內部討論。為了避免陪審員受到外界干擾，法官可以

適時下令隔離陪審團。當然，避免不當干擾的方式有很多種，包括了禁止對陪審員錄影，更不要說私下接觸和威脅陪審員了。如果陪審團成員受到不當影響，審判將會無效，必須重新挑選陪審員、重新訴訟一次。

(四) 反對引進陪審團

引進陪審團的成本太高，而且台灣也沒有這個文化背景。在美國雖然有陪審團，看起來給予當事人比較多的保障，也不會讓法官過於恣意，但是實際上能真正使用陪審團的案件卻很少，因為陪審團需要太高的訴訟成本，法院負擔不起。大部分的案件其實都透過「認罪協商」機制消化掉。

(五) 贊成引進陪審團

陪審團負責事實的認定，比較公正客觀。目前我們台灣由法官來自己認定事實、自己調查證據，當事人常常認為法院沒有把事實調查清楚而上訴，上訴的案子越來越多，積案也越來越多。假若引進陪審團的精神，讓事實問題由陪審團認定，法官不用處理事實問題，只要負責指揮法庭辯論就好。在事實問題解決後，將來也不用一直上訴。

法官的席位分配及職責

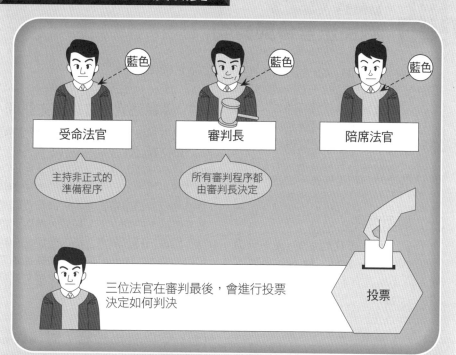

受命法官 — 藍色

審判長 — 藍色

陪席法官 — 藍色

主持非正式的準備程序

所有審判程序都由審判長決定

三位法官在審判最後，會進行投票決定如何判決

投票

陪審團要不要引進？

陪審團

經由合法選任一定數額的人員，在宣誓後接受主審法官的指導，基於自己的良知及證據，反映對該案件的意見

反對理由：
① 陪審團容易感情用事
② 陪審團容易附和他人意見
③ 司法經費增加
④ 訴訟程序延長
⑤ 不能判斷複雜案件的事實

贊成理由：
① 增進人民對法律的認識
② 防止法官濫權
③ 減少上訴
④ 更讓一般人相信裁判
⑤ 避免嚴刑峻法

UNIT 7-2 國民法官參與審判

圖解法律

歷經多年的辯論，終於在 2020 年 8 月通過「國民法官法」，並將於 2023 年 1 月開始實施。所謂的國民法官，類似英美法下的陪審員，經過改良設計。在國民法官法中，國民法官可以參與審判進行，並且在「終局評議」中，參與討論與投票決定判決結果。

(一) 適用案件

國民法官參與審判的案件，僅限於重大的刑事案件，包括：❶ 所犯最輕本刑為 10 年以上有期徒刑之罪（例如殺人罪）；❷ 故意犯罪因而發生死亡結果者（例如性侵致死罪）。

(二) 3 名法官、6 名國民法官

要進行「國民參與審判」之案件，由法官 3 人及國民法官 6 人共同組成國民法官法庭，共同進行審判，並以庭長擔任審判長。審判長就是負責指揮審判的程序進行，而國民法官從旁「聽訟」。

(三) 國民法官（參審員）如何產生？

只要年滿 23 歲，且在地方法院管轄區域內繼續居住 4 個月以上之中華民國國民，就有被選任為國民法官、備位國民法官之資格。但某些人不得擔任國民法官，除了曾經犯罪之人之外，本身具有法律專業的人，包括律師、司法人員等，不能擔任國民法官。

至於誰有機會擔任，一開始由地方政府造冊將國民納入名冊，等到案件真的開始，地方法院抽選出足夠的候選人，如同電影所演，檢察官和律師可以問幾個問題，剔除幾個候選人，最後決定出正式的國民法官。

(四) 國民法官也可以補充訊問

一般審判進行中，除了審判長允許雙方律師交互詰問證人之外，審判長自己也可以補充訊問證人幾個問題。在證人被詰問完後，國民法官「得於告知審判長後，於待證事項範圍內，自行或請求審判長補充訊問之」。另外，被告的部分，經審判長訊問完之後，國民法官也可以「於告知審判長後，就判斷罪責及科刑之必要事項，自行或請求審判長補充訊問之」。

(五) 參與終局評議（討論與投票）

所謂的終局評議，就是要討論被告是否有罪。如果要判決被告有罪，必須有 6 票同意，且法官 3 人和國民法官 6 人中，兩邊都必須有同意票。如果只有國民法官 6 人同意有罪，但法官 3 人認為無罪，還是不能判決有罪。

至於判刑的內容，如果是要判死刑，同樣也必須得到 6 票以上，法官 3 人和國民法官 6 人，兩邊都必須有同意票。如果不是判死刑，只要 9 人中過半，亦即只得到 5 票就足夠，但仍然必須法官和國民法官兩邊都有同意票。

什麼是國民法官制度？

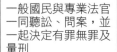 一般國民與專業法官一同聽訟、問案，並一起決定有罪無罪及量刑

問案

提出對案件的問題

聽訟

審理訴訟案件

評議

6 位國民將與 3 位專業法官討論並進行投票

投票

哪些人可以當國民法官？

可以	❶ 年滿 23 歲；❷ 且在地方法院管轄區域內繼續居住 4 個月以上；❸ 中華民國國民
不可以	❶ 有案件在身者；❷ 特殊身分者；❸ 法律專業背景者；❹ 不能公正審判者；❺ 本案關係者；❻ 破產或裁定開始清算
得拒絕	❶ 年滿 70 歲以上者；❷ 公立或已立案私立學校之教師、在校學生；❸ 因生活上、工作上、家庭上之重大需要，或有重大疾病、傷害、生理或心理因素，致執行國民法官、備位國民法官職務顯有困難

國民法官要做哪些事？

宣誓公正

參與審理

直接訊問

評議討論 —— 與法官一起進行溝通與討論，決定被告有沒有罪及應受之刑罰

保守秘密

合審合判 〈 罪責 2/3 決
量刑 1/2 決
（死刑 2/3 決）

（均須包含法官及國民法官意見）

UNIT **7-3**
法庭的衣著與座位分配

圖解法律

(一) 戴假髮

以前看香港的電影，發現電影中的法官、律師要戴假髮，那麼台灣呢？台灣的法官、律師、檢察官是不戴假髮的，只有大英國協法院系統的國家才戴假髮。看美國的電影，也可以發現，美國的法官、律師、檢察官都不需要戴假髮。

(二) 穿法袍

我們的法官、律師、檢察官會穿法袍，法袍以有不同的顏色作為身分的代表。藍色是法官，白色是律師，紫紅色是檢察官。另外，黑色是書記官，綠色是公設辯護人。

(三) 法庭的座位

右邊那張圖是最新的法院民事庭配置圖。這個新的配置圖，用舊的配置圖做了一些調整。以前法庭裡面的席位高度分三層，最上面那層是一位或三位法官，法官左邊是書記官，中間那層左邊是律師、右邊是檢察官、中間是通譯。最下面那層是原告、被告及證人席。後面的則是座位有限的旁聽席。

而現在新規劃的座位席，只剩兩層。坐上面那層是一位或三位法官，若是三位法官，審判長坐中間，受命法官坐左邊，陪席法官坐右邊。中間那層省去，把原本中間那層與第三層合為同樣的高度。因為少了中間那層，所以最上層法官席的高度就減低很多。這樣的設計是希望不會讓民眾感到有威權色彩。

書記官則由從法官的位置旁邊移到和通譯坐在一起。左邊的還是被告律師、右邊是原告律師或檢察官，他們的高度都和原告、被告席的高度一樣。至於證人，在被訊問前要坐在旁聽區，被訊問的時候請到應訊台應訊。

(四) 書記官筆錄

在圖中的每張桌子上，都有一個電腦螢幕，讓法官、律師、證人等都可以看到書記官以快速打字方式作成的筆錄。這主要是要讓訴訟關係人看書記官做的筆錄內容有沒有打錯，有打錯就可以立即要求更正。筆錄是非常重要的，審判過程中的活動，一切以筆錄為準。將來上訴時，上訴法院的法官看的是下級法院的筆錄。

(五) 法庭開庭秩序

台灣的法庭是禁止他人在法庭內錄音、錄影、拍照等，不允許因為這些行為影響了法庭的開庭秩序。所以一般記者沒辦法轉播法庭內的活動，記者只能進到法院裡的旁聽席，用速記的方式，記載法庭活動的內容，開庭結束後，再憑印象做出新聞報導。法庭本身有錄音或錄影的動作，這是為了將來當事人爭執筆錄內容有做錯時，可以讓當事人核對錄音的內容。但是，這只准由法庭自己來錄音錄影，當事人是不准偷偷錄音的。如果被法官發現，法官會將設備沒收。

法庭座位配置

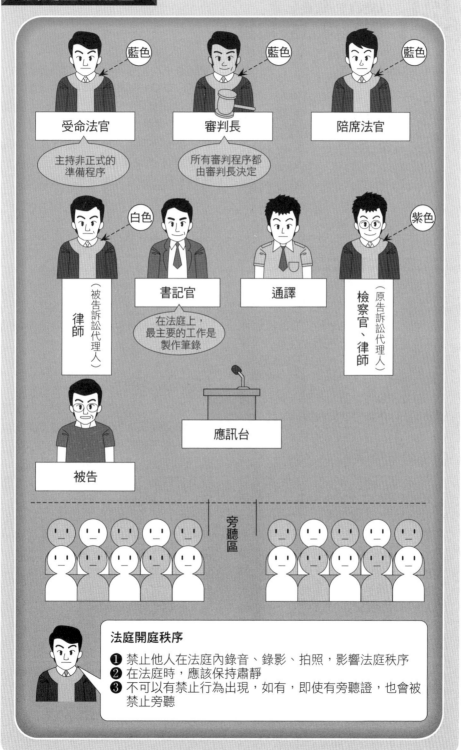

藍色 → 受命法官
主持非正式的準備程序

藍色 → 審判長
所有審判程序都由審判長決定

藍色 → 陪席法官

白色 → （被告訴訟代理人）律師

書記官
在法庭上，最主要的工作是製作筆錄

通譯

紫色 → （原告訴訟代理人）檢察官、律師

被告

應訊台

旁聽區

法庭開庭秩序

❶ 禁止他人在法庭內錄音、錄影、拍照，影響法庭秩序
❷ 在法庭時，應該保持肅靜
❸ 不可以有禁止行為出現，如有，即使有旁聽證，也會被禁止旁聽

UNIT 7-4
律師與公設辯護人

圖解法律

(一) 非強制代理

在一般人的觀念裡，以為訴訟一定要找律師代理，其實不必然。根據我們的訴訟制度，不管是民事訴訟還是刑事訴訟，都沒有強制律師代理，一般人民可以上法院替自己訴訟。不過，唯一例外的地方是，由於最高法院只審理法律爭議，不處理事實爭議，所以，這時候一定要聘請懂法律的律師來代理訴訟。

(二) 不是律師也可以當「辯護人」

雖然在訴訟程序中不一定要有律師，可以自己替自己說話，但是能否隨便找個沒有律師執照的人，來幫自己辯護呢？其實是可以的，不過，必須經過審判長的同意，才能選任沒有律師資格的人擔任辯護人。例如：我是一個法學博士，雖然沒有律師資格，有人請我幫他辯護，法官應該會准許我擔任辯護人。

(三) 公設辯護人

另外，在刑事訴訟法中，倘若被告犯了重罪（最輕本刑為 3 年以上有期徒刑）或是精神障礙或其他心智缺陷時，我們就有公設辯護人，免費替被告辯護，以保障被告的權益。另外，如果是窮人（低收入戶）請不起律師，即使不是重罪、精神障礙或其他心智缺陷，被告也可以向法院聲請一位公設的辯護人。此外，民事訴訟法上也有「訴訟救助」制度。

(四) 訴訟費用

我們看美國電影，往往會看到，原告的律師如果幫原告打贏官司，可以拿到向對方請求費用的 30% 到 40%，作為律師費用。這是美國特有的一種制度，不過，只有在侵權案例的原告律師才會用這種制度，但是在訴訟過程中的費用，都必須由原告律師自己先墊付。

在我國，刑事訴訟的律師費用各自負擔，但是在民事訴訟上，除了要繳交「裁判費」之外，如果是法官替當事人選任律師，那麼也會依照一定的標準納入「訴訟費用」，而這筆訴訟費用，必須由敗訴的當事人來承擔。也就是說，敗訴的一方，除了要負擔自己的律師費之外，還必須負擔對方的律師費。這算是對敗訴一方的懲罰。不過，有的時候如果要輸的那方負擔訴訟費用不太公平，法官也可以裁定由雙方各負擔一部分，甚至由原告負擔。

(五) 法律扶助法

另外，「法律扶助法」是想要保護請不起律師的窮人。基本上，要申請法律扶助，必須先通過資格審查（必須是符合社會救助法的低收入戶，或者是每個月可以處分的資產、收入低於一定標準）。也就是說，必須夠窮，才能請法律扶助基金會的律師替其服務。另外服務的對象，是刑事被告犯了重罪（最輕本刑為 3 年以上有期徒刑），或者是高等法院管轄第一審案件（內亂、外患罪），也可以申請法律扶助，就這個部分，不需要做資格審查。

法律救助方式

法律救助方式

| 方案一 | 方案二 | 方案三 |

方案一

不是律師也可以當辯護人.

在法庭時提出，須經過審判長同意

方案二

公設辯護人

❶ 被告被判重罪
❷ 被告是精神障礙或其他心智缺陷者

❸ 低收入戶，請不起律師→須向法院聲請

免費辯護
保障權益

方案三

法律扶助法

❶ 被告犯重罪
❷ 幫窮人打官司

流程：

電話預約時間

須帶的文件：
❶ 身分證
❷ 全戶的財產清單，所得清單
❸ 三個月內之戶籍謄本
❹ 低收入戶證明

審查

都已經住茅草屋，沒錢了，卻還要為了打官司的事情煩惱，真是屋漏偏逢連夜雨

免緊張，免擔心，現在政府有法律救助方案

UNIT **7-5**
法院審理方式

圖解法律

(一) 審判公開

為了確保法官不會獨裁、濫權，所以我們規定審判過程必須公開，讓法官也接受人民的監督。法院開庭審理訴訟案件，允許與案件無關的人自由蒞庭，聆聽關於訴訟案件的辯論及裁判的宣示等事項，這就是所謂的「公開審理制」。

不過，我國的公開審判，只允許他人進入旁聽，卻不允許記者進入拍照、轉播。這和美國允許電視台進入法庭轉播訴訟過程，是不同的。

(二) 秘密審理

有某些案件，為了要保障被告的隱私，不希望讓他人知道，法院在開庭時可以不准許他人蒞庭旁聽，這就是所謂的「秘密審理制」。在訴訟案件內容涉及國家安全、影響風俗民情或者侵犯個人隱私權益等事項時，才會有例外採秘密審理制。例如：少年犯罪案件，為了保護青少年的未來發展；或者是性侵害案件，為了保護受害人的感受及不願意被他人知道，造成第二度的傷害；或者是家庭暴力事件，為了保護受到家暴的當事人，法院可以決定不公開審判。

(三) 言詞審理和書面審理

原則上，法院開庭進行審判，一定會讓雙方當事人在法庭上進行言詞攻防，而法官的角色，則是由法庭上雙方的言詞攻防，採信作為證據，這叫做「言詞審理」。不過，在某些例外情況下，我們允許不用進行言詞審理，只需要雙方把自己的主張寫在書面上，提交給法官看就好，這叫做書面審理。例如，若是太簡單的案子，或是一些程序事項，可能書面審理就夠了。

(四) 事實審與法律審

另一種情況是，我們一般將法院的審理，分成「事實審」與「法律審」。一般法院採三級三審，前兩審都是兼顧事實的調查與法律的判決，但是到最後一審的最高法院，只負責關於法律的爭執，不再處理事實的問題，尊重下級法院對事實的調查。所以，像第三審只採取法律審的情形，只需要對於法條適用的意見寫給法官看，進行書面審理。

(五) 集中審理與合併審理

我國法院審理有一個特色，就是每個案件審理都可以拖得很長，也會開很多次庭。這是因為我國審理制度採取「合併審理」，就是法官手上同時有很多案件，早上開庭審理五個案件，每個案件只審理半小時到一小時，每個案件一般都無法審理完畢，下午開庭則是審理其他案件，但是也無法審理完畢。所以每一個案件都會開庭很多次，每一次中間可能隔一兩個禮拜，一個案子可能拖四、五個月才會結束。反觀外國，採取的是集中審理，就是說一個案件會密集開庭，法院一次只審一個案件，通常一個禮拜就會審理出結果。

法院審理方式

法院審理方式

審判公開：為了確保法官不會獨裁、濫權
秘密審理：這是為了保障被告的隱私，內容多涉及國家安全、風俗
　　　　　民情或隱私權益
言詞審理：雙方當事人在法庭上進行言詞攻防，法院就雙方的言詞
　　　　　攻防，採信為證據
書面審理：雙方將自己的主張寫在書面上，提交給法官看
事　實　審：前二審是兼顧事實調查和法律判決
法　律　審：將法條意見寫給法官看，法官就陳述的意見做判斷

集中審理與合併審理

（法庭）

集中審理

第一週：處理A案

第二週：處理B案

第三週：處理C案

（法庭）

合併審理

第一週：處理A、B、C、D、E案

第二週：繼續處理A、B、C、D、E案

第三週：繼續處理A、B、C、D、E案

UNIT **7-6**
三級三審

圖解法律

(一) 審級制度

目前我國的審判制度，原則上採取三級三審。所謂的三級，是說我們法院有三個層級，從地方法院，到高等法院，到最高法院，共有三級法院。所謂的三審則是指，一個案件正常來說，會給你三次的審判機會。因為怕某一位法官獨裁、粗心大意、沒把案件調查清楚，或者是適用法律出現了爭議，所以會允許一個案件在地方法院一審之後，可以上訴到高等法院進行第二審。如果對於第二審判決還是感到不服，則可以對於法律問題的爭執，上訴到最高法院，進行第三審。

(二) 第三審是嚴格法律審

雖然我們原則上以三審為原則，但是要上訴到第三審，一定要是針對案件所爭執的法律問題有不同意見或爭執，才能上訴到最高法院。也就是說，只有一審、二審的法官會對事實進行調查，到最高法院就不再對事實的爭議進行調查。所以能夠上訴到最高法院的案件，是有限制的。

(三) 簡易訴訟

此外，民事訴訟法和刑事訴訟法，都有一些例外規定，規定某些案件，最多只能二審。例如：民事和刑事都有所謂的「簡易訴訟」。民事的簡易訴訟，是案件所牽涉的金額，不超過 50 萬元，由於金額不高，所以用比較簡易的程序處理；刑事的簡易訴訟，則是因為被告已經自首（自白），而且證據也很充足，不需要浪費大家時間，就可以採用簡易訴訟程序。

(四) 簡易庭上訴至合議庭

像這類的簡易訴訟，第一審是在地方法院的「簡易庭」進行審理，而且簡易庭只有一個法官。如果對簡易庭法官的判決不服，可以上訴，但不是上訴到高等法院，而是上訴到地方法院的「合議庭」，由三個法官合議審理，進行第二審。簡易訴訟只能進行二審，不能再上訴，除非有特殊情況，對法條適用或看法有爭執時，可以經第二審法官的許可，直接向最高法院針對法律解釋問題提出上訴。

(五) 其他案件

此外，還有一些的案件，會有特殊的規定，規定只能二審。例如：刑事案件中，規定內亂、外患及妨害國交這麼嚴重的犯罪，一審會直接到高等法院審理，二審直接上訴到最高法院，所以是「二審制」。另外，民事案件，選舉引發的選舉訴訟，為了讓選舉爭議能夠快速落幕，也是採取「二審制」，例如：立委選舉爭議，一審到地方法院，6 個月內要判決，二審上訴到高等法院，也是 6 個月內要判決，就不能在最高法院上訴了。

法院審級圖示

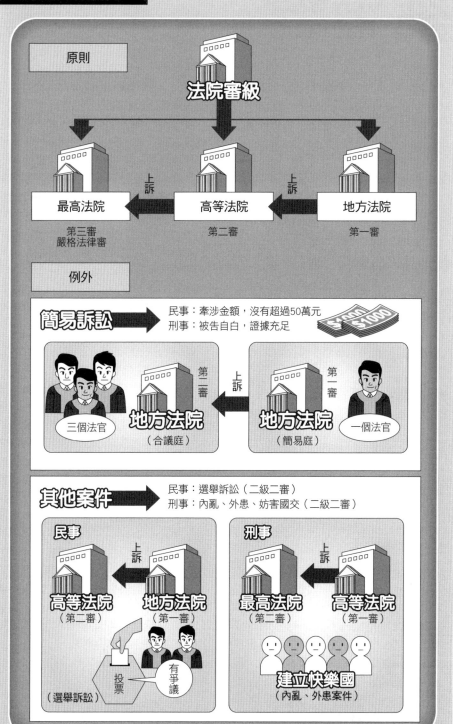

UNIT 7-7
判決、裁定、判例

圖解法律

　　法院只會作出裁判嗎？除了裁判之外，還會做什麼事情呢？一般所謂「裁判」，可以分兩種，一種是「裁定」，一種是「判決」，還會作出具有拘束力的判例。

(一) 判決與上訴

　　「判決」是對法官對實質的爭議作出決定。判決就是法官要將抽象的法律、命令，適用在具體的個案上。人民若對下級法院的判決不服，就可以到更高的法院進行「上訴」。上級法院的判決，通常會對下級法院有一定的拘束力。下級法院由於怕自己的判決被上級法院推翻，所以會在乎上級法院的判決，所以上級法院的判決也算是一種法源。

(二) 裁定與抗告

　　「裁定」通常是針對法院程序問題所作出的決定，叫做裁定。而若對這種程序事項有所不服，可以到上級法院進行「抗告」。例如，刑事被告在地方法院審理進行中被裁定羈押，若不服，可以向上級法院進行抗告。

(三) 判例

　　最高法院有另一種具有拘束力的東西，叫做「決議」或「判例」。判例是最高法院為了指導下級法院的法官解釋法律，會挑選出一些寫的特別好的判決，把其中對法條的解釋部分節選出來，經過最高法院中民事庭會議、刑事庭會議等的「決議」，報請司法院備查，而成為「判例」。也就是說，判例是一種最高法院對法律的解釋，而下級法院的法官為了避免案件上訴後被最高

法院推翻，所以通常都會乖乖遵守最高法院的法律解釋，也就是說，會遵守最高法院挑選出的判例。

　　我國判例雖然是由審判機關（最高法院或最高行政法院）所作出來的，但已經抽離具體個案事實，所以只是純粹的法律見解，甚至不是完全摘自原來的裁判書，而是另由最高法院或最高行政院法官開會刪改修正後，才採為判例。

　　2019 年修改法院組織法，刪除判例制度。判例制度廢除後，未來所有最高法院判決不再有高低位階之分。

(四) 美國判決先例

　　判例跟美國的「判決先例」（precedence）不同。如果看判例的製作過程，可以發現決定者雖然都是法官，但判例並不是這些法官在審理具體個案時所表示的法律見解，反而比較像是最高法院或最高行政法院的「立法行為」，與個案事實分離，並且具有向將來普遍適用的一般性效力。而美國的「判決先例」，是指過去的上級法院或本身法院所作出的「完整的判決」。所以在美國，所謂的「判決先例拘束原則」（stare decisis），是根據過去的判決先例，區別現在的案件事實與過去的案件事實是否相同或相似，若相同則可套用過去的判決先例，但若認為現在案件的某些特點與過去的案件不同，則可以改判。所以，美國的判決先例拘束原則，很強調「事實的差異」。

判決與裁定的不同

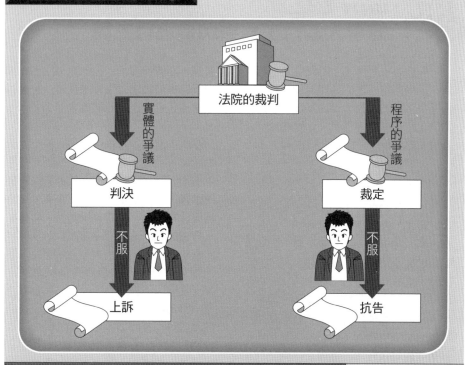

法院的裁判

實體的爭議 → 判決
程序的爭議 → 裁定

不服 → 上訴

不服 → 抗告

台灣的判例與美國的判決先例比較表

	台灣	美國
名稱	判例	判決先例
製作者	最高法院	各級法院
如何製作	挑選經典的判決，把事實部分割除，挑出精華的對法條的解釋	保留完整的判決全文
與個案事實	與個案事實分離	與個案事實結合
法院適用	直接用精華的判例作為法條解釋	必須看目前的案子與原本判決先例的案件事實是否相同，以決定是否適用

UNIT **7-8**
當事人進行主義與職權進行主義

圖解法律

一般會說，大陸法系的國家，包括台灣，訴訟制度採取的是職權進行主義。而英美法系的國家，訴訟制度採取的是當事人進行主義。那麼，什麼是當事人進行主義？什麼是職權進行主義？

(一) 何為主義？

首先，什麼是「主義」？「主義」大約可說是一種說法，一種主張，或是一種原則，甚至是一種哲學。我們台灣之所以會在法律中用很多主義，是因為翻譯日本人的用語。日本人把法律原則說成是「主義」，其實就是個法律原則，並不是像哲學那樣偉大了不起的東西。所以大家不要看到主義就怕了。現在也有學者認為最好用「原則」，來取代主義的浮濫。

(二) 當事人進行主義

什麼是當事人進行主義？所謂的當事人進行主義，是指在法庭審判中，主要是由兩造當事人主導、進行、表演，法官通常比較不介入，法官是站在中立的立場，對兩造當事人的訴訟進行做仲裁。犯人、證人都是由兩造當事人去詰問，要提出什麼證據、證人，也都是兩造當事人自己決定。法官只會就程序問題介入，例如當律師詰問犯人有點過頭了，法官就會制止，或者另一方對律師詰問的問題提出「異議」，法官也會作出裁定。目前訴訟制度採取當事人進行主義的國家主要是美國。

(三) 職權進行主義

職權進行主義，是指由法官主導整個法庭遊戲規則的進行，犯人是由法官來審問，要傳什麼證人由法官來決定，要調查什麼證據也由法官來主導。目前採取當事人進行主義的國家主要是德國、日本。

那麼，台灣到底採取當事人進行主義還是職權進行主義呢？在刑事訴訟程序中，2002 年以前，我們應該是採取職權進行主義，也就是說，審理案件中要詢問什麼證人、調查什麼證據，都是由法官主導及決定，兩造當事人只能建議法官去查什麼證據。甚至以前常常看到檢察官將厚厚一本起訴書丟給法官之後，就常常不去開庭，交給法官自己處理，因為檢察官覺得去開庭也沒用，反正都是法官在問案，還不如拿時間去調查別的案子。不過，近來我們受到美國法庭電影的影響，認為美國採取的當事人進行主義可能比較公平，因為在當事人進行主義下，法官不會過度介入調查方向，所以人民比較相信中立的法官。

所以，2002 年修正刑事訴訟法後，訴訟制度調整往當事人進行主義邁進。不過，我們採取的，是「經過改良的」當事人進行主義。

當事人進行主義及職權進行主義比較表

	當事人進行主義	職權進行主義
主導	兩造當事人	法官
採取國家	美國	日本、德國
偵查程序	當事人平等原則	不承認當事人平等原則
	雙方當事人可以各自獨立蒐集證據	被告不可以自行蒐集無罪的證據
	被告沒有被國家偵訊的義務	被告有被國家偵訊的義務
證據的蒐集	起訴後，雙方當事人負有蒐集資料的義務	起訴後，有必要的話，須由法院蒐集
	稱為：辯論主義	稱為：職權探知主義
起訴	當事人可以自由處分訴訟標的	當事人不可以自由處分訴訟標的
	起訴便宜主義	起訴法定主義
	採「起訴狀一本主義」	採「卷證併送制度」

UNIT **7-9**
改良式當事人進行主義

圖解法律

(一) 何謂改良式？

目前我們的刑事訴訟制度，有人稱採取的是「改良式當事人進行主義」制度，這是什麼意思呢？依照一般的說法，就是我們沒有完全採納美國的當事人進行主義，並且在制度的進行上做了一些修正，主要有三個修正的地方：❶雖然在訴訟制度的進行上，已經改由當事人交叉訊問，但是法官仍然可以在必要的時候，適時的介入；❷在訴訟還沒有進行以前，法官仍然會看到厚厚的起訴書，也因為這樣，有可能會使法官在案子還沒有審問前，就已經有了自己的看法及見解；❸在訴訟的進行中，沒有陪審團。

(二) 法官退居二線

在 2002 年以前，我國原本採取職權進行主義的制度，在這個制度下，有一個弊端，那就是檢察官通常只寫了起訴書和附上證據，送給法院之後，就不再去開庭了，通通丟給法官自己去查案。這樣的結果使得法官的壓力很大，而且往往沒辦法讓檢察官認真的查證據。所以，現在修正為「改良式的」當事人進行主義，要求檢察官必須全程到庭參與法庭辯論活動，法官退出證據調查，除非法官認為很有必要，才可以依據職權去調查。因此，在這個制度下，原則上是由檢察官及被告負責證據調查和交互詰問的進行。

新制刑事訴訟程序的進行，有關證據調查將由法官「應依職權」進行的規定，改為原則上由當事人，即檢察官、被告（或辯護律師）主導，法官則以仲裁者的角色居中裁判，不再主導證據的調查，但是基於公平正義的考量、發現真實必要的情形下，才可以依據職權調查證據。這樣的訴訟制度，保留了部分「職權主義」精神。

(三) 起訴狀一本

雖然我們想讓法院的調查證據的活動精彩一點，可是我們的法官在問案之前，還是會收到了厚厚的一本起訴書，裡面記載著案子的前因後果，相關證人、證詞、物證等等。其實，法官根本不用問案、不用進行交叉詢問，就已經知道案情了，也有可能因為這樣，法官在還沒有審理案子前，就已經有了自己的想法及見解，容易有所偏頗。因此，有人認為既然採取當事人進行主義，法官在審案之前就不應該看到厚厚的一本起訴書，而是應該只拿到「一頁」的案情摘要。

(四) 陪審團

美國式的當事人進行主義，很重要的特色就是有一個陪審團。很多交叉詰問的工作，其實就是檢察官和律師在「表演」給陪審團看，因為關於事實的認定，是由陪審團做決定的，法官只是做出法律上的認定。但我們的改良式，沒有引進美國的陪審團制度，整個事實認定的工作，仍然由法官自己認定。

舊法（職權進行主義）

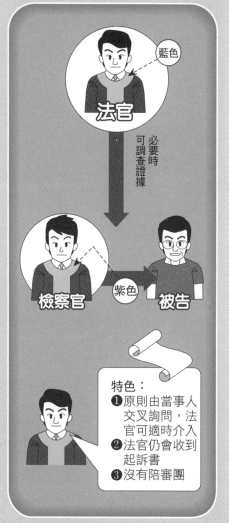

二位一體，檢察官起訴後，就不開庭

藍色

法官

指控

檢察官　紫色　被告

特色：
程序的進行和證據的調查，都是法院依職權所做的

新法（改良式當事人進行主義）

藍色

法官

必要時可調查證據

檢察官　紫色　被告

特色：
❶ 原則由當事人交叉詢問，法官可適時介入
❷ 法官仍會收到起訴書
❸ 沒有陪審團

★刑事訴訟法第163條（職權調查證據）

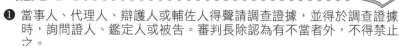

❶ 當事人、代理人、辯護人或輔佐人得聲請調查證據，並得於調查證據時，詢問證人、鑑定人或被告。審判長除認為有不當者外，不得禁止之。
❷ 法院為發見真實，得依職權調查證據。但於公平正義之維護或對被告之利益有重大關係事項，法院應依職權調查之。
❸ 法院為前項調查證據前，應予當事人、代理人、辯護人或輔佐人陳述意見之機會。
❹ 告訴人得就證據調查事項向檢察官陳述意見，並請求檢察官向法院聲請調查證據。

第 **8** 章

民事訴訟

●●●●●●●●●●●●●●●●●●●●●●● 章節體系架構 ▼

UNIT **8-1**
民事訴訟程序

圖解法律

(一) 民事糾紛

什麼是民事訴訟？只要人民和人民之間發生民法、商事法之間的糾紛，不涉及國家的，都算是民事類的糾紛。只要是民事類的糾紛，都可以到普通法院的民事法庭打民事訴訟。而最常見的民事訴訟，就是為了違約的賠償，例如對方違約，可以要求對方賠償，或是對方構成侵權行為造成我方損失，所以請求損害賠償。當然，民事訴訟不一定只是請求賠償，還可以請求法院做其他事情。例如在親屬繼承的問題上，可以請求法院分配遺產，或請求法院判決離婚等。

(二) 訴訟的管轄

民事訴訟由法院審理，是大家都知道的事實。但國家設立的法院極多，各縣市有地方法院，然後又有高等法院及其分院。那麼，私權受侵害的人，究竟該向哪個法院提起民事訴訟？這是先應解決的問題，所以民事訴訟法有訴訟管轄的規定。除了初審的案件，都是由地方法院管轄外，至於是哪個地方法院，則規定「以原告就被告的原則」，原告應向被告所在地的地方法院起訴。

例如某甲欠某乙的債，逾期不還，甲住台中，乙住嘉義，此時原告某乙，不能就近向嘉義地方法院起訴，而應向台中地方法院起訴。然而這只是原則而已，有原則必有例外，故民事訴訟法又有若干例外的規定，如該法第 10 條第 1 項：「因不動產之物權……涉訟者，專屬不動產所在地之法院管轄」的規定。

(三) 訴訟的提起

要提起民事訴訟，必須按照一定的程序。首先，請求保護權利的人（原告），應該提出起訴狀，寫明自己的姓名、年齡、籍貫、職業、住址、請求裁判事項（如請求將某處房屋返還原告）、經過的事實，以及請求判決的理由，連同所具的證據、應交的訴訟費用，向法院提出，起訴狀並應抄一份副本，和正本一同投遞。法院接到起訴狀後，應將副本送達被告，讓被告去答辯。

(四) 訴訟的審理和判決

法院接到原告的起訴狀以後，就會決定審理日期，發出傳票，通知原告、被告和有關的證人。到了審理的日期，由原告當庭陳述請求判決的事項、經過的事實、請求判決的理由，提出有利的證據。被告亦當庭闡述他的主張，並提出有利證據。法院就重要的地方，分別審問原告、被告和證人。如案情簡單，一次即審理終結，定期宣示判決。如果案情比較複雜的，經過數次審理後，定期宣示判決。宣示判決當天，由審理案件的法官朗讀判決的要旨（訴訟法上叫做主文），宣告原告或被告勝訴；並作成判決書，記明主文、事實和理由，於宣示判決後半個月之內，送達於原告和被告。

民事訴訟程序的提起流程圖

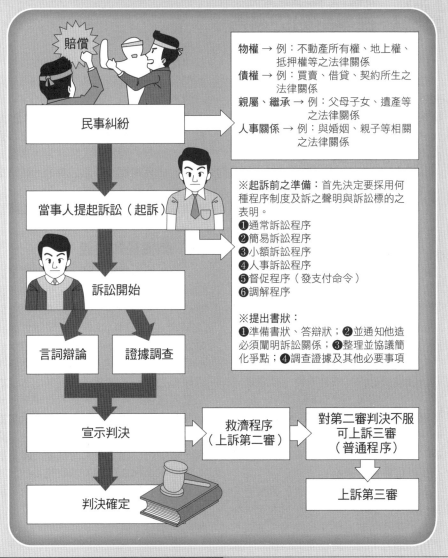

賠償

民事糾紛 →

物權 → 例：不動產所有權、地上權、抵押權等之法律關係
債權 → 例：買賣、借貸、契約所生之法律關係
親屬、繼承 → 例：父母子女、遺產等之法律關係
人事關係 → 例：與婚姻、親子等相關之法律關係

當事人提起訴訟（起訴）

※起訴前之準備：首先決定要採用何種程序制度及訴之聲明與訴訟標的之表明。
❶通常訴訟程序
❷簡易訴訟程序
❸小額訴訟程序
❹人事訴訟程序
❺督促程序（發支付命令）
❻調解程序

訴訟開始

※提出書狀：
❶準備書狀、答辯狀；❷並通知他造必須闡明訴訟關係；❸整理並協議簡化爭點；❹調查證據及其他必要事項

言詞辯論　　證據調查

宣示判決 → 救濟程序（上訴第二審） → 對第二審判決不服可上訴三審（普通程序）

判決確定　　　上訴第三審

訴訟審查的基本流程圖

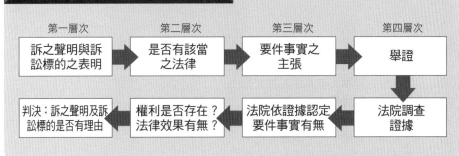

第一層次	第二層次	第三層次	第四層次
訴之聲明與訴訟標的之表明	是否有該當之法律	要件事實之主張	舉證
判決：訴之聲明及訴訟標的是否有理由	權利是否存在？法律效果有無？	法院依證據認定要件事實有無	法院調查證據

UNIT **8-2**
民事訴訟的原則

圖解法律

民事訴訟法和其他訴訟制度有什麼不一樣呢？一般學理上會說民事訴訟有幾個特色，包括處分權主義、辯論主義、職權探知主義。以下依序說明。

(一) 處分權主義

民事訴訟和刑事訴訟最大的不同在於，刑事訴訟是因為有人犯罪，所以檢察官代表國家親自起訴這個人，但檢察官自己不可以和犯人私下和解，撤回這個訴訟。但民事訴訟不一樣，如果當事人能和解最好，所以能不告最好，如果告了，也以原告的起訴範圍為準，法官不會多事。也就是說，當事人自己可以決定要不要告、告誰，以及提告的範圍。

也有人說這是「司法之被動性」，就是法院是被動的，法官不會主動要求一定要把爭議解決，反而希望當事人庭外和解。因此，僅有在當事人要求法院解決紛爭時，法院才需要介入。換句話說，程序是否開始是由當事人決定，法官不得依職權而開始訴訟。

而且，法院之審判的對象、範圍也是由當事人的「訴訟標的」與「訴之聲明」決定，法院原則上應受其拘束；法院不得有所逾越，否則將構成訴外裁判。連訴訟之終結；當事人都有一定程度之決定權。

(二) 辯論主義

民事訴訟既然是兩方當事人自己要提起的，那麼雙方當事人就有權利及責任將訴訟之事實及證據提出，法院也應於裁判時加以審酌。也就是說，法院不會自己去介入調查案情，而是看雙方提出多少的證據。法院也不得將當事人未提出之事實及證據作為裁判之基礎資料。如果當事人自己招認某一件事實，法院就會尊重當事人，既然自己招認了，就不必調查，直接以其招認作為裁判的依據，法院不得做出與當事人自認之事實不同的認定。而當事人間就某些事實有爭執，而有調查證據之必要時，法院原則上僅能就當事人所提出之證據調查，不得依職權調查當事人未提出之證據。

(三) 職權探知主義

上述所謂的辯論主義，就是要求雙方自己提供證據，法院不會主動調查。但是也有例外。例如某些公益性較高的訴訟事件，如人事訴訟程序（法院因維持婚姻或確定婚姻是否無效或不成立，得斟酌當事人所未提出之事實），對當事人以外之第三人之利益影響甚大，或對公益保護需求越高者，法官有時候就必須主動介入調查。此時，法官主動調查的原則有三：❶當事人所未提出之事實，法院仍得作為裁判的基礎；❷當事人間所不爭執之事實，法官仍得依職權蒐集證據而為裁判；❸當事人間有爭執之事實，法院得依職權調查當事人所未提出之事實證據。

民事訴訟基本原理相互關係

民事訴訟
基本原理相互關係

處分權主義	訴訟的開始、審判對象的特定、訴訟之終了,應委由當事人自由決定
辯論主義	法庭上言詞辯論的攻擊防禦,由當事人主導,例外才由法官介入
自由心證主義	證據的採信,證據力的強弱,由法官根據論理法則及經驗法則,自由判斷
舉證責任	如果雙方都舉證了,法官覺得雙方的證據差不多,無法決定該採信誰,此時,由負舉證責任的一方,承擔不利的後果
判決	

民事訴訟採「處分權主義」和「辯論主義」,至於程序的進行,原則上還是由法官安排,採「職權進行主義」

基本 審理	當事人主義		職權主義
訴訟標的決定	處分權主義	對立	職權調查主義
判決資料的蒐集	辯論主義	對立	職權探知主義
訴訟程序的進行	當事人進行主義	對立	職權進行主義

UNIT 8-3
民事訴訟的證據調查

圖解法律

(一) 集中審理

　　過去民事案件的審理過程，常讓人感覺漫長而無效率，往往一個案件，可以每個禮拜開庭一次，然後連開十幾個禮拜，案件拖了一年多才結束。為改正此項缺失，民事訴訟法修正改採「集中審理」制度，其是要求法官集中時間，不要浪費太多時間。

(二) 爭點集中

　　要節省時間，首先當然先要集中「爭點」，也就是避免當事人間就一個爭議點越吵越遠，把問題越搞越大。所以，法官必須先釐清雙方當事人到底爭執之對象範圍為何。例如有時候雙方對法律見解沒爭議，而只是對事實發生過程有爭議；或者反過來，有時候雙方對事情經過沒爭議，卻是對法律看法有出入。

(三) 整理爭點

　　如果當事人雙方同意沒有爭執的事項，開庭時不用再審理，法院只就當事人有爭執的部分來進行審理。法官在調查證據以前，應該協助當事人釐清案件的爭執點，將訴訟案件雙方爭執的地方，告知當事人，只就有爭執的事項來審理，使案件不會散漫的進行而沒有效率。遇到當事人的主張或者是陳述有不清楚的地方，法官應該要求當事人為完整的說明，可以避免證據調查的重複，而集中於特定關鍵的焦點訊問證人。

(四) 書證提出義務

　　訴訟中常發生證據掌握在某一方當事人的手上，導致另一方當事人想要舉證但卻非常困難。因此為了發現真實、促進訴訟及維持當事人間之公平，就書面證據部分，當事人有提出書證之義務，法院可以命令雙方提出手上擁有的證據。這樣有助於爭點整理，顧及他造之利益，以達到審理集中化之目標。

　　如果有一方當事人手上握有關鍵證據，卻沒有正當理由而不肯提出，法院得審酌情形認為是他心虛，所以才不敢提出證據，而認定對方的主張或依該文書應證之事實是真有其事。在此情形下，為了防止有錯誤發生，並保障當事人兩造在訴訟上的權利，法官於裁判前應該讓當事人有辯論之機會。

(五) 當事人訊問

　　一般通常講的證人，是指原告或被告以外的其他人，但因當事人本人（不論是原告或被告）通常是最清楚事實紛爭的人，最有可能提供案情資料，以協助法官發現事實並促進訴訟，使法院迅速發現事實，進而達到集中審理之目標。因此，法院認為有必要時，可以依職權訊問當事人。當事人如果無正當理由拒絕陳述或具結者，法院得審酌情形，判斷應證事實之真偽。這樣的用意有二，一是發現真實，一是促進訴訟，為了這兩個公益目的，私人的隱私或所謂的尊嚴，則須被犧牲。

一般訴訟事件辦理流程

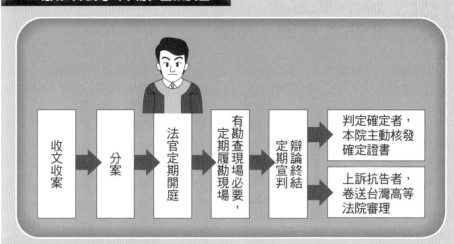

收文收案 → 分案 → 法官定期開庭 → 有勘查現場必要，定期履勘現場 → 辯論終結定期宣判 → 判定確定者，本院主動核發確定證書

辯論終結定期宣判 → 上訴抗告者，卷送台灣高等法院審理

集中審理流程

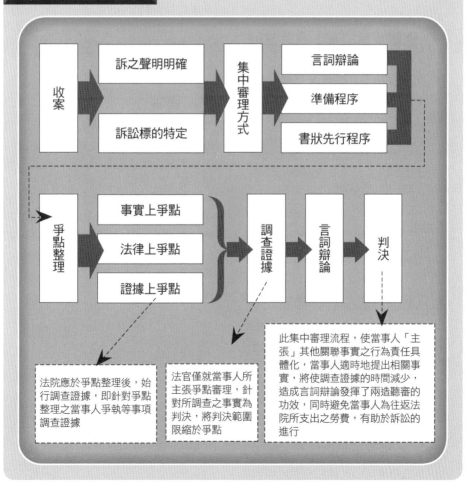

收案 → 訴之聲明明確 / 訴訟標的特定 → 集中審理方式 → 言詞辯論 / 準備程序 / 書狀先行程序

爭點整理 → 事實上爭點 / 法律上爭點 / 證據上爭點 → 調查證據 → 言詞辯論 → 判決

法院應於爭點整理後，始行調查證據，即針對爭點整理之當事人爭執等事項調查證據

法官僅就當事人所主張爭點審理，針對所調查之事實為判決，將判決範圍限縮於爭點

此集中審理流程，使當事人「主張」其他關聯事實之行為責任具體化，當事人適時地提出相關事實，將使調查證據的時間減少，造成言詞辯論發揮了兩造聽審的功效，同時避免當事人為往返法院所支出之勞費，有助於訴訟的進行

UNIT **8-4**
上訴、抗告、再審

為了避免法官審判錯誤，所以一般的審判，都會有三級三審。民事訴訟也一樣，有三級三審的規定。如果第一審判決敗訴了，當事人不服，可以上訴到高等法院，如果高等法院第二審判決也敗訴了，還可上訴到最高法院。但並非所有的案件都可以上訴到最高法院，畢竟已經有兩個法院審理過了，會發生錯誤的情形不多。所以最高法院只受理關於法律見解爭議的案件。若是主張事實認定有問題，則沒辦法繼續上訴到最高法院。

(一) 上訴（第二審）高等法院

第一審判決書送達後，敗訴的一方如果不服判決，可於收到判決書之日起20日內，向第二審法院提起上訴。所謂第二審法院，即第一審原法院的上級法院，如不服台北地方法院的判決，應向台灣高等法院提起上訴。提起上訴，應提出上訴狀，寫明雙方當事人姓名、地址、第一審判決的內容、不服該判決的理由，及希望第二審法院如何判決，並繳納訴訟費用，提出證據。第二審法院收到上訴狀後，即進行審判，其程序和第一審判決大致相同。

(二) 上訴（第三審）最高法院

不服第二審法院的判決者，可向第三審法院即最高法院提起上訴。第三審法院的訴訟程序，和第一審、第二審的程序，有下列三點不同：❶應以第二審法院的判決違背法令為理由，不能以認定事實錯誤為理由；❷對於財產權訴訟上訴，如因上訴所獲利益不超過一定金額者，不得上訴於第三審法院；❸第三審法院為法律審，因此其任務在於審判第

二審法院的判決是否違背法令，所以以書面審理為原則，非因必要，不得傳訊當事人。其餘訴訟的程序，和第一審、第二審大致相同。

(三) 抗告

上訴，是對判決聲明不服的方法；抗告，則是對裁定聲明不服的方法。所謂裁定，是法院在訴訟進行中，對於當事人有關訴訟程序的聲請，如聲請延期審理、聲請免繳訴訟費用等所作的決定。當事人如不服法院的裁定，可向其直接上級法院提出抗告，由抗告法院裁定應否廢棄變更原裁定，或駁回當事人的抗告。

(四) 再審

法院判決後，如當事人並未上訴，或雖經上訴經過最高法院判決後，該案件的權利義務關係即告確定，不能再有變更。但如有原判決法院的法官受賄、為判決基礎的證物係屬偽造等情形（參看民事訴訟法§496），如竟不能推翻原判決，很不公平，故因判決而受不利益的當事人，可向原法院提起再審之訴。再審之訴的訴訟程序，和第一審、第二審的訴訟程序，大致相同。

民事訴訟程序流程圖

紛爭之發生	▶	可選擇調解、和解等紛爭解決方式
訴訟之開始	▶	當事人提起訴訟稱之為「訴訟繫屬」
訴訟之審理	▶	開始言詞審理及證據調查
訴訟之終了	▶	撤回、和解 → 須由當事人意思為之 終局判決 → 指事件之訴訟資料已經蒐集齊全，當事人提出之攻擊或防禦方法已為審理，其訴訟無須續為辯論
訴訟之確定		
法院判決 （第一審或第二審法院所作）		
上訴狀提出於原審法院	▶	須由上訴權人提出（受不利益判決之當事人）
原審法院審查上訴要件	▶	上訴須合於法定程式 → 欠缺，法院命補正 → 未補正，一審法院裁定駁回
原審法院認為具備上訴要件 而將卷宗移送於二、三審法院		
上級法院審查上訴要件	▶	上訴不合法，如於原第一審命其補正，即得不經補正而逕行駁回上訴 → 欠缺，法院命補正 → 未補正，二審法院裁定駁回
上級法院認為具備上訴要件， 而繼續審查訴訟要件	▶	欠缺訴訟要件裁定駁回
上級審法院為上訴有無 理由之實體審查	▶	❶ 上訴無理由，以判決駁回（維持原判決） ❷ 上訴有理由，應為廢棄或變更原判決之判決
救濟程序（再審）	▶	為上述確定之當事人對該判決聲明不服，請求再開始訴訟之程序

UNIT **8-5**
小額訴訟、簡易訴訟

圖解法律

有一些比較簡單的案子或涉及金錢比較少的案子，不需要浪費太多時間審理，因此我們另外設計了小額訴訟程序和簡易訴訟程序。

(一) 小額訴訟程序

凡是原告向被告請求給付的內容，是金錢或其他代替物或有價證券，而且請求給付的金額或價額，在新台幣 10 萬元以下的訴訟事件，原則都適用小額訴訟程序。例如：請求返還借款、票款；請求各類賠償（車禍、商品瑕疵造成損害等）；請求給付租金；請求給付工資等。

小額訴訟之判決格式與一般判決不同，判決書可僅記載主文，而不必寫理由。除非就當事人有爭執事項，必要時才需要寫判決理由。如對判決不服，應自當事人收受判決翌日起算 20 日內，向管轄之地方法院提起上訴，地方法院合議庭對此上訴為判決後，不得再上訴。小額訴訟之上訴必須提出上訴狀，並且須敘明原判決所違背之法令及其具體內容及依訴訟資料可認為原判決有違背法令之具體事實。若未記載，上訴不合法。

(二) 簡易訴訟程序

凡是原告向被告請求給付的內容，是屬於財產權，其請求標的之金額或價額在新台幣 50 萬元以下者，原則上適用簡易訴訟程序。另外一種要適用簡易訴訟的情形，是因事件性質而適用，就是不問原告向被告請求給付的標的金額或價額多少，都一律適用簡易程序。例如：因建築物或其他工作物定期租賃或

定期借貸關係、僱傭契約、票據、合會、請求利息、紅利、租金、贍養費、退職金或其他定期給付所生之爭執涉訟者。

另外，簡易事件，當事人也可以合意改用小額程序：請求給付內容的金額或價額在新台幣 50 萬元以下的，當事人雙方為求簡速審理，可以經過書面合意，要求法官改用小額程序審理，並且也是由原法官繼續審理。相對地，如果簡易程序之案件案情繁雜或其訴訟標的金額或價額逾 500 萬元以上者，法院得依當事人聲請，以裁定改用通常訴訟程序，並由原法官繼續審理。

(三) 通常訴訟程序

凡是原告向被告請求的標的，不是前述的小額事件及簡易事件者，那麼都適用通常訴訟程序。通常訴訟程序第一審判決，得上訴管轄高等法院，其上訴利益超過新台幣 150 萬元時，亦得上訴第三審最高法院。通常訴訟事件如果當事人合意或不抗辯就可以改用簡易程序，但合意要以文書證明之。法院適用簡易程序，原告和被告不抗辯而為本案之言詞辯論者，視為雙方已經合意適用簡易程序。

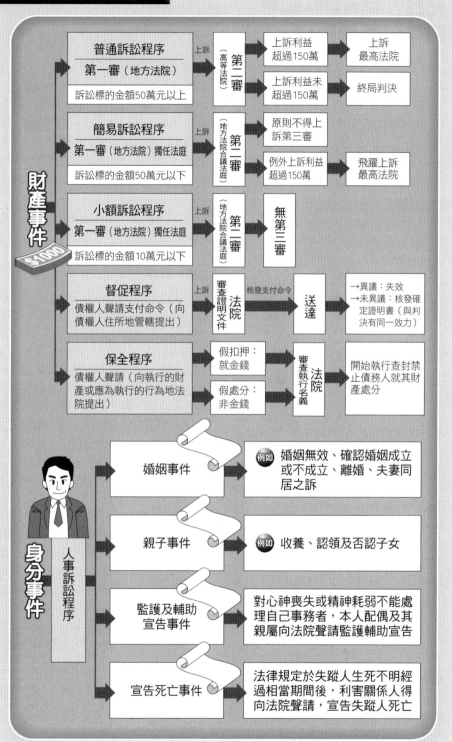

財產事件 $1000

普通訴訟程序
第一審（地方法院）
訴訟標的金額50萬元以上

上訴　第二審（高等法院）

上訴利益超過150萬 → 上訴最高法院

上訴利益未超過150萬 → 終局判決

簡易訴訟程序
第一審（地方法院）獨任法庭
訴訟標的金額50萬元以下

上訴　第二審（地方法院合議法庭）

原則不得上訴第三審

例外上訴利益超過150萬 → 飛躍上訴最高法院

小額訴訟程序
第一審（地方法院）獨任法庭
訴訟標的金額10萬元以下

上訴　第二審（地方法院合議法庭）

無第三審

督促程序
債權人聲請支付命令（向債權人住所地管轄提出）

上訴　審查證明文件　法院　核發支付命令　送達

→異議：失效
→未異議：核發確定證明書（與判決有同一效力）

保全程序
債權人聲請（向執行的財產或應為執行的行為地法院提出）

假扣押：就金錢

假處分：非金錢

審查執行名義　法院

開始執行查封禁止債務人就其財產處分

身分事件　人事訴訟程序

婚姻事件

例如 婚姻無效、確認婚姻成立或不成立、離婚、夫妻同居之訴

親子事件

例如 收養、認領及否認子女

監護及輔助宣告事件

對心神喪失或精神耗弱不能處理自己事務者，本人配偶及其親屬向法院聲請監護輔助宣告

宣告死亡事件

法律規定於失蹤人生死不明經過相當期間後，利害關係人得向法院聲請，宣告失蹤人死亡

UNIT **8-6**
民事執行

圖解法律

所謂民事執行，是說在法院判決完之後，若判決輸的一方不肯乖乖認輸，照判決的要求來做的話，那麼就要請法院出面，強制執行判決的內容。

(一) 執行名義

要求法院幫你強制執行，必須有執行名義，通常就是已經確定的判決。所謂已經確定的判決就是已經沒辦法再上訴的判決。拿著這個判決去找執行法院，他們就會按照判決上的內容幫你執行。通常若是欠錢不還的話，法院會對債務人之財產（不論是動產或不動產等）進行查封、拍賣等程序之執行。

(二) 終局執行與保全執行

強制執行又可分為兩種：❶ **終局執行**：指債權人以確定判決之執行名義及債務人的財產資料，請求法院對債務人之財產透過查封拍賣等程序，變換現金以償還債權，使債權人的債權實現，債務獲得清償的執行。例如：依確定給付判決的執行名義所請求之執行；❷ **保全執行**：指債權人在訴訟程序尚未終結時，為了防止債務人脫產、預防終局執行的障礙，所以向法院聲請對債務人之財產用強制執行維持現狀，來保全將來的執行。只能為查封或發禁止命令，並不能像終局執行可以透過拍賣變換現金來清償債務，例如：假扣押、假處分的執行。

(三) 假扣押

所謂的假扣押，是指原告在打官司期間，很怕被告脫產，把財產都偷偷移到別人名下，那麼將來就算原告勝訴，也沒辦法追討回金錢。所以假扣押就是讓債權人在訴訟程序中，若害怕債務人浪費財產、增加負擔或就其財產為毀滅或廉價等不利益之處分，成為無資力或有隱匿財產之情形，想保全將來的強制執行。所以向法院聲請，裁定扣押（查封）債務人之財產，讓債務人無法處分其財產，讓其不能夠偷偷移轉財產。「假」的意思，是「暫時」的意思，只是在訴訟期間暫時扣押。

(四) 假處分

所謂的假處分，則是原告在打官司期間，怕官司打完，已經來不及了，可能原告在乎的事物已經無法挽回。為了避免這種狀況，就允許原告在打官司期間，要求凍結某一個狀態不准變動。例如債權人以債務人不履行交付買賣標的物（A 汽車一輛），而想保全其交付汽車時，應該聲請假處分，禁止債務人對 A 汽車為讓與或其他一切處分行為。是預防將來債權人勝訴後因請求標的物現狀變更，有日後不能執行的憂慮，而想保全將來的強制執行。因此向法院聲請對於爭執的標的物為必要之處分或對爭執之法律關係定暫時狀態。所謂的「假」，一樣也是「暫時」的意思，就是「暫時凍結狀態」。但假處分必須以訴訟尚未結束為前提。如果已有終局的確定判決，就沒有保全之必要，自然不能聲請假處分。此時，債權人只要拿著確定之終局判決為執行名義聲請強制執行就可以。

民事執行事件處理流程表

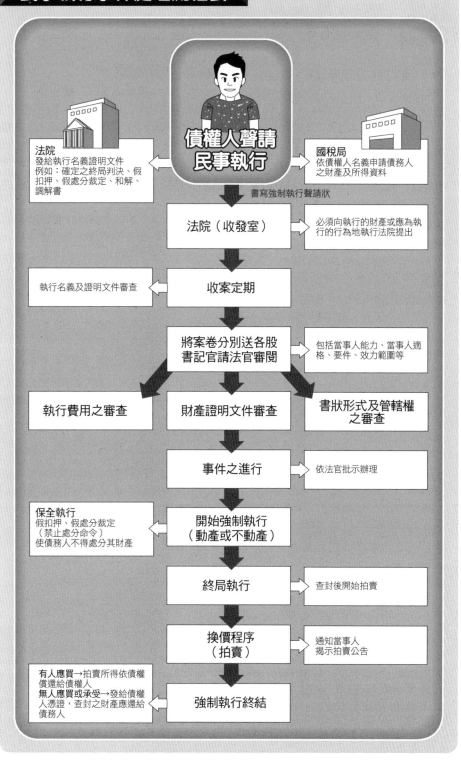

債權人聲請民事執行

法院
發給執行名義證明文件
例如：確定之終局判決、假扣押、假處分裁定、和解、調解書

國稅局
依債權人名義申請債務人之財產及所得資料

書寫強制執行聲請狀

法院（收發室）
→ 必須向執行的財產或應為執行的行為地執行法院提出

收案定期
← 執行名義及證明文件審查

將案卷分別送各股書記官請法官審閱
→ 包括當事人能力、當事人適格、要件、效力範圍等

執行費用之審查　**財產證明文件審查**　**書狀形式及管轄權之審查**

事件之進行
→ 依法官批示辦理

開始強制執行（動產或不動產）
← **保全執行**
假扣押、假處分裁定（禁止處分命令）使債務人不得處分其財產

終局執行
→ 查封後開始拍賣

換價程序（拍賣）
→ 通知當事人　揭示拍賣公告

強制執行終結
← 有人應買→拍賣所得依債權償還給債權人
無人應買或承受→發給債權人憑證，查封之財產應還給債務人

UNIT **8-7** 支付命令

圖解法律

(一) 支付命令的概念

所謂支付命令程序，是一種比訴訟程序更快速讓人民討回欠款的一種程序。支付命令是以請求給付金錢或其他代替物或有價證券之一定數量為標的，不須經言詞辯論，依債權人之主張為基礎，向債務人發附條件之支付命令，如果債務人不於一定期間提出異議，則可與確定判決有同一效力之特別程序，屬於民事訴訟程序之督促程序。

以上所指的是債務糾紛得以支付命令解決。一般來說，只要債務人有欠債權人金錢債務，例如：借款、票款、價金、租金、報酬、資遣費、管理費、電話費、修繕費等，均得以支付命令請求，是現今社會最普通使用的追討債務方法。

(二) 聲請支付命令的程序

聲請支付命令，並不需要經由法院開庭審理判決，屬於簡易解決債務糾紛的方式。支付命令之聲請如合乎法定要件及程序，則法院依聲請人（即債權人）之請求發給支付命令裁定。就是說當債務人如果沒在收到支付命令日起算的20日內之不變期間提出異議，支付命令即可確定。如同雙方打了一場官司，並已獲得法院勝訴判決確定一般。因此債權人就可以「執行名義」聲請對債務人強制執行。相對之下如果債務人於支付命令送達後20日內提出異議而使支付命令失效，法院會以債權人支付命令之聲請，視為起訴或聲請調解，此後約45天內法院會通知債權人補繳訴訟費，否則法院將以裁定駁回該訴訟。雙方之爭議就依民事訴訟程序由法院依法審理判決。

❶ 支付命令的優點

支付命令有幾個優點：❶程序簡易：聲請支付命令之聲請人及相對人雙方均不需到院開庭（債權人及債務人）；❷動作迅速：若聲請人具備充分證據，通常聲請後二個星期左右，法院便會核發支付命令裁定；❸費用低廉：支付命令應繳之裁判費為 1,000 元是固定的，不受請求金錢多寡之影響。一般民事訴訟則須繳交較多之裁判費，如訴訟標的金額越多，裁判費用亦隨之增加；❹效力強大：如果支付命令確定，就可具有「執行名義」之效力，可以拿去向法院聲請強制執行，查封並拍賣債務人之財產。

❷ 支付命令的缺點

支付命令的缺點則是：①未送達失其效力：支付命令雖然聲請程序相當簡易，但支付命令須在 3 個月內送達債務人，若未能送達於債務人，則支付命令失其效力；②債務人異議失其效力：若債務人接到支付命令時，只須在支付命令送達後 20 日內之不變期間內提出異議，則支付命令失其效力，法院將以起訴或聲請調解處理。

聲請支付命令注意事項流程圖

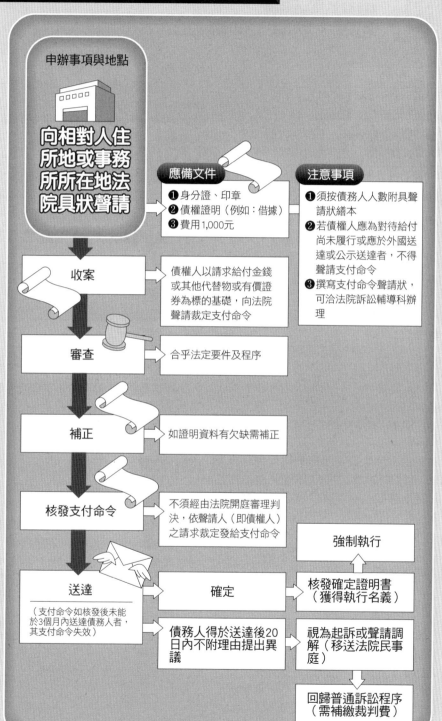

申辦事項與地點

向相對人住所地或事務所所在地法院具狀聲請

應備文件
1. 身分證、印章
2. 債權證明（例如：借據）
3. 費用1,000元

注意事項
1. 須按債務人人數附具聲請狀繕本
2. 若債權人應為對待給付尚未履行或應於外國送達或公示送達者，不得聲請支付命令
3. 撰寫支付命令聲請狀，可洽法院訴訟輔導科辦理

收案
→ 債權人以請求給付金錢或其他代替物或有價證券為標的基礎，向法院聲請裁定支付命令

審查
→ 合乎法定要件及程序

補正
→ 如證明資料有欠缺需補正

核發支付命令
→ 不須經由法院開庭審理判決，依聲請人（即債權人）之請求裁定發給支付命令

送達
（支付命令如核發後未能於3個月內送達債務人者，其支付命令失效）

→ **確定** → 核發確定證明書（獲得執行名義）→ **強制執行**

→ 債務人得於送達後20日內不附理由提出異議 → 視為起訴或聲請調解（移送法院民事庭）→ 回歸普通訴訟程序（需補繳裁判費）

UNIT 8-8
和解、調解、仲裁

圖解法律

(一) 和解

和解就是有衝突的兩方坐下來和談，談出一個雙方都能接受的和解方案。和解又可以分為兩種。

❶ 訴訟外和解

當人們發生衝突時，不上法院，在不違反法律規定的情況下，私下透過溝通，相互妥協讓步，簽訂和解契約，直接解決糾紛的方法。例如，某甲向某乙借款 60 萬元，事後某甲生意失敗，無法如期償還，雙方發生衝突。某甲乃請求某乙，允許他每個月償還 1 萬元，直到全數還清為止。如果某乙同意某甲的要求，雙方就算訂定和解契約。

❷ 訴訟上和解

另一種情形是，當事人已經到法院打官司，但希望在法院或法官面前，就事件的衝突或糾紛進行和解。其和解若成立，即與法院確定的判決具有同等的效力。例如，某甲騎機車不慎撞到某乙，經送醫急救後，某乙仍不治死亡。某甲被依過失致人於死提起刑事及民事訴訟。針對民事訴訟的賠償問題，在法官居間協調下，某甲與某乙的家屬同意以 200 萬元進行賠償。雙方達成民事訴訟上的和解。訴訟中的和解是在法官面前達成，並有法院的和解筆錄，較有法律上的保障。

(二) 調解

當衝突事件發生時，為了避免繁複且耗財的訴訟程序，另一種處理衝突方式是由當事人聲請「調解」。調解是指各地鄉鎮市區公所，依據「鄉鎮市調解條例」設置調解委員會，在未發生訴訟前，受理當事人的聲請，就爭執的事件，勸導雙方互相讓步，彼此妥協，以終止爭執。

人民可聲請調解的事項，包括民事事件及告訴乃論的刑事事件兩類。另外，民事事件的當事人也可以在起訴前聲請法院調解。當調解成立後，調解委員會製作調解書，送法院核定。經法院核定的調解案，與法院確定的判決，具有同等的效力。

(三) 強制調解

法律規定，某些事件一定要強制調解。如果調解不成，才能夠進行訴訟。例如親戚之間的訴訟，包括離婚之訴、夫妻同居之訴、終止收養關係之訴及配偶、直系親屬、四親等內之旁系血親、三親等內之旁系姻親、家長或家屬相互間因財產權發生爭執者，一定要先經過法院調解。至於其他事件，必須雙方都同意進行調解，法院才會將事件送請調解。

(四) 仲裁

另一種避免上法院的方式為仲裁。仲裁是為了避免上法院打官司，而找雙方都能夠接受的「仲裁人」，仲裁的結果，雙方都得接受，不像法院判決那樣還能再上訴。一般在簽訂商務契約時，會有一個「仲裁條款」，約定好將來若發生糾紛，是不是要仲裁，到哪個地方去仲裁。仲裁費比訴訟費為低，並且仲裁判斷迅速，且結案不能上訴，可節省當事人許多時間。仲裁程序不對外公開，可確保工商業的營業秘密。

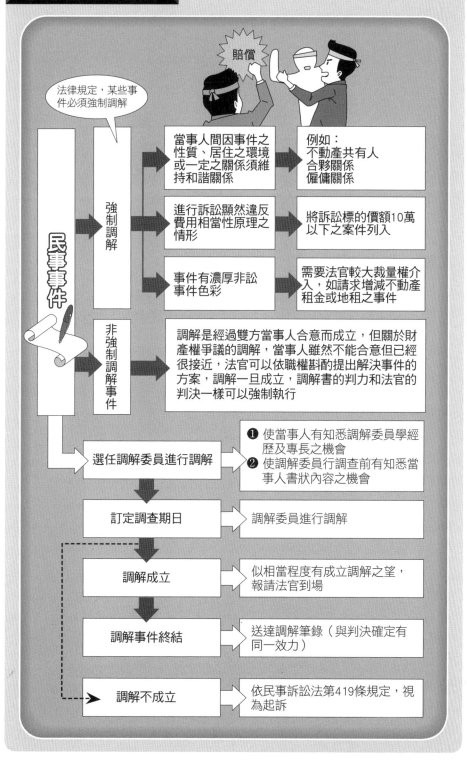

民事調解流程圖

法律規定，某些事件必須強制調解

賠償

民事事件

強制調解

當事人間因事件之性質、居住之環境或一定之關係須維持和諧關係

例如：
不動產共有人
合夥關係
僱傭關係

進行訴訟顯然違反費用相當性原理之情形

將訴訟標的價額10萬以下之案件列入

事件有濃厚非訟事件色彩

需要法官較大裁量權介入，如請求增減不動產租金或地租之事件

非強制調解事件

調解是經過雙方當事人合意而成立，但關於財產權爭議的調解，當事人雖然不能合意但已經很接近，法官可以依職權斟酌提出解決事件的方案，調解一旦成立，調解書的判力和法官的判決一樣可以強制執行

選任調解委員進行調解

❶ 使當事人有知悉調解委員學經歷及專長之機會
❷ 使調解委員行調查前有知悉當事人書狀內容之機會

訂定調查期日

調解委員進行調解

調解成立

似相當程度有成立調解之望，報請法官到場

調解事件終結

送達調解筆錄（與判決確定有同一效力）

調解不成立

依民事訴訟法第419條規定，視為起訴

第 **9** 章

刑事訴訟

●●●●●●●●●●●●●●●●●●●●●●●● 章節體系架構 ▼

UNIT 9-1
刑事訴訟程序

圖解法律

刑事案件，就要用刑事訴訟程序。因為刑事案件的處罰比較重，所以程序上也比民事訴訟程序來得嚴格。

(一) 犯罪的調查、起訴、審問、處罰

刑事訴訟法，主要就是規定對人民各種違反刑法的行為，如何進行調查、起訴、審問、懲罰。大多數時候，犯罪的調查都是由檢察官主導，此時檢察官會有一些調查的權力（搜索、扣押、訊問、逮捕、羈押等）。調查清楚後，由檢察官代表國家和受害人起訴嫌疑犯，並由檢察官出庭，和被告的律師進行法庭的攻防。不過少數時候，犯罪的受害人也可以自己擔任原告，提起訴訟，不需要檢察官幫忙。進入法庭審理過程，法官則依照法律，公平地指揮法庭的運作，進行人證、物證的調查。最後，法官看過所有證物後，心中已經有了定見，就會作出判決，判決被告有罪或無罪。

(二) 和民事訴訟相同處

刑事訴訟程序，有許多和民事訴訟程序相同的地方，如關於法院的管轄，原則上亦以地方法院為初審法院，並採「以原告就被告」的原則，以被告犯罪的處所或被告住所地的法院為管轄法院。其他如訴訟的審判，原則上採用言詞辯論主義，由雙方當事人到庭辯論後，法官據而判決。不服法院的判決者，可以提起上訴；不服法院的裁定者，可以提起抗告。判決確定以後，如發現有法官受賄裁判等特殊情形時，可以申請再審，都和民事訴訟程序相類似。

(三) 和民事訴訟不同處

但由大處看來，刑事訴訟和民事訴訟卻很不同。因為它們雖同屬訴訟，但民事訴訟所審理的，為私人財產上或身分上的關係；而刑事訴訟所審理的，則為某人有無犯罪？所犯何罪？有無科刑？審刑是否適當？對於國家社會秩序及被告人身自由，均有相當的影響。且人身自由的重視，是民主國家主要特徵之一，各國法律，均重視人民自由的保障，美國、西德、日本各國憲法上，且有若干關於刑事訴訟的條文。

(四) 刑事訴訟被告

如由細節處看，刑事訴訟和民事訴訟亦有不同的地方，最顯著者如下：第一，刑事訴訟的被告，是有犯罪嫌疑的人，所以常受種種拘束，如❶警察在偵查過程中，可以傳喚嫌犯或證人，若經傳喚後，無正當理由而不到場者，警察可以拘提；❷犯罪嫌疑重大的被告，有逃亡等可能時，得不經過傳喚的程序，即予拘提；❸在實施犯罪當時被發覺的現行犯，方可不經過傳喚程序，即予逮捕；❹被告如果逃亡或藏匿，可以通緝；❺到場的被告，如果犯罪嫌疑重大，而有逃亡等可能時，可以暫時羈押於看守所；❻對於被告的身體、物件、住宅或其他住所，在必要的時候，可以搜索。如發現可作證據，或應該沒收的物品，應予扣押。凡此各點，都是刑事被告和民事被告不同的地方，亦即民刑訴訟的差異。

民事訴訟法與刑事訴訟法之立法原則比較

	立法重要主義	民事訴訟	刑事訴訟
起訴程序	**國家追訴主義**：由檢察官代表國家依法提起公訴或實行公訴，不許一般人提起刑事訴訟	採私人追訴主義	以國家追訴主義為原則，自訴為例外
	私人追訴主義：追訴權屬於私人，其追訴與否任由私人決定者，亦稱「處分權主義」		
訴訟程序	**職權進行主義**：訴訟之開始、進行、終了及資料的提出，法院依職權為之，不受當事人意思影響	以當事人進行主義為原則，兼採職權進行主義	原則採當事人進行主義，但為維護公平正義或對被告利益有重大關係，法院應依職權調查
	當事人進行主義：訴訟之開始、進行、終了及資料的提出，均操諸當事人，法院僅居被動地位		
訴訟行為	**本人訴訟主義**：須由當事人本人或其法定代理人自為訴訟行為	以本人訴訟主義為原則，代理人訴訟主義為例外	與民事訴訟同
	代理人訴訟主義：當事人本人或其法定代理人不得為訴訟行為，須委託具有法定資格者代為訴訟		
審理進行	**言詞辯論主義**：訴訟行為以言詞為主，非以言詞所為之訴訟行為，不得為制裁之基礎	以言詞辯論主義為原則，書狀審理主義為例外	與民事訴訟同
	書狀審理主義：凡為裁判基礎之訴訟行為，均須以書面為之		
	公開主義：法院將訴訟程序之審理狀況，公開於眾，任其自由旁聽	以公開主義為原則，密行主義為例外	與民事訴訟同
	密行主義：訴訟程序之審理狀況，除當事人與訴訟關係人外，不許第三人旁聽		
證據取捨	**自由心證主義**：證據之調查取捨、證據方法及其證明力，由法官自由認定	以自由心證主義為原則	採「嚴格的」自由心證主義
	法定證據主義：證據之調查取捨、證據方法及其證明力，皆由法律明定，法官之認定受其拘束者		

UNIT 9-2
警察臨檢

圖解法律

警察的任務是要維護社會治安,打擊犯罪。而為了預防犯罪或追緝犯罪,須使用一些臨檢的手段。這些臨檢的手段,包括對人民身分進行查證,對可能發生犯罪活動的場所進行臨檢,或是攔下危險的交通工具進行檢查,並對駕駛人實施酒測等。不過,若警察濫用其權力,隨意把人民攔下或對財產進行檢查,可能侵害人權。所以,警察實施臨檢也應該受到法律的限制,並遵守正當程序的要求,這樣才能確保人權不受侵害。

(一) 釋字第 535 號解釋的背景

1998 年 1 月 15 日夜間,李先生於台北市重陽橋散步時,正好遇到警察執行道路臨檢勤務,警員要求其出示身分證件接受檢查,遭到拒絕,即強行搜索其身體,李先生一時氣憤以三字經辱罵警員。後來,李先生被帶回警察局,經偵訊後由檢察官以妨害公務罪起訴,並經高等法院判決有罪定案。事後,李先生的弟弟出面為哥哥申冤,並經由律師的協助聲請大法官解釋。

(二) 釋字第 535 號解釋主要內容

大法官經過審理後,作出釋字第 535 號解釋,其主要內容有:

❶ 應有法律明確規定

大法官認為警察實施臨檢對民眾造成干預,影響人民行動自由、財產權及隱私權等甚鉅,因此應符合法治國家要求。也就是,警察固然有權進行臨檢,但對於如何進行臨檢,以及民眾遭受違法臨檢時應如何救濟,都應有法律明確規定,才符合依法行政的原則。

❷ 實施臨檢的必要

大法官在釋字第 535 號解釋中,進一步指出警察實施臨檢的限制與原則,包括:對於場所的臨檢,必須限於已發生危害或依客觀、合理判斷容易發生危害的處所、交通工具或公共場所,才能進行臨檢;對於人(身體)的臨檢,必須已有相當理由,足以認定被臨檢人的行為已構成或即將發生危害者,才可以進行臨檢。

❸ 實施臨檢的方法

其次,臨檢應該以在現場實施為原則,除非在少數例外情形下,才可要求受臨檢人同行至警察局進行盤查。例如:經受臨檢人的同意、無從確定受臨檢人身分,及在現場臨檢對受臨檢人將有不利影響或妨礙交通、安寧者。再者,警察進行臨檢前,應告知在場者實施臨檢的事由,並出示證件表明其身分。臨檢時,除發現有違法事實應依法定程序處理者外,身分一經查明,即應讓受臨檢人離去,不得拖延。不論實施何種臨檢,警察所採取的方法,均應遵守比例原則,不得逾越必要程度。

❹ 對於臨檢的救濟

如果人民對警察臨檢的必要性或方法、程序有所不服時,可以當場陳述理由,表示異議。對於人民提出之異議,警察認為有理由者,應立即停止或更正執行行為;認為無理由者,得繼續執行,經義務人或利害關係人請求時,應將異議之理由製作紀錄交付之。若人民因警察行使職權有違法或不當情事,致損害其權益者,得依法提起訴願及行政訴訟,或可請求國家賠償。

對場所及人臨檢的必要

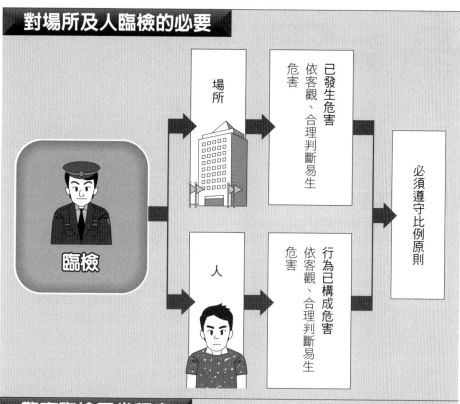

臨檢

場所 → 已發生危害　依客觀、合理判斷易生危害

人 → 行為已構成危害　依客觀、合理判斷易生危害

→ 必須遵守比例原則

警察臨檢正當程序

執行臨檢　警察

→ 告知臨檢事由、表明身分

→ 受檢人同意　→　實施臨檢、應現場為之，除有特殊情形外，不得要求其同行，至警察局進行盤查

→ 受檢人不同意　→　臨檢結束前表明異議　→　進行行政救濟程序

UNIT **9-3**
搜索、扣押、拘提

圖解法律

通常都是有人報案，或者警察自己查案，發現犯罪了，就開始抓人。不過，在查案過程中，警察並不是無法無天，而要受到限制。

(一) 檢察官和警察

通常，我們不讓一般的人民進行調查，而把這個調查的權力，交給代表國家替人民申冤的檢察官。所以，真正負責追訴犯罪的人，是檢察官。可是在第一線抓犯人的，通常都是警察。不過警察只是檢察官的助手，檢察官可以指示警察辦案的方向，而且在警察找到證據或抓到證人後，真正對嫌犯起訴的，還是檢察官。

(二) 搜索

警察在查案的時候，必須受到一些程序上的限制。例如，若警察想要到某個人家中進行搜索，或在某個地點進行搜索，必須聲請搜索票。而這個搜索票，不是警察局長自己可以開的，也不是檢察官可以開的，而是要由法官來開。警察必須提出為何要搜索該地點的合理理由，法官才會開搜索票。當然，一般人可能不知道，有的時候警察上門詢問，你若沒有要求警察出示搜索票，而自願開門讓警察進入搜索，這時算是你自願，警察的搜索並沒有違法。

(三) 監聽

現在偵查犯罪常常會用到高科技的手段，最常使用的就是監聽。警察在監聽嫌犯的電話或網路通訊前，和搜索一樣，必須先由檢察官向法官聲請監察票。

(四) 扣押

如果警察在搜索的過程中發現可作為證據的相關證物，就可以扣押證據。扣押並不需要另外寫什麼扣押票。通常在搜索票中會寫著，如果搜索到相關證據，就可以扣押。

(五) 附帶搜索和逕行搜索

如果是在執行逮捕或拘提、羈押時，雖然沒有搜索票，但是因為怕嫌犯身上攜帶武器，所以縱然沒有搜索票，也可以搜索嫌犯身體、隨身攜帶的物件，或使用的交通工具。

另外，如果是正在追捕嫌犯，而嫌犯逃到某個房屋裡面去，這時候來不及聲請什麼搜索票了，警察可以直接破門而入，搜索嫌犯和相關地點。另外，如果警察認為嫌犯可能正在破壞證據，沒時間等搜索票了，也可以立即先搜索。上述兩種情形，事後都要向法院報告。

(六) 傳喚、拘提被告

當警方發現比較明確的嫌犯時，就可以傳喚該名嫌犯到警局來訊問。如果知道該名嫌犯在哪，就可以由警察用「到場詢問通知書」或檢察官簽發「傳票」，傳喚被告來訊問。如果經過正式傳喚，嫌犯還不來，那麼就可以採取「拘提」的強制行為，直接將嫌犯逮捕回來。當然，拘提也是需要由檢察官開一張「拘票」。如果不知道嫌犯在哪（可能正在藏匿或逃亡），就不用先傳喚，直接將之拘提（逮捕）。

偵查流程圖

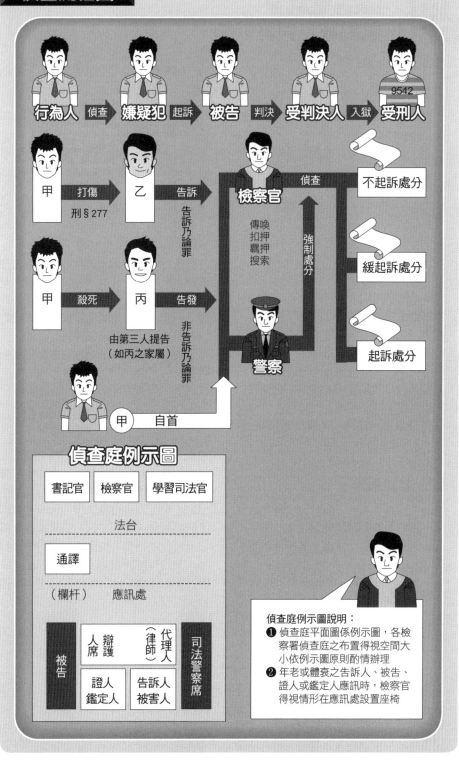

行為人 偵查 嫌疑犯 起訴 被告 判決 受判決人 入獄 受刑人

9542

甲 打傷 乙 告訴 檢察官 偵查 不起訴處分

刑§277 告訴乃論罪

甲 殺死 丙 告發 緩起訴處分

由第三人提告 非告訴乃論罪

（如丙之家屬）

傳喚 強制處分 起訴處分

扣押 羈押 搜索

警察

甲 自首

偵查庭例示圖

書記官	檢察官	學習司法官

法台

通譯

（欄杆） 應訊處

被告	辯護人席	代理人（律師）	司法警察席
	證人鑑定人	告訴人被害人	

偵查庭例示圖說明：
❶ 偵查庭平面圖係例示圖，各檢察署偵查庭之布置得視空間大小依例示圖原則酌情辦理
❷ 年老或體衰之告訴人、被告、證人或鑑定人應訊時，檢察官得視情形在應訊處設置座椅

UNIT 9-4
訊問被告與緘默權

圖解法律

(一) 緘默權

在刑事訴訟程序中，被告可以保持緘默權，也就是一般會說的「不自證己罪」（not self discrimination）。之所以會設計這個制度，以前是為了避免被告在「偵查階段」被刑求。例如我們常在美國或香港電影裡面看到的，警察逮捕犯人時一定要說一句話：「現在不是一定要你說，但你所說的一切，都將成為呈堂證供。」就是告訴犯人，在偵查階段，被告擁有緘默權，可以什麼都不說，而不必擔心警察刑求。以前我國的警察常常使用刑求的手段，例如很有名的蘇建和三死囚案，當初就是被刑求，後來出庭時主張自己是被刑求的，而警察也提不出其他堅強證據，所以現在才懸而未決。這就是因為過去太重視「被告的自白」，導致警方辦案不重視追查其他證據。後來法律就大幅修改，增加了許多條文，嚴格禁止刑求的情形發生。

(二) 禁止刑求

為了確保讓證人可以有完整的緘默權，我們刑事訴訟法特別規定，絕對不可以對犯人刑求。當然，警察可以用的手法很多，所以法條規定的很細，警察不可以對嫌疑犯進行強暴、脅迫、利誘、詐欺、疲勞訊問等不正當的訊問方法，以取得自白。而且原則上也禁止警方夜間訊問嫌犯，除非得到嫌犯的同意。

為了確保嫌犯真的沒有被刑求，我們要求警察在整個訊問嫌犯的過程中，必須連續錄音，必要時甚至必須錄影，這樣就可以證明警察是否有刑求。而且在訊問之前，還必須告訴嫌犯，他有所謂的「緘默權」和「聘用律師權」，讓他知道自己的權利。

(三) 審判階段

在偵查階段，由於我們擔心會有警察違法刑求的問題，所以賦予被告緘默權。可是目前在「審判階段」，我們也讓被告可保持緘默權，不自證己罪。為什麼連在法官面前，也讓被告可以保持緘默權呢？難道法官也會刑求？

現在不但強調審判階段法官也不能強迫證人作證，而且還強調，如果被告堅持不說話，法官也不能因而推論被告有罪。而且，法官如果要訊問被告，也必須在所有證據都調查完了，最後才能訊問被告，這也是為了讓法官不要過度依賴被告的自白。

(四) 證人也有不自證己罪權

不自證己罪的權利，不只限於被告，還涵蓋到證人身上。有的時候明明證人也有犯法，但卻沒被發現，而當他被傳喚到法庭作證時，很可能不小心會被律師問出破綻，發現原來證人也有參與其他犯罪活動。這個時候，如果證人覺得自己再作證下去，會透露自己的犯罪行為，就可以臨時主張「不自證己罪」，而「拒絕作證」，以保障自己。

刑事訴訟流程圖

被害人決定提出告訴

警察機關	按鈴申告	書面告訴	書面自訴
❶ 填報電腦犯罪申報單 ❷ 製作筆錄 ❸ 檢附身分證明文件及相關資料	❶ 法警填申告書 ❷ 內勤檢察官開臨時庭訊問告訴人 ❸ 檢附身分證明文件及相關資料	❶ 自己或委託律師寫告訴狀 ❷ 檢附身分證明文件及相關資料	❶ 自己或委託律師寫告訴狀 ❷ 檢附身分證明文件及相關資料

承辦檢察官
開庭訊問告訴人及犯罪嫌疑者或傳訊證人調查證據

緩起訴	不起訴	起訴

撤回告訴
告訴人在偵查終結前撤回告訴，檢察官就不處理該案件

聲請簡易判決處刑

法院（刑事普通庭）事實審

❶ 告訴乃論案件：被害人可以在第一審辯論終結前撤回告訴，檢察官就不再處理該案件
❷ 被害人可以在辯論終結前提起附帶民事賠償，提起附帶民事損害賠償後，該民事賠償案件並不開庭審理，需待刑事判決後，才會送民事庭審理

法院（刑事簡易庭）原則書面處理

緩刑、得易科罰金之有期徒刑、拘役或罰金

簡易判決

一審判決

當事人不服判決，應在20日內上訴。當事人指檢察官與被告，若告訴人不服判決，必須聲請檢察官上訴

不服20日內上訴

二審法院（地方合議庭）

二審判決（高等法院）

受害人可以在辯論終結前提起附帶民事賠償。該民事賠償案件並不開庭審理，需待刑事判決後，才會送民事庭審理

確定

二審判決（普通案）

三審確定案件

判決

無上訴理由→確定

三審法院最高法院

有上訴理由→發回第二審法院

UNIT 9-5
羈押與交保

圖解法律

(一) 二十四小時

一般規定，嫌犯被拘提或逮捕到警局之後，必須立刻訊問，不可以拖延超過24小時。也就是說，如果把嫌犯抓來，24小時內如果問不出個所以然，不確定到底他是不是真的犯罪，那麼就必須把人放出去。

(二) 羈押

如果嫌犯犯的是重罪，或者有逃亡的可能，檢察官認為這個嫌犯有逃亡的可能，那麼就必須在24小時內，趕緊向法院申請羈押這個嫌犯。只有法官才有權力決定要不要羈押一個嫌犯。

羈押的條件，主要有三個：❶嫌犯有逃亡的事實，或有逃亡的可能；❷嫌犯可能會湮滅證據，或者和其他證人串供；❸所犯的是死刑、無期徒刑、最輕本刑5年以上有期徒刑的重罪（例如殺人），有相當理由認為會逃亡、湮滅證據之虞者。另外，所犯本刑不是5年以上的重罪，但只要有事實認為有反覆實施這些犯罪的可能，也會被羈押。

(三) 羈押時間

由於還沒有真正審判就暫時把嫌犯關起來，這只是暫時性質的，所以時間不能太長。一般的羈押，在偵查過程中，不能超過2個月，不過法官可以再延長一次，也就是最多可以羈押4個月。4個月內，檢察官要趕緊偵查完畢，將嫌犯起訴。而到了審判期間，也一樣可以暫時羈押被告，原則上是3個月，法官也可以延長，每次延長2個月，一、二審最多延長三次，也就是最長9個月；

三審最多延長一次，就是最長5個月。

羈押的期間，將來這個嫌犯如果真的被判刑了，就會在被判的徒刑裡面扣掉。而如果將來被告若被判無罪，則可以聲請冤獄賠償。

(四) 交保

如果法官同意將嫌犯羈押，這個時候，嫌犯的家屬或律師，也可以使用一招，就是提交「保證金」，將嫌犯保釋出來。但是，法官可能會需要有個保人，來擔保嫌犯不會逃亡，將來會準時出庭等。當然，法官也會限制嫌犯不要亂跑，限制他的住居。有的時候法官覺得嫌犯犯行不重或應該不會逃亡，也不一定會裁定要求保證金，而只會單純要求某個人要確保嫌犯將來會出庭，或者要求嫌犯自己別亂跑。如果繳了保證金，後來嫌犯真的逃跑了，那麼政府就會沒收這筆保證金。如果最後嫌犯都沒有跑掉，政府則會把這筆錢還給幫忙出保證金的人。

(五) 交保期間不能做的事

之所以要在偵查階段和審判階段，將被告羈押，一方面除了怕他逃跑之外，還怕他湮滅證據，或者和其他證人串供，甚至威脅其他證人。所以，如果將嫌犯交保之後，一方面要叫他定期回來報到，以確保他沒有逃亡；另方面就要禁止其不能跟被害人、證人、鑑定人、偵辦本案的檢察官、法官等有任何接觸。

羈押與交保流程圖

嫌犯→合法拘提或逮捕
9542

↓

偵查中（經檢察官訊問後）

┌─────────────────┬──────────────┬────────────┐

有羈押之必要 | **無羈押之必要** | **不得羈押**

羈押事由
❶ 逃亡或有事實足認為有逃亡之虞者
❷ 有事實足認為有湮滅、偽造、變造證據或勾串共犯或證人之虞者
❸ 所犯為死刑、無期徒刑或最輕本刑為 5 年以上有期徒刑之罪者

羈押事由
有事實足認為有反覆實施同一犯罪之虞：
❶ 放火罪、準放火罪、劫持交通工具罪
❷ 強制性交罪、加重強制性交罪、強制猥褻罪、加重強制猥褻罪、乘機性交猥褻罪、強制性交猥褻之結合罪、與幼年男女性交或猥褻罪、殺人罪、殺直系血親尊親屬罪、傷害罪、重傷罪
❸ 買賣人口罪、移送被略誘人出國罪、妨害自由罪
❹ 強制罪、恐嚇危害安全罪
❺ 竊盜罪
❻ 搶奪罪、強盜罪、加重強盜罪、強盜結合罪、海盜罪、海盜結合罪
❼ 詐欺罪、加重詐欺罪
❽ 恐嚇取財罪、擄人勒贖罪、擄人勒贖結合罪、準擄人勒贖罪
❾ 槍砲彈藥刀械管制條例 §7、8
❿ 毒品危害防制條例 §4Ⅰ～Ⅳ
⓫ 人口販運防制法 §34

無羈押必要者，得命具保、責付、限制住居
❶ 所犯最重本刑為 3 年以下有期徒刑、拘役或專科罰金之罪者
❷ 懷胎 5 月以上或生產後 2 月未滿者
❸ 現罹疾病，非保外治療顯難痊癒者

❶ 無左列之羈押法定要件且無羈押必要
❷ 現行法採「拘捕前置原則」因此須合法之拘提或逮捕才能考量是否羈押，節嫌犯之拘提、逮捕不合法則不得羈押

9542

└─────────────────┴──────────────┴────────────┘

向法院聲請羈押 → 羈押 → 嫌犯囚禁看守所

停止羈押 ← 法院 ← 聲請 ← 聲請權人，如被告或辯護人，被告之輔佐人

羈押停止之方式

具保	命提出保證書並指定保證金額，但保證金第三人願意繳納免提保證書	
責付	受責人應出具保證書，載明如經傳喚應令被告隨時到場	
限制居住	通常指併用限制居住，即與「具保」併用限制住居處分	

停止羈押將被告釋放

（被告如逃匿，保證人之保證金將被沒收）

UNIT 9-6
公訴和自訴

圖解法律

刑事訴訟的提起，分為公訴和自訴兩種。

(一) 公訴

現在一般國家，都是由檢察官代替被害人或國家，起訴犯罪人。檢察官的身分就像是原告一樣。由檢察官向法院提起的，叫做公訴。檢察官由於：❶被害人或其親屬的「告訴犯罪」；❷第三人的告發犯罪；❸犯罪人的自首犯罪，而知道有犯罪發生，應該立即偵查犯人及證據。偵查以後，認為有犯罪嫌疑的，應擬具起訴書，向法院提起「公訴」。

❶ 不起訴處分

檢察官認為沒有犯罪嫌疑的，應為「不起訴處分」。另外，有一種是「微罪不舉」，針對比較輕微的犯罪（例如最重本刑 3 年以下），參酌的犯人的情形，情有可原，檢察官也可以不起訴處分。

不起訴的結果，就跟無罪是一樣的。這給檢察官類似跟法官一樣的的權利。但若檢察官濫用這種權利，對受害人來說，也不太公平。此時，給予受害人機會，可以向檢察官的上級檢察長，提出「再議」。

❷ 緩起訴處分

除了不起訴處分之外，有另外一種緩起訴處分，是類似於檢察官和罪犯之間的一種交易。所謂緩起訴，就是「暫時」不起訴，但保留事後起訴的權利。通常是罪行不嚴重，情有可原，檢察官可以裁量，用「緩起訴」的方式，定一個期間（3 年以下），只要這段期間被告沒再犯法，就當作從來都沒有犯罪，但若這段期間被告犯法了，則檢察官可以重新再起訴。

(二) 自訴

由被害人自行向法院提起的叫做自訴。自訴應提出自訴狀，寫明被告的姓名、性別、年齡、職業、住所和犯罪的事實及證據。

(三) 非常上訴

檢察官是代表國家，並不一定是要在法庭上死被告。如果在訴訟過程發現對被告有利的證據，檢察官也應該提出來，甚至可以為了被告好，在訴訟過程中，撤回起訴。甚至，在法院判決出爐後，覺得法官判的太重，檢察官也可以提出上訴。至於檢察總長，則更特別，他有一項權利，就是可以對於「已經確定的判決」（三級三審之後），為了被告的利益，提出非常上訴。

😀小博士解說

刑事訴訟法第 252 條（不起訴）：「案件有左列情形之一者，應為不起訴之處分：❶曾經判決確定者；❷時效已完成者；❸曾經大赦者；❹犯罪後之法律已廢止其刑罰者；❺告訴或請求乃論之罪，其告訴或請求已經撤回或已逾告訴期間者；❻被告死亡者；❼法院對於被告無審判權者；❽行為不罰者；❾法律應免除其刑者；❿犯罪嫌疑不足者。」

刑事訴訟法第 253 條之 1 第 1 項、第 2 項（緩起訴）：「被告所犯為死刑、無期徒刑或最輕本刑三年以上有期徒刑以外之罪，檢察官參酌刑法第五十七條所列事項及公共利益之維護，認以緩起訴為適當者，得定一年以上三年以下之緩起訴期間為緩起訴處分，其期間自緩起訴處分確定之日起算。追訴權之時效，於緩起訴之期間內，停止進行。」

刑事訴訟流程圖

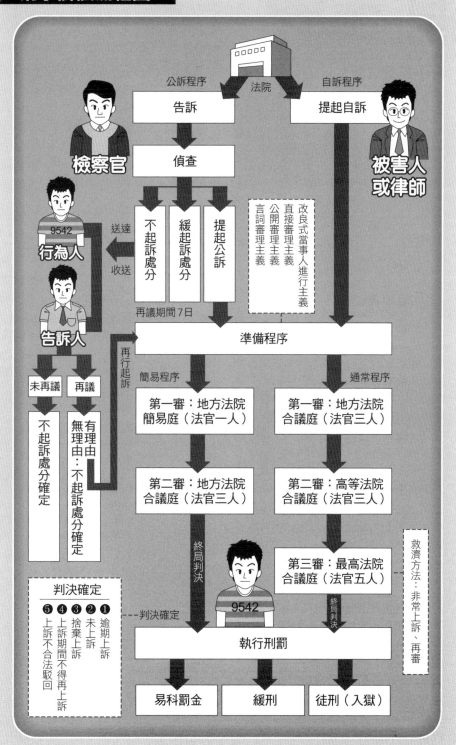

公訴程序　　法院　　自訴程序

告訴　　　　　　提起自訴

檢察官　　偵查　　　　　　　　被害人
　　　　　　　　　　　　　　　或律師

9542
行為人

送達

收送

不起訴處分　緩起訴處分　提起公訴

改良式當事人進行主義
直接審理主義
公開審理主義
言詞審理主義

再議期間7日

告訴人

準備程序

未再議　再議　　簡易程序　　　　通常程序

再行起訴

不起訴處分確定

有理由
無理由：不起訴處分確定

第一審：地方法院
簡易庭（法官一人）

第一審：地方法院
合議庭（法官三人）

第二審：地方法院
合議庭（法官三人）

第二審：高等法院
合議庭（法官三人）

判決確定
❺❹❸❷❶
逾期上訴
未上訴
捨棄上訴
上訴期間不得再上訴
上訴不合法駁回

終局判決

9542

第三審：最高法院
合議庭（法官五人）

救濟方法：非常上訴、再審

判決確定

終局判決

執行刑罰

易科罰金　　　緩刑　　　徒刑（入獄）

UNIT **9-7**
交互詰問

圖解法律

(一) 交互詰問

所謂交互詰問,也有人稱為交叉詰問,就是刑事案件在法庭開庭調查時,可以由檢察官、辯護律師或被告分別對證人直接問話,使證人講出對自己一方有利的證據;或是發現對方所舉的證人為誇大不實的虛偽陳述時,可以當庭提出質問,讓證人的虛偽陳述洩底而不被採信。因為進行交互詰問,必須遵守一定的順序,一方問完才輪到另一方發問,所以才稱為交互詰問。

(二) 發現真相

法庭開庭的目的在於發現事實的真相,也就是藉由開庭判斷被告到底有沒有犯罪。一般而言,被告有無犯罪,他自己最為清楚,如果被告否認犯罪,通常可能會舉出證人來證明他是無辜的。相反地,檢察官為了證明被告確有犯罪行為,同樣也有可能舉出證人來證明起訴事實的真相。

到底誰舉的證人是可信的,使證人到法庭來接受一定程序的詰問就有必要。這個一定程序的詰問,就是我們所說的交互詰問,透過交互詰問,被告有無犯罪的事實真相就會明白,法官就可以做出正確的判決。

(三) 交互詰問的順序

如果證人是被告一方聲請傳喚的,就由辯護律師或被告先問話,叫做「主詰問」。問完,檢察官如果認為有必要,也可以提出質疑,進行問話,叫做「反詰問」。「反詰問」問完,辯護律師或被告仍可就「反詰問」中所發現的疑點或事項再為問話,叫做「覆主詰問」。

證人如果由檢察官聲請傳喚的,那麼詰問的順序就由檢察官先開始。證人若是法官主動傳喚的,原則上先由法官訊問,問完,檢察官、辯護律師或被告認為有必要,可以要求法官准許問話。這時候的問話具有「反詰問」的性質,至於由哪一方當事人先進行問話,則由法官決定。

(四) 交互詰問的要領很難嗎?

我國的刑事訴訟不像美國採用陪審制,我國的法官就公平正義的維護或對被告利益有重大關係的事項,還是有職權調查證據的責任。所以我國採行的交互詰問法庭活動,自然不是像美國電影法庭審判情節追求精彩、戲劇效果的呈現。基本上,交互詰問是一種調查證據的方式,只要是專業的檢察官、律師了解有關詰問的法律規定,加上反覆練習詰問要領,均能勝任。至於被告本身,若要親自詰問證人,依現行法的規定是許可的,若被告不想或不會詰問,又沒錢請律師辯護,法院可以覓請義務辯護律師代行詰問,也可以由被告當庭請求法官代為詰問。總之,關於交互詰問制度的實施,對於被告權益的保護,法院是有周延考慮的。

交互詰問圖表

當事人
代理人
辯護人
輔佐人

聲請傳喚

證人或鑑定人

交互詰問

主詰問 → 反詰問

覆反詰問 ← 覆主詰問

詰問之方式及內容

	主詰問	反詰問	覆主詰問	覆反詰問
行使主體	聲請傳喚之當事人、代理人或辯護人	他造之當事人、代理人或辯護人	聲請傳喚之當事人、代理人或辯護人	他造當事人、代理人或辯護人
詰問事項	❶ 待證事實及相關事項 ❷ 為辨明證人、鑑定人陳述證明力之必要事項	❶ 主詰問所顯現之事項及其相關事項 ❷ 為辨明證人、鑑定人陳述證明力之必要事項 ❸ 就支持自己主張之新事項，經審判長許可者（就該新事項視為主詰問）	❶ 反詰問所顯現之事項及其相關事項 ❷ 就支持自己主張之新事項，經審判長許可者（就該新事項視為主詰問）	限於辨明覆主詰問所顯現證據證明力必要之事項
得否誘導	原則上不得，因係對友性證人詰問	必要時得，因係對敵性證人詰問	原則上不得，因係對友性證人詰問	必要時得，因係對敵性證人詰問
被詰問者得否拒絕證言	有法定理由則可	被告以外之人於反詰問時，就主詰問所陳述有關被告本人之事項不得拒絕證言	有法定理由則可	被告以外之人於覆反詰問時，就覆主詰問所陳述有關被告本人之事項，不得拒絕證言

UNIT **9-8**
證據法則

圖解法律

(一) 證據法則

法官審案要看證據。訴訟法裡面，關於證據的規定非常多。一般民事訴訟法，比較不強調證據的來源問題，大部分的證據都可以用，甚至是違法取得的證據，也無所謂，任何證據都可以。但是刑事訴訟法在這方面就比較嚴格，要求必須是合法取得的證據，才能夠使用。

(二) 直接證據與間接證據

證據可以分為直接證據和間接證據。直接證據就是可以直接證明事情的經過，例如小王殺了小明，被小安看到，也被錄影帶拍到。小安直接目睹整個經過，錄影帶也直接拍到整個經過，這都算是直接證據；而間接證據則是那些沒辦法直接證明整個事情經過，但是可以間接推論出過程的證據。例如警察找到小王使用的兇器，或者警察找到小王的指紋等。

(三) 自由心證原則與法定心證原則

一個證據到底能夠有多大的「效力」？其實是交給法官自由判斷。以前一個證據到底有多大的效力，是法律規定的，例如殺人罪必須有兩個人證，才能將殺人者定罪。這稱為「法定心證原則」。但現代的法律多採取「自由心證」原則，也就是說不管證據是直接證據或間接證據，他到底能夠證明多少事，法律不會規定得死板板地，原則上都交給法官自由去判斷。所以如果法官只發現一枚指紋，也可能認為這就足夠了。

(四) 證據力與證明能力

前面說到，一個證據能夠證明多少事，這個就是所謂的「證據力」，原則上我們交給法官自由判斷。不過，由於刑事訴訟法很強調警察和檢察官必須依法行政，必須合法取得的證據，才能提出給法官看，我們稱之為「證據能力」。如果一個證據是警察非法取得的，例如沒有聲請搜索票就違法搜索取得的證據，就沒有證據能力，根本不能拿到法庭上。合法取得的證據，才有證據能力，也才能拿到法庭上，讓法官去判斷該證據的證據力。

(五) 證據法則與經驗法則

其實，一個案件事情的經過，在法庭上都是透過事後回顧，拿出種種證據，慢慢拼湊、還原事情的真相。但是證據往往不可能把所有的事情經過都講清楚，至於那些缺漏的片段，就必須交給法官自己根據「經驗法則」，去推論了。經驗法則的意思就是說，一般人看到小王如果拿了一把刀進入小明房間，小王出來後小明死了，那麼根據一般人的「經驗」，可以推論是小王殺了小明。法官在判斷事情真相時，除了看有哪些證據之外，也會借用一些經驗法則，來補充這些證據（刑事訴訟法第155條自由心證主義）。

證據之證明力，由法院本於確信自由判斷。但不得違背經驗法則與論理法則。無證據能力、未經合法調查之證據，不得作為判斷之依據。

嚴格的證明與自由的證明比較

		嚴格的證明	自由的證明
要件	證據資格	須使用法定之證據	不限於使用法定之證據方法
	證據調查	須踐行法定調查證據程序	未必須經法定之調查證據程序
程序		須經言詞辯論程序	得不經言詞辯論程序
法官心證制度		須達到毫無合理懷疑之程度	認為很有可能或大致相信為已足
對象		❶ 犯罪事實 ❷ 刑罰事實 ❸ 狹義處罰條件之事實 ❹ 間接事實 ❺ 特別經驗法則	❶ 形式裁判之事實 ❷ 輔助事實 ❸ 其他訴訟程序上之事實 ❹ 強制處分要件之審查

證據的種類

區分	依證據所證明之對象	依證據與待證事實之關係
種類	❶ 直接證據： 即證明直接事實（能夠直接證明或排除系爭犯罪事實）之證據，又稱「確實性證據」 ❷ 間接證據： 即證明間接事實（可能推論直接事實之事實）之證據，又稱「可能性證據」 ❸ 輔助證據： 即證明輔助事實（得以推論證據證明力之事實）之證據 	❶ 原始證據： 與要證事實具有原始關係之證據，又可分為： ①原始之直接證據：例如證人目擊殺人嫌疑犯一刀殺死被害人 ②原始之間接證據：例如證人目擊殺人嫌疑犯於案發前後曾出現在命案現場 ❷ 傳聞證據： 由間接傳聞而來的證據： ①傳聞供述：審判期日以他人之供述為其陳述內容。例如：我曾聽某乙說他親眼看見丙殺丁 ②證據書類：證人在審判期日外所作陳述及筆錄。例如：警訊筆錄、檢訊筆錄、供述錄音帶等

自由心證原則→證明力之判斷原則分析表

定義	利	弊	限制
證據能力以自由心證為前提，無證據能力之證據則無自由心證判斷	證據之種類千差萬別，不可能由法律統一規定，唯有法官依個案具體加以判斷	若未加以適當限制，易造成法官個人之恣意擅斷，有違審判之公平正義	❶ 審判筆錄之特別證明力 ❷ 論理法則與經驗法則 ❸ 被告或共犯自白須有補強證據 ❹ 不得僅以被告緘默斷其罪行

圖解法律

UNIT **9-9**
證據排除法則

(一) 證據排除法則

「證據排除法則」的意思是說,如果一個證據在取得過程中有違法,雖然證據的確是真的,但是由於過程不合法,所以我們禁止在法庭中採用這項證據。這就是所謂的「證據排除法則」。

(二) 毒樹果原則

一般人常將毒樹果原則和證據排除法則混淆,其實毒樹果實原則只是證據排除法則的另一種延伸。所謂「毒樹果原則」,是指如果一開始一個證據是非法取得的,而經由這個非法取得的第一項證據又找到第二項證據,第二項證據雖然是合法取得的,但是第一項證據卻是非法取得,這就好像毒樹的果子也有毒,也應該排除這項證據。例如說我們一開始刑求小王,取得小王的自白(坦承犯案經過),小王告訴警察說,屍體和兇器藏在哪裡,警察就根據小王的自白,找到了這些證據。雖然警察取得屍體和兇器這兩項證據的過程是合法的(有聲請搜索票),但是一開始卻是透過違法刑求才知道證據的下落,而刑求卻是違法的,所以違法的果樹,會生下違法的果實,後面的證據就算是合法取得,也不能使用。

(三) 嚇阻警察

為什麼我們要採取證據排除法則呢?證據取得的過程雖然違法,但證據本身卻是真的,為何還要排除?而且有的時候這項證據就是唯一可以將被告定罪的證據,如果僅是因為警察在蒐證過程中未守法就排除這項證據,這樣好嗎?一般認為,之所以要排除這項證據,是為

了「嚇阻警察」,讓警察知道,不可以為了想讓犯人入罪,就使用違法的手段。

為什麼我們不採取一個方式,就是這個證據我們也用,至於那個違法取得證據的警察我們將之處罰。問題在於,檢察官和法官通常都會同情那個警察,而不願意處罰之。所以證據排除法則就是另一個懲罰警察的方式,讓警察違法取得的證據無法使用,白忙一遭。但是,用這種方式來處罰、嚇阻警察,對於被告人來講,是否說得過去?也值得我們檢討。

(四) 利益衡量

目前我國規定,違法取得的證據,並非當然不能用,必須審酌人權保障和公共利益,加以衡量後,才決定要不要採用。亦即,如果一個證據雖然是違法取得的,但是被告犯罪重大,為了公益,我們還是可以採用這個證據。

證據法則比較表

項目	定義	限制
無罪推定原則	被告未經審判證明有罪確定前，推定其為無罪	犯罪事實應依證據認定
傳聞法則	排斥傳聞證據之法則，只有少數例外情形方得作為證據	違反直接審判原則，法院無法對原始證人直接審理
證據禁止法則	禁止特定證據之蒐集、取得、提出或採用之法則	❶ 證據取得之禁止 ❷ 證據使用之禁止
嚴格證據法則	審判程序中關於犯罪事實的調查與證明，必須使用法律規定之證據方法，且應踐行法律規定之調查程序限制	法定證據之限制被告、證人、文書、鑑定人、勘驗
自由心證原則	關於如何評價證據之證據價值的原則。證據能力以自由心證為前提，無證據能力之證據自無自由心證判斷	❶ 審判筆錄之特別證明力 ❷ 經驗法則、論理法則 ❸ 被告或共犯自白須有補強證據 ❹ 不得以被告緘默判罪

毒樹果原則

毒果

毒樹

說 明

毒樹：原本違法取得之證據
毒果：因毒樹所透露的線索，進而合法取得的證據

UNIT 9-10
認罪協商

圖解法律

(一) 美國認罪協商制度

在美國的電影裡面，我們常看到檢察官和被告談條件，例如如果被告認罪的話，檢察官就可以用比較輕的罪來起訴，這就是所謂的「認罪協商」。之所以檢察官肯和被告認罪協商，是因為檢察官覺得犯罪事實很清楚，可是有時候要上法庭還是得花很多時間來舉證，浪費法庭的訴訟資源，也浪費大家的時間，所以檢察官會提出條件，若被告肯認罪，就可以避免大家上法庭，所以檢察官寧可用比較輕的罪來起訴，被告通常若有罪的話也願意認罪。

(二) 認罪不需要證據

不過有趣的地方在於，此時不需要有任何證據，只要被告認罪，也就是有被告的「自白」，就允許其認罪。這是在美國採取當事人主義原則下一個很重要的方式，當事人可以自己認罪，我們不需要有任何證據。可是若是在職權主義的國家下，被告的自白不可以當作是唯一的證據，即使當事人自己認罪，我們還是會要求一定要找到一些證據來證明他的確有做這件事，這樣才可以避免替人頂替認罪的情況發生。但在美國，由於採取認罪協商不一定需要證據，所以常常發生頂替他人認罪的情況。

(三) 少數案件才有陪審團

美國的認罪協商很發達，90% 的案件幾乎都沒有上法庭，都是透過認罪協商結束。這主要是因為美國的訴訟成本非常高，刑事訴訟一定得有陪審團，如果所有的訴訟都進入法庭，那麼法院一定不堪負荷，所以大部分的案件都是認罪協商，只有 10% 的案件才會用很高的資源，花錢請陪審團來進行訴訟。

(四) 台灣的認罪協商制度

在台灣，我們法律上也已經引進「認罪協商」制度，不過卻做了一些修正。

❶ 我們並不完全接受當事人主義，所以我們認為除了被告的自白外，還需要有其他證據，才能允許讓被告進行認罪協商。也就是說，不允許只有被告的自白就認定被告有罪。

❷ 必須是輕罪的罪犯才能允許認罪協商，像死刑、無期徒刑、3 年以上本刑的罪，就不允許認罪協商。如果檢察官和被告同意進行協商，那麼最後法官就不用採取正式的審判程序，不用召開言詞辯論，直接依照協商結果進行「協商判決」。而協商的罪既然都是輕罪，最後法院的「協商判決」，只會判 2 年以下有期徒刑、拘役或罰金。

認罪協商程序流程

犯非死刑、無期徒刑或最輕本刑3年以上有期徒刑或高等法院管轄第一審之案件 **被告**

第一審言詞辯論終結前

簡易判決處刑前

檢察官徵詢被害人之意見 **檢察官**

依被告或其代理人辯護人之請求

經法院同意

經當事人雙方合意

且被告認罪者

簡易判決

檢察官聲請法院改依協商程序而為判決

美國認罪協商比例

認罪協商

認罪協商90%

陪審團

實際訴訟，有陪審團

認罪協商要件

認罪協商要件	
協商時點	❶ 第一審辯論終結前 ❷ 簡易程序判刑前
不准認罪協商的罪	❶ 死刑 ❷ 無期徒刑 ❸ 最低本刑3年以上有期徒刑 ❹ 最高法院管轄第一審案件
協商結果	❶ 被告願受科刑之範圍或願意接受緩刑之宣告 ❷ 被告向被害人道歉 ❸ 被告支付相當數額之賠償金 ❹ 被告向公庫或指定之公益團體、地方自治團體支付一定之金額 （檢察官就前項第2款、第3款事項與被告協商，應得被害人之同意）

UNIT 9-11
舉證責任

圖解法律

(一) 舉證之所在、敗訴之所在

舉證責任是什麼意思？為什麼常有人說「舉證之所在、敗訴之所在」？舉證責任的意思就是，在法庭上，你有義務要拿出證據來證明這件事。例如，你告我打你，你必須提出證據，證明我的確真有打你。

(二) 法律上所謂的舉證責任

不過，在法律上的舉證責任還有另一層意思，這個意思一般人比較看不懂。該意思是說，當兩邊都已經舉證了，可是法官在自由心證的情況下，還是沒辦法決定要相信誰，這時發生事實真偽不明時，那麼就要將不利益，歸於負舉證責任的一方。例如，如果你要告我打你，你負舉證責任，你提出證據說我真的有打你，你有證人，而我也提出證據證明我有不在場證明，在一輪辯論後，法官還是沒辦法決定要相信誰，由於你負舉證責任，所以最後法官會判你敗訴。

(三) 分配舉證責任

那麼現在問題變成，在法律上我們如何分配舉證責任呢？民事訴訟法規定，有利於自己之事實，就要負舉證責任，但法律另有規定或不公平時，則不在此限。法律雖然如此規定，但在學說上卻是爭吵不休，原則上採用所謂的「法律要件說」，將法律規定分為一些積極要件或消極要件，然後分配舉證責任。不管學說上爭議為何，其實舉證責任的分配原則目前還是很有問題，例如你過失殺了我的狗，我除了要證明你殺了我的狗之外，就你是否有過失這一點，我還

得負舉證責任。讀者是否會覺得奇怪？比較好的方式，應該是我證明你殺了我的狗，原則上就推定你是故意的，如果你是過失，應該由你來證明你是過失的，舉證責任應該歸你。

(四) 檢察官的舉證責任

至於刑事訴訟，一般認為檢察官在起訴時所負的舉證責任，只要達到讓法官認為被告可能有罪就夠了。如果起訴時，檢察官所提證據讓法官覺得根本不足夠，則法官可能會裁定駁回該案。

等到真正進入審判中，證據都調查完了，事實卻陷於真偽不明，也就是要將不利益歸屬於誰時，由於我們採取「無罪推定原則」，刑事訴訟法統一將舉證責任歸由檢察官或原告這邊負擔，因為事實陷於真偽不明，或尚有「合理懷疑」時，我們傾向於推定被告無罪，來保護被告。

實際上，所謂舉證責任的問題，到現在台灣的法律學者都沒有好好研究透徹。值得未來的法律系學生仔細反省，到底舉證責任要怎麼分配才比較妥當。

不同立法例的舉證分配表

性質	當事人主義	職權主義	折衷主義
立法例	當事人應負擔主張以及舉證責任	證據之調查本屬法院之職權，並不待當事人舉證	當事人應舉證而法院亦應依職權調查。我國刑事訴訟法目前即採以當事人舉證為主，法院職權調查為輔之折衷主義

我國刑事訴訟的舉證責任流程

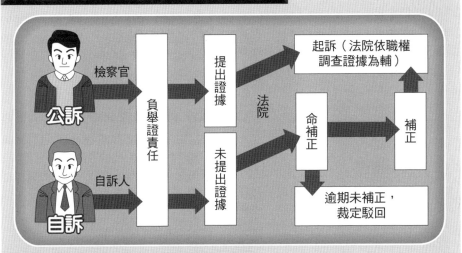

檢察官 **公訴**

自訴人 **自訴**

負舉證責任

提出證據

未提出證據

法院

起訴（法院依職權調查證據為輔）

命補正

補正

逾期未補正，裁定駁回

人證之對質與詰問比較表

	對質	詰問
程序決定權	法院、檢察官	當事人
法院可否拒絕進行	可 但對被告之請求除顯無必要者外，不得拒絕	不可 但審判長認為有正當理由得禁止之
對象	被告、證人	證人、鑑定人
關係	命對質者、對質者、被對質者間之三面關係	詰問者與被詰問者間之兩面關係
範圍	較狹 若逾越法院命對質之範圍時，則屬詰問	較廣

UNIT **9-12** 公設辯護人義務辯護

圖解法律

(一) 義務辯護案件

刑事訴訟新制將原來的「職權主義」調整為「改良式當事人進行主義」，考量到被告於訴訟地位上並不平等，需要強而有力之辯護人保障其權益，實現刑事訴訟之正當程序，採行強制辯護案件雙軌制，於原來之刑事訴訟法第31條第1項增加法院得指定律師為被告辯護，以及低收入戶被告亦得聲請法院指定公設辯護人或律師之規定。律師接受法院指定為辯護人，並非基於契約關係，而係基於律師社會責任與法律規定，此等辯護案件通常稱之為義務辯護案件。

(二) 強制辯護

被告所涉之案件，如果是屬於下列情形，而自己又沒有請律師辯護時，法院應該要指定公設辯護人或律師為被告辯護。
❶ 最輕本刑為3年以上有期徒刑案件。
❷ 高等法院管轄第一審案件（內亂、外患、妨害國交罪）。
❸ 被告因精神障礙或其他心智缺陷無法為完全之陳述者。
❹ 被告具原住民身分，經依通常程序起訴或審判者。
❺ 被告為低收入戶或中低收入戶而聲請指定者。
❻ 其他審判案件，審判長認有必要者。

(三) 聲請辯護

其他審判案件的被告如果是社會救助法所規定的低收入戶，而且沒有請律師辯護時，也可以要求法院指定公設辯護人或律師為被告辯護。另外，法官認為案件有必要，也可以主動來指定公設辯護人或律師為被告辯護。

(四) 認罪協商時辯護

進行協商程序時，被告的代理人、辯護人都可以參與協商。如果被告表示願意接受的刑度超過有期徒刑6個月，且沒有緩刑的合意，而又沒有選任辯護人時，法院會為他指定公設辯護人或律師為辯護人，協助進行協商，以保障被告權益。

(五) 律師的社會義務

指定律師為被告辯護或協助進行協商的案件律師酬勞，是由各法院依據本院訂頒之「義務辯護律師支給報酬標準」支給，不須由被告負擔。

(六) 法律扶助基金會

我國刑事案件並未採取律師強制辯護制度，檢察官起訴後，被告若不具備法律專業知識，可能在訴訟上很不利，影響人民訴訟權的行使。法律扶助案件，就是為解決人民請不起律師的問題，由財團法人法律扶助基金會（簡稱基金會），結合各地律師公會之力量，對於無資力之被告提供刑事訴訟之辯護。符合若干條件的被告，若要依法律扶助法向財團法人法律扶助基金會（或分會）提出申請，法院一定會提供必要的協助。

訴訟關係人概念圖

訴訟關係人

→ **輔佐人**：充實被告或自訴人在事實上之攻防能力
代理人：代理被告或自訴人到場為訴訟能力
辯護人：補充被告在法律上之防禦能力

辯護人

→ **選任辯護**
（得隨時選任不限於起訴後）
→ 由被告或犯罪嫌疑人或其法定代理人、配偶、直系或三等內血親、家屬等獨立選任
→ **原則**：律師
例外：審判中經審判長許可之非律師（第三審限律師方得言詞辯論）

→ **指定辯護**
（於審判中）
→ **指定人**
法院或審判長只具公的關係
→ ❶ 強制辯護案件
❷ 審判長認為有必要
❸ 低收入戶被告未選任辯護人而聲請指定者
❹ 被告聲請指定者

辯護人 vs. 輔佐人 vs. 代理人

	辯護人	輔佐人	代理人
適用對象	被告、犯罪嫌疑人	被告、自訴人	被告、自訴人
作用	法律上防禦	事實上之攻防	代為訴訟行為
當事人關係	選任辯護：公私兼具 指定辯護：僅具公關係	無此問題	公私兼具
方式	提出委任書狀	書狀或言詞陳明	提出委任書狀
選任權人	刑訴§27	無此問題	被告、自訴人
被選任人之資格	律師或經審判長許可之非律師		被告代理人：律師或經審判長或檢察官許可之非律師 自訴代理人：任何案件
時期	偵查、審判中	審判中	偵查、審判中
人數限制	三人	無限制	三人
行使方式	以自己名義	無此問題	不許
複委任	不許	無此問題	不許
適用案件	任何案件	任何案件	被告代理人：限於最重本刑為拘役或專科罰金之案件 自訴代理人：任何案件
權限	有閱卷權及交通權	無閱卷權及交通權，只能在庭陳述意見	有閱卷權但無交通權

UNIT **9-13**
少年事件處理法

少年人血氣方剛，心智發育還沒成熟，往往容易受到周遭不良環境的影響，一不小心就誤入歧途。因此，如果少年犯罪，我們應該給他們一個改過自新的機會，而不是把他們丟到監獄那個大染缸裡面。所以，我們對於青少年，有一個少年事件處理法，特別來處理少年犯罪問題。

(一) 十二歲到十八歲

所謂的少年，是指 12 歲以上未滿 18 歲的年輕人。當少年犯罪時，則由特別設置的少年法庭來處理。

(二) 少年事件與少年法庭

少年犯罪時，算是少年事件，但有的時候，少年還沒有犯罪，但已經學壞了，例如經常逃學或逃家，或者加入幫派等，為了預防他們將來犯罪，也可以將他們送到少年法庭，幫他們安排學習改正的管道。

(三) 少年調查官

當有少年被警察送到少年法庭時，就會有一個特設的少年調查官，來調查這個少年的行為、品格、經歷、身心狀況、家庭情形、社會環境、教育程度等等事項。調查清楚之後，報告給少年法院的法官，讓法官決定如何處置這個少年。處理的方式有以下幾種：

❶ 移送到一般刑事法院

如果發現這個少年惡性重大，犯的罪非常嚴重，例如犯了殺人罪，或者犯罪之後已經滿 20 歲了，那麼少年法院就會把案子移送到一般的刑事法院，用一般的刑法來處理。

❷ 不用審理

如果覺得這個少年犯的罪其實很輕微，或者根本不算是罪，不需要召開少年法庭，那麼法官可以不用正式審理，而將這個少年介紹給相關機構進行輔導，或要求家長好好管教，也可以口頭告誡一番。至於這些結果，必須要由少年調查官來執行。

(四) 少年法庭的審理

如果覺得這個少年的確犯罪了，要正式召開少年法庭的審理，那就正式進入程序。為了保護少年，少年事件的審理是不對外公開的。

(五) 保護處分

審理結束之後，會有一些處理方式。最常見的，就是裁定要對這個少年進行保護處分。有四種保護處分：❶訓誡，並得予以假日生活輔導；❷交付保護管束並得命為勞動服務；❸交付安置於適當之福利、教養機構、醫療機構、執行過渡性教育措施或其他適當措施之處所輔導；❹令入感化教育處所施以感化教育。而不管是保護管束還是感化教育，都不得超過 3 年。

(六) 家長也要受處罰

其實少年會犯罪，多半是因為家長沒有好好關心小孩，讓小孩學壞。所以，真正該處罰的應該是這些不負責任的家長。我們也規定如果少年真的被判保護處分或有徒刑，那麼法院也可以判家長必須接受 8 小時以上 50 小時以下的親職教育輔導。

少年事件審理流程

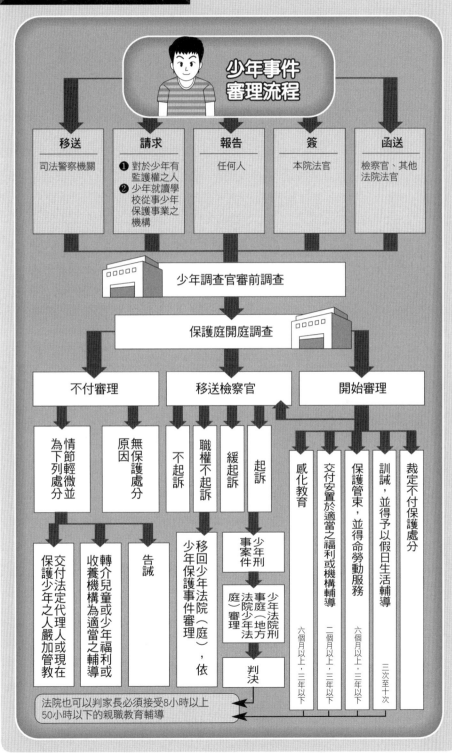

少年事件
審理流程

移送	請求	報告	簽	函送
司法警察機關	❶ 對於少年有監護權之人 ❷ 少年就讀學校從事少年保護事業之機構	任何人	本院法官	檢察官、其他法院法官

少年調查官審前調查

保護庭開庭調查

不付審理	移送檢察官	開始審理

不付審理：
為情節輕微並下列處分
原因無保護處分

交付法定代理人或現在保護少年之人嚴加管教
轉介兒童或少年福利或收養機構為適當之輔導
告誡

移送檢察官：
不起訴
職權不起訴
緩起訴
起訴

移回少年法院（庭），依少年保護事件審理

少年刑事案件
少年法院（地方法院少年法庭）審理
判決

開始審理：
感化教育
六個月以上，三年以下

交付安置於適當之福利或機構輔導
二個月以上，三年以下

保護管束，並得命勞動服務
六個月以上，三年以下

訓誡，並得予以假日生活輔導
三次至十次

裁定不付保護處分

法院也可以判家長必須接受8小時以上50小時以下的親職教育輔導

國家圖書館出版品預行編目資料

圖解法律 / 楊智傑著.
--四版, --臺北市：五南圖書出版股份有限公司,
2022.01
面；　公分.
ISBN 978-626-317-360-6 (平裝)
1.法律

580　　　　　　　　　　　110018664

1QK3

圖解法律

作　　者 ― 楊智傑(317.3)

發 行 人 ― 楊榮川

總 經 理 ― 楊士清

總 編 輯 ― 楊秀麗

副總編輯 ― 劉靜芬

責任編輯 ― 呂伊真

封面設計 ― P. Design視覺企劃、姚孝慈

出 版 者 ― 五南圖書出版股份有限公司

地　　址：106 台北市大安區和平東路二段339號4樓

電　　話：(02)2705-5066　　傳　　真：(02)2706-6100

網　　址：https://www.wunan.com.tw

電子郵件：wunan@wunan.com.tw

劃撥帳號：01068953

戶　　名：五南圖書出版股份有限公司

法律顧問　林勝安律師

出版日期　2011 年 10 月初版一刷（共七刷）
　　　　　2016 年 9 月二版一刷（共二刷）
　　　　　2018 年 5 月三版一刷（共六刷）
　　　　　2022 年 1 月四版一刷
　　　　　2024 年 6 月四版三刷

定　　價　新臺幣 350 元

經典永恆・名著常在

五十週年的獻禮——經典名著文庫

五南，五十年了，半個世紀，人生旅程的一大半，走過來了。

思索著，邁向百年的未來歷程，能為知識界、文化學術界作些什麼？

在速食文化的生態下，有什麼值得讓人雋永品味的？

歷代經典・當今名著，經過時間的洗禮，千錘百鍊，流傳至今，光芒耀人；

不僅使我們能領悟前人的智慧，同時也增深加廣我們思考的深度與視野。

我們決心投入巨資，有計畫的系統梳選，成立「經典名著文庫」，

希望收入古今中外思想性的、充滿睿智與獨見的經典、名著。

這是一項理想性的、永續性的巨大出版工程。

不在意讀者的眾寡，只考慮它的學術價值，力求完整展現先哲思想的軌跡；

為知識界開啟一片智慧之窗，營造一座百花綻放的世界文明公園，

任君遨遊、取菁吸蜜、嘉惠學子！